「みなと」のインフラ学

PORT 2030の実現に向けた処方箋

山縣宣彦・加藤一誠　編著

成山堂書店

発刊にあたって

　一昨年の 2018 年、国土交通省港湾局では、港湾の中長期政策「PORT 2030」を策定しました。これは、2030 年頃の将来を見据え、我が国経済・社会の発展及び国民生活の質の向上のために港湾が果たすべき役割や、今後特に推進すべき港湾政策の方向性をとりまとめたものです。港湾局では、指針となる中長期政策として、「21 世紀への港湾」(1985 年) や「大交流時代を支える港湾」(1995 年) 以来、25 年振りの新しい港湾政策となります。

　策定に当たっては、次の世代を担う若手職員にも骨太な政策的議論を深めてもらうという観点から、若手職員による勉強会で 1 年程議論し、さらに交通政策審議会港湾分科会および有識者懇談会で 2 年間検討が重ねられ、成案を得たものです。

　「PORT 2030」では、わが国の港湾をとりまく情勢変化や課題を踏まえ、今後のわが国の港湾が果たすべき役割として、「列島を世界につなぎ、開く港湾【Connected Port】」、「新たな価値を創造する空間【Premium Port】」、「第 4 次産業革命を先導するプラットフォーム【Smart Port】」という 3 つのコンセプトを掲げ、その実現に向けた具体的な施策を提示しています。

　本書では、全国の各分野で活躍されている、港湾に思いのある新進気鋭の学識経験者の方々から寄せられた PORT 2030 に関する提案がまとめられています。また、この提案は国土交通省港湾局の若手・中堅職員との 3 年間の議論が論稿のベースになっているとも聞き及びます。ここで示された提案を、PORT 2030 実現のためのひとつの処方箋として受け止め、港湾関係者の具体の活動に活かされることを大いに期待しています。

　本書のように港湾の中長期政策全般に関し、広範な分野の学識経験者の方からの論稿をまとめていただいたことは初めての試みではないかと思っていますが、本書が港湾行政に関わる実務担当者のみならず、港湾を核に地域創生を目指そうとする関係者の方々の参考となること、また大学等の

教育の場でもテキストとしても活用されることを祈念しています。

　最後に、本書の実現にご尽力された研究会の皆様に、心から敬意と感謝を申し上げます。

　令和2年6月

国土交通省港湾局長

髙田　昌行

は じ め に

全国に遍く、港湾や空港の整備が進むなか、維持管理や更新についても目が向けられるようになった。しかしながら、機能強化や高度化のための投資に対するニーズは消えてはいない。たとえば、国際競争に晒される港湾・空港の分野における整備事業には、社会経済的要請の変化、技術革新および諸外国におけるインフラの整備を意識した合理的な政策が求められている。また、今後のわが国の進むべき道を展望したとき、限られた財源制約の下で、適切かつ可能性を秘めた政策を展開する能力を持つ人材も必要となる。加えて、近年は、インフラを下支えする労働力人口の高齢化も深刻になっており、わが国の質の高い交通サービスを支えているのは人であるが、人的資源の育成も急務となっている。しかし、技術進歩とともに資本による代替がすすみ、技術伝承の機会が減少するというジレンマが生じている。

他方、「地方創生」が重要課題となるなか、地域の事情を考慮した政策の展開とともに、地域独自の政策の遂行能力の向上も不可欠である。ここにも政策担当者の育成という官側の課題とともに、地域、コミュニティにおけるリーダーシップの育成も重要である。

こうした課題があるなか、港湾の中長期政策「PORT 2030」は2018年7月に公表された。PORT 2030は「大交流時代を支える港湾」以来、およそ25年を経た新しい港湾政策に関する長期構想であり、2016年4月以降の交通政策審議会港湾分科会ならびに有識者懇談会の議論が結実したものである。次代を担う若手の政策担当者が、立案過程において有識者とともに2030年の港湾のあるべき姿を考えたのだという。多数の関係者からヒアリングし、情報を集めたため、取捨選択して計画に昇華する作業にも時間を要したという苦労談も耳にした。

今後は、この中長期構想に示されたプロジェクトや制度等の具体的な内容を具現化することが次の課題である。

本書は「港湾・空港領域の政策課題検討の官学交流プラットフォーム」研究会の成果であり、PORT 2030を実践につなげ、より効果的な政策を実現するための提案を含めた20編の論稿が収められている。研究会は、名称からもわかるように、港湾と空港に関わる国土交通省の政策担当者と研究者の政策に関

する意見交換を目的として設置されたものである。研究会は、2016年3月に予備調査として始まり、17年度以降は年3、4回にわたって本格的な研究会を開催し、2019年3月まで継続された。首都圏だけではなく、北海道から九州まで全国の土木計画・交通経済等の研究者に集まってもらい、国土交通省の港湾局と航空局の中堅・若手の政策担当者に時間の許す限り出席をお願いし、議論した。

　当初、研究会のスタイルは、港湾局や航空局の担当者に現在進行中の政策を説明してもらい、それに対して研究者と意見を交わす、といういわば、政府の委員会のような形であった。しかし、後半になってスタイルを変更し、政策担当者から「お題」を投げ込んでもらい、それに対してディスカッションするように改めた。たとえば、「投資の限界生産力低下という意見にどのように答えるか」や「港湾地域に対する民間資金の導入をどのように考えるか」といったものである。それにあわせ、研究者には事前にその資料を送り、研究会当日の説明は最小限に抑えてディスカッションに時間を割くよう工夫した。さらに年度末になると研究者には論説（エッセイ）を提出してもらって簡易版の論説集を作成し、そこには各人の専門を生かしたインフラに対する論説が並んだ。しかし、これが私蔵版であったため、編者は公にしないことが損失ではないかと考え、企画を成山堂書店に相談したところ、幸いにも出版をご快諾頂いた次第である。こうしてメンバーの論稿が日の目を見ることになった。

　最終の研究会までには、追加のアイデアが出された。政策担当者との議論をベースに刊行される書籍であれば、それをまた政策担当者が参考として使えるようなものにしてはどうか、というものであった。換言すれば、各章に政策的なインプリケーションを含むことが本書の特徴でもある。そのため、研究会メンバーではなかった方にも、専門を生かしてメンバーと共著という形で執筆していただくことになった。

　本書の出版にあたり、研究会にご出席いただいた多くの関係者に謝意を表する。とりわけ、国土交通省港湾局計画課企画室には、研究会の論題の設定から資料の提供や本書のとりまとめまで大変お世話になった。企画室は本研究会と同時に、港湾の中長期政策 PORT 2030 のとりまとめに向けて多忙な時期であったにもかかわらず、協力していただいた。そのおかげもあり、本研究会は同時に進む港湾審議会における議論の結果も紹介してもらうことができた。

　なお、本研究会の設置から完了に至るまで、NPO法人リサイクルソリュー

ション前会長で、日本大学理工学部客員教授でもある新井洋一氏には深謝申し上げたい。新井教授からは編者のアイデアを実現し、企画がさらに有効にするためにはどのようにすればよいか、という建設的な助言を繰り返し頂戴した。研究会前にお会いして議論すると、話は研究会にとどまらず、インフラのあり方やインフラ計画の本質に切り込まれることが多く、議論が長時間に及ぶこともあった。そのようなプロセスを経て本研究会は成立しており、新井教授には研究会にご意見番的な存在で欠かさず参加いただいており、研究会の陰の立役者といってよい。

付記

　本書を編集している間に、ダイアモンド・プリンセス号で新型コロナウイルス感染者が見つかった。同船は横浜港に長期係留されることになり、その間にも感染者は拡大した。アメリカやエジプトのクルーズ船でも感染者が見つかり、瞬く間にコロナ感染者が世界的に増加し、各国は対応に迫られている。一方、中国における生産施設の操業停止は、世界のサプライチェーンに影響を及ぼし、感染の拡大により世界中で生産の目詰まりを起こしつつある。

　こうした世界的な緊急事態について、本書の各論稿では記述がなされてはいない。今後、各分野での検証や分析が行われ、今後起こりうるパンデミック現象への処方箋が提起されることを望むものである。

　2020 年 6 月吉日

山縣宣彦・加藤一誠

目　　　次

用　語　集

第 1 章

ユニットロード：パレットやコンテナなどを用いて複数の貨物や物品を 1 つの単位（ユ
　　　ニット）としてまとめた貨物のこと。また、貨物のユニットロード化を通じて、荷
　　　役の機械化や輸送・保管の効率化を図る仕組みをユニットロードシステムという。

トラック・シャーシ：トラックにコンテナを載せるための台車部分の名称。

リーファーコンテナ：内部に冷却装置が備え付けられているコンテナのこと。コンテナ
　　　内の温度調節が可能であるため、生鮮品や化学・医薬品などの輸送に適している。

ブルーカーボン：海洋生態系によって吸収・固定される炭素のこと。森林などに蓄積・
　　　吸収される炭素であるグリーンカーボンに対して用いられる用語である。

LNG バンカリング：船舶への液化天然ガス燃料の供給のこと。

CY カット：フルコンテナ単位で輸出する場合のコンテナヤード（CY）への搬入締め切
　　　りのこと。

第 2 章

コンテナ・フレイト・ステーション（CFS）：コンテナターミナル内に設置される荷さ
　　　ばき用の施設。コンテナに混載された貨物を取り出して仕分けする作業や、小口の
　　　貨物を受取ってコンテナ詰めにする作業に使用される。

インランド・デポ：港湾や空港から離れた内陸部の物流施設のうち、税関長が保税蔵置
　　　場として許可した場所のこと。主に貨物の集配や通関業務、保管等に使用されてい
　　　る。欧米でドライ・ポートと呼ばれるものに相当する。

第 3 章

インコタームズ（Incoterms）：貿易取引条件とその解釈に関する国際規則のこと。
　　　1936 年に ICC（国際商業会議所）によって制定されたのが始まりである。国際貿
　　　易取引の実態に合わせて過去 7 度の改定がなされている。2020 年には 8 度目の改
　　　定がなされ、「インコタームズ 2020」が発効された。

CFR（Cost and Freight）条件：インコタームズに示された取引条件のひとつ。運賃
　　　込み条件とも訳される。コンテナによる船積み貨物の引き渡しなどで用いられる。
　　　売り手が本船の船上までの輸送費用に加えて、指定仕向港までの輸送費用を負担す
　　　る取引条件である。

FOB（Free on Board）条件：インコタームズに示された取引条件のひとつ。本船渡
　　　し条件とも訳される。CFR と同様に、コンテナによる船積み貨物の引き渡しなど
　　　で用いられる。売り手が本船の船上までの輸送費用を負担し、本船の船上から先の
　　　費用・危険負担については買い手が負担する取引条件である。

デバンニング：貨物をコンテナから取り出す作業のこと。バンニング（コンテナに貨物
　　　を積み込む作業）の対義語である。

第 4 章

スロットチャーター：スペースチャーターともいう。同一航路で定期コンテナ船を運航
　　　する複数の船会社が、一定のスペースを相互に融通し合ってコンテナを輸送するこ
　　　と。

レムチャバン港：タイ王国中部のチョンブリ県にある国際貨物港。コンテナ取扱個数が
　　多く、東南アジア屈指の貨物港である。後背地にはイースタン・シーボードと呼ば
　　れる同国最大の工業地帯が含まれている。

第5章

フィーダー航路：基幹航路の支線としての役割を担う航路のこと。国内の主要港で基幹
　　航路に接続する航路は「内航フィーダー航路」と呼ばれる。「内航フィーダー航路」
　　のうち、国際コンテナ戦略港湾である京浜港と阪神港から国内各地を結ぶフィー
　　ダー航路は「国際フィーダー航路」と呼ばれる。

LCL（Less Than Container Load）：複数の荷主の貨物を1つのコンテナに混載する
　　輸送形態。通常、コンテナ1つに満たない小口貨物が混載の対象となる。

FCL（Full Container Load）：荷主がコンテナ1個を単位として借り切る輸送形態。

第8章

3PL（Third Party Logistics）：物流事業者が荷主企業に対して効率的な物流戦略やコ
　　スト管理などを提案し、物流業務を包括的に請け負うこと。

第9章

CIQ：国境を超える人・ものの移動に必要な手続きのこと。税関（Customs）、出入国
　　管理（Immigration）、検疫所（Quarantine）の頭文字をとってCIQと呼ばれる。

第10章

DMO：Destination Management/Marketing Organizationの略。地域内の様々な関係者
　　と協働して、観光地域づくりを進める法人のこと。科学的アプローチを取り入れた
　　マーケティングやブランディングなどを通じて観光客を誘致し、地域の活性化を図
　　る目的で設置される。

第11章

グリーンフィールドプロジェクト：施設の新規計画・整備段階から始まるプロジェクト
　　のこと。一般に、ブラウンフィールドプロジェクトよりもリスクが高いが、その対
　　価としてリターンは高い傾向にあるとされる。

ブラウンフィールドプロジェクト：施設の整備段階が完了し、運営段階にあるプロ
　　ジェクトのこと。既存施設の買収や譲渡などがこれに該当する。

レベニュー債：主に地方公共団体によって発行される事業目的別債券の一種。償還の原
　　資は、事業やプロジェクトから得られる収入である。特にアメリカでは、地方債の
　　なかで重要な位置を占めている。

第14章

AGV（Automatic Guided Vehicle）：自動運転の運搬車のこと。コンテナの搬送など
　　に使用される。

第15章

MARPOL条約：船舶の運航や事故による海洋汚染の防止を目的とした条約。正式名称
　　は、「1973年の船舶による汚染の防止のための国際条約に関する1978年の議定書」。

第16章

ベジフルスタジアム：福岡市中央卸売市場青果市場の愛称。2016年に福岡市の旧青果
　　市場と東部市場、西部市場の3市場を統合・移転して設立された大型青果市場。卸
　　売場の大半がコールドチェーンに対応した施設となっており、高度な品質管理が実
　　現されている。

第18章

洋上風力発電：海洋上につくられる風力発電のこと。陸上での風力発電と比べて、風況
　　に優れていることや大型の風車の導入が容易であること、騒音への影響が少ないこ
　　となどの利点がある。他方、建設費と維持管理料の高さなどが課題とされる。

第19章

ノード（Node）：主にネットワーク理論やグラフ理論などで使用される用語で、節点
　　や頂点を意味する。輸送ネットワークをグラフとしてとらえる場合、港や駅、高速
　　道路のIC などがノードに対応する。
リンク（Link）：辺を意味する用語であり、エッジとも呼ばれる。輸送ネットワークに
　　おける港を結ぶ航路や駅間を結ぶ路線、道路などがリンクに対応する。

序章　みなとの空間計画の歴史・文化・生活からの発想
―PORT 2030 Premium Port の実践―

1　待望の中長期ビジョン

(1) PORT 2030 の作成の趣旨

　待ちに待った港湾の中長期ビジョン「PORT 2030」が、2018 年 7 月に発表された。前回の長期ビジョンは 2000 年に出された「暮らしを海と世界に結ぶみなとビジョン」だったことから、ほぼ 20 年ぶりとなる。

　今回のビジョンの取り組みで特徴的なのは次の 3 点であった。1 点目は、ビジョン作成作業は「目標年次の 2030 年ごろに港湾行政の中心的役割を担うであろう若手職員」による臨時のチームが当てられたとのことである。若い人の発想の豊かさや鮮度の良さに着目したのか、将来を担う若手が自由な議論を行う環境で作られた。2 点目は、取り上げた課題やプロジェクトは総合的なものではなく、これから急いで取り組むべき新たな政策に重点が置かれていることである。緊急避難的で急を要する政策への対応を重視したことによる。3 点目は、今回のビジョンには各地域や数字の特定がない。各港の将来像や実行計画、ゴールとしてのアクションプランは、それぞれの港の担当者や関係者が立案作成し実行に移すことを要請している。

　とりまとめの作業は若手職員が 1 年間ほどで草案を作成し、常設の交通政策審議会港湾分科会に検討を委ねた。さらに、港湾法による「港湾の開発、利用及び保全並びに開発保全航路の開発に関する基本方針」の改正（2019 年）にその趣旨は反映され、ビジョンの実現に向けて国は持てる資源の配分を、強力に行うことを表明している。

(2) PORT 2030 の構成とキャッチコピー

　今回の PORT 2030 は、その内容には各地域や各港の方向づけ、ゴールとしてのアクションプランを含んでいない。アクションプランの作成は、ビジョンの「呼びかけ」に呼応した関係者と共同して「知的創造作業」を通じて作成することとしている。これまでの中長計画ビジョンは、ある程度ゴールまで踏み込んだ完結性、伝達性の強い性質を持っていた。しかし、今回のそれは、作成の「呼びかけ」がメインである。ビジョンのゴールとなるアクションプラン

は、PORT 2030 の「呼びかけ」に応える「担い手」との共同作業により作成
されることとなる。

　PORT 2030 の構成は 2 つに分かれる。ひとつは支えとなる基盤構造で、こ
こには「3 つの要素」が挙げられている。もうひとつは、本論部分で基盤構造
を受けてテーマ別に具体的な 8 つの政策提言が行われている。「港湾の中長期
政策の方向性」と表現されている。これからの港の果たすべき機能ごとの分類
で、理解を深めるために図表などが多く用いられている。アクションプランづ
くりに向けてのデータベース的な要素が強い（図 1）。

　基盤構造の内容は 3 つ、「展望・理念・役割」である。
「展望」はビジョン作成の動機であり、急速に変化する社会経済情勢と、これ
への対応の緊急性と必要性、「理念」はビジョンの立案と実践に向けて関係者
がもつべき心構えや視点、価値観などが述べられている。また、PORT 2030
の実践に向けて必要となる新たな制度作成に向けての心構えにつながる提言も
含まれている。

　「役割」は 2030 年のわが国港湾が果たすべき機能として、①物流機能は列島
を世界につなぎ、開く港湾「コネクテッドポート」、②空間機能は新たな価
値を創造する空間「プレミアムポート」、③第 4 次産業革命を先導するプラッ

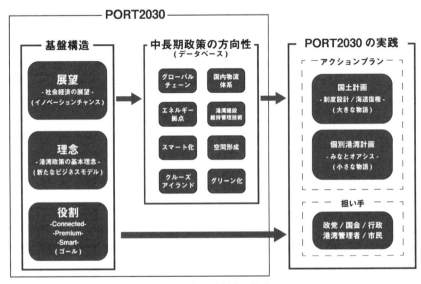

図 1　PORT 2030 の構成

表1　港湾の中長期ビジョンの変遷

年		1985年 （昭和60年）	1990年 （平成2年）	1995年 （平成7年）	2000年 （平成12年）	2019年 （令和元年）	
理念		21世紀への港湾 成熟社会に備えた、新たな港湾整備施策	豊かなウォーターフロントを目指して 21世紀への港湾のフォローアップ	大交流時代を支える港湾 世界に開かれ、活力を支える港づくりビジョン	暮らしを海と世界に結ぶみなとビジョン 新世紀の港湾を考えるための素材	PORT 2030 フィジカル＆サイバープラットフォーム	
機能	空間の創造	総合的な港湾空間の形成（ウォーターフロント開発）	内港地区再開発や沖合人口島整備による個性的・総合的な港湾空間の創造を図る	臨海部の空間利用の再編	地域の活性化に向けた港湾空間の再編成	新たな価値を創造する空間 Premium Port	第4次産業革命を先導するプラットフォームSmart Port
	ネットワークの形成	港湾相互のネットワーキングの推進	ネットワークの充実による外貿コンテナ物流機能の地方分散	港湾の機能分担を図り、施設拠点化など効率的な配置と投資の重点化（中枢・中核港湾の配置構想）	海上ハイウェイネットワークの形成	列島を世界につなぎ、開く港湾 Connected Port	

トフォーム「スマートポート」という3つを掲げている。スマートポートは、これまでになかった「さまざまな革新技術および先進的な情報通信技術を活用してネットワークと空間をつなぎ、点として1つの港の生産性を向上させるのではなく、面として地域の生産性を向上させるため、第4次産業革命を先導するプラットフォームを構築する」としている。

　さて、キャッチコピーをみてみよう。全体は、「フィジカル＆サイバープラットフォーム」と表現されている。また、多用されているのは「プレミアムポート」「コネクトポート」「スマートポート」である。しかし、PORT 2030 がメインのようだ（表1）。

　これらのキャッチコピーは斬新である。これを筆者なりに言い換えてみると、「強力な物流・人流ネットワークへの対応」「豊かな港湾空間の創造」「新時代における情報革新への対応」といった古典的伝統的な言葉が浮かぶ。しかしこれでは創造的な発想、意欲が伝わらないと若手担当者は考えてのことなのだろう。今回の政策の担当者は、平成の文化を享受した世代だ。PORT 2030 全体がキャッチコピーだとの自負もうかがえる。

（4）PORT 2030 の空間創造計画 プレミアムポート

　PORT 2030 の空間計画は、「新たな価値を創造する空間―プレミアムポート―」と位置づけ、「観光客や市民を引寄せる美しい『コトづくり』空間を目指

す」「付加価値を生み出す新たな産業の展開を目指す」「コンビナート再生を目指す」「地球環境などの保全を目指す」などとされている。

　当面急いで整備を図らなくてはならないクルーズ旅客対応の施設、あるいは観光立国拠点港として明快な戦略とする港についての対応には、多くの情報が提供され、意欲的だ。

　一方で気になるのは港湾空間で大きなウエイトのある産業空間については具体的な方針は示されていない。「コンビナートの再生」や「新たな産業の展開」はこれからの港の空間計画で大いに検討すべきテーマと考えている。産業構造が大きく変換していく今日、わが国をこれまで支えた臨海工業の空間をどう維持再生し、活用していくかなどは港の空間計画では大きな課題ととらえている。

　港湾は、海陸交通の連絡として物流機能の中心とする空間を基本としているが、全体としては、関連する多くの機能を包含する複合空間である。その空間構成はさまざまで、ひとつとして同じものはない。わが国は、津々浦々の国といわれ、全国 1,000 港におよぶ港湾をもっており、国際物流の主要な港湾は 23 港、地域の重要港湾は 102 港、地方港湾は 808 港を数える。これらの港は、それぞれが異なる歴史や文化を有しており、それぞれ異なる課題をかかえている。それぞれ将来を見据えた空間計画の作成が欠かせない。

2　これまでのビジョンの変遷と空間計画

(1) ウォーターフロントの時代のビジョン（1985-2000 年）

　1985 年から 2000 年の間、3 回のビジョンが発表されている。5 年ごとにビジョンが発表されてきたこととなる。この時代は今日ウォーターフロントブームが始まり、終わった時代と言われ、多くの港で「空間創造」が行われた。港湾空間のもつ背後都市との近接性や、商業や集客施設を整備することにより多くの人の訪れる賑わいづくりを図ろうとする意欲的なプロジェクトが多く試みられた（表 1）。

　「空間創造」が脚光を浴びたのは 1985 年の「21 世紀への港湾」であった。日本は「バブル経済」といわれる右肩上がりの経済であり、不動産価格は急上昇し、広大な空間を有する港湾空間に熱いまなざしと強い期待が寄せられた。いわゆるウォーターフロントブームと呼ばれた時代である。

　「総合的な港湾空間開発」が注目された。多くのデベロッパー型のみなと空

表2　これまでの主なみなと空間づくりの政策

事業等名	事業等内容
ポートルネッサンス21計画 (1986年)	総合的な港湾空間の整備を円滑に行うために、港湾管理者が国および関係者と協力し作成した計画のもと、公共事業、民間事業等を実施する計画
マリンタウンプロジェクト (1986年)	地方の港湾において、海の資源や魅力を引き出し、地域に新たな産業をおこし、海域の利用と一体となった魅力ある個性的なまちづくりを進めることにより、地域の活性化を図るための取り組み
歴史的港湾環境創造事業 (1989年)	歴史的に価値の高い港湾関連施設の保存およびその積極的活用を図り、文化的で歴史的な香りの漂う快適な港湾空間を創造するための事業
港湾景観形式モデル事業 (1990年)	港の特性を生かした良好な景観形式を図るため、モデル的な港湾において、景観形式のための計画を作成し、これに基づき港湾景観を積極的に向上させる事業
パブリックアクセス事業 (1994年)	港と親しむプロムナード（港のパブリックアクセス）づくりを推進するため、港に立地する民間企業の協力のもとに、港湾管理者が民間用地を借り上げて緑地等施設を整備する事業
みなとまちづくり (2002年)	港の資産を市民の立場から再評価するとともに、地域産業や特性等「みなと」の資産を最大限に活用し市民の合意のもと、美しく活力のある「みなと」空間を形成し、「みなとまちづくり」を推進
観光交流空間づくりモデル事業 (2003年)	観光振興を格とした地域交流の広がりによる魅力溢れる観光交流空間づくりを推進するため、ハード・ソフト事業、施策により総合的・重点的に支援する事業

間づくり政策が推進された。大都市港湾の再開発を対象とした「ポートルネッサンス21計画」や地方港湾を対象とした「マリンタウンプロジェクト」、あるいは港の歴史資産を中心とした「歴史的港湾環境創造事業」や港のシンボル空間の風景形成の向上を目指した「港湾景観形成モデル事業」など実に多様多彩な政策が各地の港で実施された（表2）。

　しかし1990年バブル経済の終わりとともに収益型・都市型の多くのプロジェクトは投資への思惑違いを体験した。ウォーターフロントブームは急速に終了した。

(2) 暮らしと海の時代のビジョン（2000-2019年）

　2000年に新たなビジョンとして「暮らしを海と世界に結ぶみなとビジョン」が発表され、今日にいたっている。この20年間は、リーマンショックや東日

図2　尾道港の改修された埠頭周辺と ONOMICHI U2（尾道港の改修された上屋）

本大震災、あるいは政権交代による政策の一貫性の欠落などが重なり、長期を
目標とする大きなビジョンは策定されなかった。中心となって実行された政策
は空間創造ではなく港湾の基本機能や物流機能の強化であった。港湾法の改
正、港の港格の変更など、全力をあげて積極的な対応方針が出され、実行され
た。しかし、わが国の国際物流の競争力の回復は今日も大きな課題である。物
流、特にコンテナの国際競争力の強化は今回の新たなビジョンでも大きな柱と
して継承されている。

　一方、トーンの低下した空間創造についてのプロジェクトでは、みなとオア
シス政策や既存ストックの有効活用、急増するクルーズへの個別対応などが推
進されてきている。いずれも地域発想型の身の丈にあったプロジェクトであっ
た。上屋や倉庫などのリユースなど既存施設の再生利用が数多く試みられてい
る。事例として、広島県尾道にある西御所県運営上屋2号倉庫とその周辺の改
修（図2）があげられる。この港は景観もすぐれており歴史と文化と生活を
テーマにした活性化を目指している港である。各方面で先進事例として取り上
げられ、見学者も多い。

　また、ソフトインフラとして注目されているプロジェクト「みなとオアシ
ス」は、これまでに設置されバラバラであった港の集客施設の連携と活用を目
指すものだが、ハードの施設整備ではなく、ソフトな地域住民中心のイベント
やコミュニティづくりである。2019年8月での登録数は130港、各港におい
て多様で積極的な活動が行われている。

(3) これまでの主なみなと空間づくりの政策（1986-2003 年）

　みなと空間に市民を呼び込もうとする政策は、これまで数多く実施されてき
ている（表2）。しかしこれが始まったのは、そんなに古いことではない。

1973年港湾法の改正により、港湾内に緑地整備を行う事業が認められたことによる。かつての「白砂青松」の浜辺を埋め立てるなどし、港空間に変えてしまったことなどにより住民が海から遠ざかることになったことなどから、港にもっと親しみをもってもらいたいとの発想が原点であった。

筆者も関係したが、港湾環境整備事業による本格的な港湾緑化として、兵庫県高砂神社の相生松で有名な東播磨港の高砂海岸公園などが港湾緑地の本格整備の初めての事例施設として話題になった。この緑地は「白砂青松」の日本の景観をもっている。ふりかえると港湾緑地創造事業の原点は日本に伝わる浜辺のすぐれた景観や歴史の再生にあったように思う。

1986年から2003年にかけては多様な「みなと空間づくりの政策」が実施された。このなかで、港湾空間の創造事業の原点的な要素となる港の歴史、文化の活用に関しかつて実施された政策を振り返ってみたい。

1989年の歴史的港湾環境整備事業の政策内容をそのまま紹介すると、「港にはそれぞれ固有の歴史があり、昔日を物語る歴史的港湾施設が今日でも全国各地に存在している。これらの施設を中心に形成される歴史的港湾環境は、快適で潤いのある空間を形成し港湾のイメージを形づくるうえで重要な要素となっており、港湾文化の保存と継承の観点からみてもその活用と復元、補修などを行うことは緊急の課題となっている。このため、歴史的に価値の高い港湾施設の保存およびその積極的活用を図り、アメニティの高いウォーターフロント空間の創出を図るため、公共事業、民活事業を総合的に活用した『歴史的港湾環境創造事業』を推進するものである」と記されている。

この政策は小樽港・赤泊港・横浜港・清水港・伏見港・北九州港・手結港・三角港・目奈久港・細島港・油津港・鹿児島港・宮ヶ浜港の計13港で実施され、終了している。実施された多くは今日それぞれの地域にとってみなとの雰囲気づくりのシンボル施設となっている。

横浜港の新港地区に桜木町の駅からアプローチする基幹的なプロムナード（図3左）がある。明治40年から明治43年にかけて臨港鉄道整備として築造された、2つの人工島と2連の鉄道橋から構成され、今日では横浜港を代表する歴史的資産として位置づけられている。これに緑地施設を附加し、リニューアルし、プロムナード緑地として整備し、歴史的港湾施設の保存・活用を図った。新港地区は横浜港の交流空間の中核であり、プロムナードは市街地と連携を図る回遊軸となっている。プロムナードに連携し、新港側に複合商業施設

図3　横浜港プロムナードと横浜ワールドポーターズ

「横浜ワールドポーターズ」（図3右）が設置されている。延べ床面積約100,000m^2、商業床面積34,500m^{2}の大規模商業施設だ。今日、シネマコンプレックスや服飾雑貨、サービス業、飲食店などのテナント210店舗が経営されている。当時設置された多くのウォーターフロントにおける商業施設の多くが、経営が芳しくないなかで本施設は開業以来継続して成績が上がっている。なお、これは筆者が流通業大手（旧・マイカル）在籍時に設置、経営に関係した施設でもある。

3　PORT 2030・プレミアムポートの実践にむけての3つの提言

（1）みなとまちづくりが目指すもの

　古代より、日本人は海を介して国内はもとより遠く海外とも交流し、文物や情報を取り入れ国土形成を図ってきた。近世においては、海辺に港を築き、物流・生産・生活の場として複合空間を構築し、多角的な機能を持たせ、地域開発を行い、わが国の国土経営の骨格を形成してきている。それぞれのみなとまちづくりの基本的な方向は、地域住民が自慢し、感動し、楽しみ、稼げるみなとまちづくりである。つまり、「地域住民の財やサービスのアクセス増加」であり、「地域住民が満足できる価値や生き方の選択の幅を広げること」である。

　PORT 2030の空間計画プレミアムポートで示されている主な視点は観光産業への取り組みである。列島のクルーズアイランド化、ブランド価値を生む空間形成、空間再編等による賑わい拠点の形成などがあげられている。この背景は急速なクルーズ需要の急激な増加と、これにともなう各地各港における観光産業への熱い期待である。クルーズの増加を契機として、観光産業を取り入れることにより地域の活性化、まちづくりとの連動、グローバルな観光交流による地方創生を目指すなどさまざまな期待が寄せられている。

　筆者は、かつて旧・マイカルで観光業との連携や参入の経営判断を体験した。観光業は、集客性や新規性などが魅力的であり、本業の小売業の売上アップや業容を拡げることにもつながることから、高い期待をもった。しかし一方で多くのリスクをもつことも指摘されていた。小売業に比べ、生産性や収益性が低い、利用者の季節変動性が強く、通年性に欠ける装置産業的であり、受け入れる人数に限りがある。利用者（客）の「気まぐれ」的な変動があり不確実性もあるなどであった。これらのさまざまなリスクを低減、回避するには、立地地域の住民力、文化力の支えが前提となった。

　いま観光産業では大きな変革が進行している。これまでの全国的かつ画一的な風景めぐりなどの旅行形態（発地観光）から、新たな旅行形態として活き活きとした地域との出会い（着地型観光）を目指すウエイトが大きくなっている。地域の歴史や文化や生活を生かした独自性の高い企画、地域の隠れていた魅力を発見し、体験型、交流型のツアーを組み立てるなどのニーズが高まっている。

　わが国は1,000港をもつ港大国だ。みなとまちづくりを含む空間計画は1,000の港それぞれに検討され、作成されることとなる。これからどうするのかといった議論は各々の港で必要となる。その際、各々の港の持つ歴史や文化や生活などの地域資源を、どう活用するかはこれからの港の姿を大きく変える。

　ここでは、PORT 2030 の呼びかけに応じ、これからのみなとまちづくりの実践を行うとき、みなとまちの歴史、文化、生活に着目する視点から、3つの提言を行う。

(2) 提言1：「それぞれの港の歴史・文化・生活をソフトインフラとしてとらえる」

　港の関係者が集まると、それぞれに自分の港の自慢や思い出や歴史、文化を語ることが多い。これらを集約し、みなとまち特有の歴史・文化としてとりまとめてみるとそこには共通の特性がある。「みなとまち」には人を引きつけてやまない魅力がある。かつて、みなとまちに人びとが惹かれ集まる直接的な理由は経済的な魅力であったろう。ビジネスチャンスがある、金儲けができそう、港はそうした期待に応えた空間として形成されてきた。

　みなとまちのもつ「文化」や「生活」「気質」として伝わっている、異質なものを次つぎと受け入れる「大衆性」、多くの人がそれぞれのビジネスチャンスを目指す「活力性」「交易性」、先端的な情報が集散する「革新性」、国と国

を結び対岸化してしまう「国際性」、なにかワクワクすることを想起させる「劇場性」などである。

　大きな港も小さな港もそれぞれに歴史を持ち文化的な特性を伝えている。これを発掘し、育て共有していくことが各々のみなとまちの活性化起点となり、発展につながる。

　石川県七尾市にある「能登食彩市場」の事例をみてみよう。この商業施設の開業は 1991 年であり、ウォーターフロントブームの時期に設置された港湾内の商業施設である。同時期の多くの同様施設が経営不振に陥ったなかで、この施設は今日まで収益を保っており、注目されている。施設の規模は延べ床面積が 5,384m²、資本費は 15.5 億円でありウォーターフロントの開発としては、それほど大きくない。開発当初大手商業資本の参画がすべて断られ、結果、地元資本のみで立ち上げたとされており、このことから地元のマーケットにふさわしい、いわゆる「身の丈にあったプロジェクト」となり、今日にいたっているようだ。

　この施設を核に、七尾駅と結ばれる水路プロムナードの整備が進められるなど、まち全体の開発の起点となっている。能登食祭市場前は、高さ 12m の「でか山」が市内を運行する青柏祭の集合場所にもなっている（図 4）。七尾港は北前船が活動した時代から主要な拠点港であり、まちは古い商店

図 4　七尾港 能登食彩市場と青柏祭のでか山

街を持つ。まちの活性化に向けて身近な資源を生かす、まちの疲弊を防ぐためのさまざまな試みが住民主導で取り組まれている。炭鉱では「一山一家」と言われ、強い住民の絆を伝統としていたが、このまちはまさに住民の気概として「一港一家」で取り組まれている。

（3）提言 2 :「港の文化・歴史・生活の視点からみた新たな港格の設定」

　港湾法による港格は「国際戦略港」「国際拠点港」「重要港湾」「地方港湾」というヒエラルキー型の分類になっている。尺度は港湾物流の量や影響圏の広さなどである。全国で約 1,000 の港のうち、約 800 港は地方港湾であるが、港

の歴史・文化・生活などの尺度から分類されたことがない。ここでは各港のもつ「歴史的港湾施設の種類や量や集積度」や「回遊性」や「施設の法的な認定の有無」など「ハードな要因」と、「この施設に対する地元の市民活動の有無」や「利用度」や「情報発信度」や「愛着度」といった「ソフトな要因」の、2つの要因の掛け算によって全国の港のランクづけを試みた（図5）。

　この結果、歴史・文化的施設が多く、これを町の活性化につなげようとする活動が活発な港、たとえば函館や神戸や横浜が高いランク AA になっている。同時に地方港湾で、古い歴史を誇り、日常的に港の自慢や情報を全国的な活動に広げている港、たとえば江差や牛深や佐賀関なども AA とランクづけは高い。今日多くの港がそれぞれの将来の展望を描くことになるが、港の資産としてハードには限りがある。しかし、これをどのように扱いどのように活用するかのソフトは意欲とやりかたによって大きく変わる。

　旅行業者によると、旅客の観光地選定の理由を聞いてみると近年増加しているのは「風景」が美しいということだけではなく、「情景」の存在が大きいと

図5　新たな港格分布

する回答が多いとのことだ。「情景」は、「風景と会話をすることによって、その人の感情と心がつながる状況」とされる。

　みなとまちは多くの歴史・文化・生活の資源を有する。地元住民が誇りに思う持続性のあるみなとまちづくりを目指すとき、それぞれの港がもつ歴史・文化・生活などの資源の共有化をはかることは活性化の成否に大きく関わる。

　1,000の港に1,000の活性化プランを考慮する際、担当者としての「あなた」は、その港の新たな港格を知ることからスタートしてはどうだろうか。筆者は学生に社会に出た時の心構えとして「実力は知識×やる気だ！」と伝えている。知識はなかなか増えないが、やる気は本人の心がけ次第で急速に増大することが可能だ。1,000の港においても、「歴史・文化・生活×やる気」の方程式で対応してはどうだろうか。

　江差港の取り組みを紹介する。江差港は日本海海道の定期港であった。江差といえば、誰しもが真っ先に思い浮かべるのは、民謡の「江差追分」だろう。「かもめの鳴く音にふと目を覚まし、あれば蝦夷地の山かいな。忍路高島およびもないが、せめて歌棄　磯谷まで」と唄う江差追分。朗々として哀調を帯びたメロディーは、日本人の心の原歌といってもいい。

　この唄は、第一段階は信州の追分で歌われた馬子唄が、新潟港に伝わり、さらに北前船の船頭の眠気防止唄として荒い波のなかで哀調のある唄として江差で愛唱され今日に至っていると言われている。第二段階は、この唄はニシンが捕れなくなって失業した芸者たちが全国の花柳界に広めた。まちの賑わいをもう一度取り戻そうという思いも加わり、全国の第一の民謡となっている。全国大会が1年に1度開かれ、3日間に渡って多くの参加者が同じ唄を競い、町全体に放送されるほどの盛り上がりがある。これをもとに、このまちに住む人びとは愛着と誇りを維持し、後世に伝えようとしている。また、昔の港の賑わい

図6　江差港 江差追分全国大会といにしえ街道

の趣を残したまちづくりの「いにしえ街道」や、幕末に沈没した「海王丸」の博物館など、まち全体で歴史と文化と生活を生かしたまちづくりが目指されている。

(4) 提言3：「海道を復権し連携を広げる」

わが国の長い時間をかけて潜在的に形成していた海の国土軸と港のつながりを、現在に新たな形で蘇らせることは、港づくりの大きな力になる。

日本列島の周辺海域は、太平洋という世界一広大な海と、アジア大陸というこれまた世界一広大な大陸の接点に位置する。海岸線の延長は約34,000kmある。海岸線は、沈降・隆起など日本列島形成上の特質から、複雑で変化に富み、世界屈指の美しさを誇っている。しかし、美しさと裏腹に自然環境は厳しい。海岸のほとんどは外海に面しているため、激しい波浪にさらされている。とくに発達した外洋の波浪におそわれる太平洋岸は波が荒く、台風の通過時には波高が5mを超えることも少なくない。また、冬の日本海は高波が連続して起こり、毎日が台風といった感じの状況を呈する。

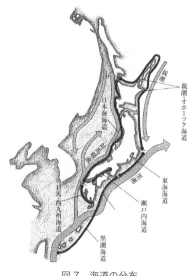

図7　海道の分布

わが国周辺の海流は、南の東シナ海から暖流の黒潮が太平洋岸に沿って北上し、その分流が対馬暖流となって日本海側を北上していく。そして、北からは寒流の親潮が三陸海岸へ流れ込み、同じく寒流のリマン海流が北海道の西側へと流れ込んでいる。海流がどこからどこへつながり、どこの文化圏と接しているかという、海流による港の分布のとらえ方は重要である。筆者は日本の海岸線を地形と海流のつながりから「親潮・オホーツク海道」「東海海道」「日本海海道」「瀬戸内海道」「対馬・西九州海道」「黒潮海道」の6つに区分し、これを「海道」と名付け、提案している。

さらに、これらの海道のもつ歴史や文化特性について、かつて国土交通省が実施した「歴史的港湾施設」に基づき分析を試みてみる。ここでの歴史的施設

表3　六海道と文化歴史特性

NO	海道	文化特性	特徴	歴史的特性
1	親潮・オホーツク海道	殖産産業	近代の港湾施設が多い	近代以降の歴史の展開の中で殖産産業の基礎固めの役割を担う
2	東海道	日本の近代化の推進	近代の港湾施設が多い	近代以降、太平洋ベルト地帯の中枢として日本の近代化を担う
3	日本海海道	環日本海交流	江戸時代に建設された施設が多い	古代は交易、江戸時代は北前舟の航路として活況を呈す
4	瀬戸内海道	歴史回廊	古代・近代通して施設数が最も多い	古代は交易、江戸時代は西回り航路の北前船、近代は軽工業の中心
5	対馬・西九州海道	アジアのゲートウェイ	古代の都市的施設が多い	古くから航海を通し、豊かな国際色をもつ
6	黒潮海道	日本の文化の源流	古代の港湾施設が多い	絆・鉄砲などが古代より輸入される

は港湾の活動・整備およびみなとまちの発展に関連した施設・構造物などで港湾管理者がリストアップしたものである（表3）。

　古代日本では船舶の交流機能を持つ瀬戸内海を中心とする海道は、建国以来今日まで日本を支えかたちづくってきている。瀬戸内海は一体的で均一性の高い、わが国の国民性を育てた原動力だ。次に江戸時代では鎖国にともなって海外との交流は単調となったが、国内での海運は盛んで、特に日本海海道の北前船は海運により江戸の経済と文化を支える多くの地方都市が形成された。日本海側に位置する多くの北前船の港は今日地方の主要都市として育っている。戦後、太平洋ベルト地帯では、黒潮海道の活用により世界の奇跡とも言われている高度経済成長を遂げた多くの工業港、国際港が発展した。

　歴史をふりかえると、辺境的な海道が、かつては国際性を謳歌していたりすることなども注目される。華々しく主役を張る海道、これは日本の国土軸と重なるが、時代時代で変わっていく。海から、あるいは海流から港やその歴史を見直すと、また違う側面が見えてくる。1,000港のPORT 2030のアクションプランの実践も、海道から各々の地域を見直し、気質・文化・歴史・風土を共有する同じ海道の港同士の、連繋計画を持つことが新たな国土軸の形成につながる有効な戦略になる。

4　これからの時代の技術者像「アーティステイックエンジニア」のすすめ

　PORT 2030 の呼びかけに応じ、作成される各港のアクションプランは、2つの特性「独自性」と「呼応性」をもっている。「独自性」は、他の港との差異を明らかにするもので、文化的独立性が強く意識される。同時に独自性を核とし、周囲との連携も図られる。われわれがこれまで体験してきた上位計画の縮小コピーされた「金太郎飴」型とは異なる各港計画となろう。

　「呼応性」は、アクションプランの担い手の持続的な確保につながる。プランの実践・実現は、プランに共鳴する多くの関係者により、日常的な施行を繰り返し、段階的に目標に近づいていく、スパイラルアップ、順応的管理型の過程をたどることになる。

　今回 PORT 2030 発表の際、国土交通省の港湾局の幹部のコメントに「このビジョンはこれからの港づくりの北極星になります。」とある。ビジョンを実践する多くの関係者を「旅人」とし、「自負と願い」の表明である。この「旅人」の1人が「あなた」なのだ。ビジョンが結果を出すのは、今後旅人によって実践されるアクションプランの成否による。ビジョンが「北極星」となるか、あるいは「旅人」にとって願いをかける「流れ星」になるかは「旅人」にかかっている。

　ここでビジョン実践の担い手「旅人」が備える資質として、両義性のある技術者像「アーティスティックエンジニア」を提示したい。これは「アート」と概念づける「歴史・文化・人情・曖昧性・多様性・道理性」などと、「エンジニア」に概念づけられる「確実性・厳密性・合理性・理論性・普遍性・再現性」の2つの概念の理解と知識を持ち、課題に対してこれを同時に融合できる技術者像である。

　やや時代めくがこれはあたかも二刀流の宮本武蔵のように、2つの刀を1つの

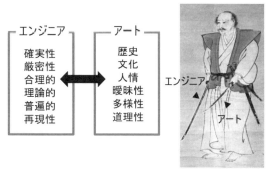

図8　アーティスティックエンジニア像のイメージ

刀のように使って戦う姿を想像すると理解が深まる。アーティスティックエンジニアは、これまで学んできている、科学的理論的知識エンジニアに加え、実際の状況に適用する「臨床」的な知識（アート）を、より一層身につけた、多彩で個性豊かな人間群としてとらえられる。

　いま、世界も日本も大きな変革の時代に突入している。これは大きなビジネスチャンスの到来でもある。これを受けて、港湾の今回の新たなビジョンも発表された。このビジョンには緊急で解決を要する課題が数多く提案され、その実践が求められている。同時にこれは次の時代に大きく伸びるビジネスの発掘にもつながっている。

　新たな技術者像は港の将来の担い手にとどまらず、新たなビジネスの発掘や推進者でもある。イノベーションを実行し新たなマーケットを拓き、その収益を一気に獲得できる「一攫千金」のビジネスマンにもつながる。

　今回の中長期ビジョンの実践に多くのアーテイステックエンジニアが活躍し、明日の日本の港の活性化を増進していただきたいと切に願うところである。さらに願わくは、アーティスティックエンジニアの「あなた」が新たなプロジェクトを見通し新たなコンセプトを定め、事業を推進し、一攫千金のチャンスにも恵まれることも合わせて確信し、喜びをともにできることを期待している。

【参考文献】
1) 新井洋一（1996）、『港からの発送』、新潮選書、新潮社
2) 国土交通省（2000）、「歴史的港湾環境施設調査報告書」、財団法人港湾空間高度化環境センター
3) 新井洋一（1995）、『巨大人工島の創造』、彰国社
4) 新井洋一（監修）（1996）、『新版 港湾工学』、朝倉書店
5) スティーブン・ツェールシン著、藤村龍雄・新井浩子訳（2001）、『近代とは何か』、法政大学出版局
6) 高井俊次他（2009）、『語りと騙りの間』、ナカニシヤ出版

第1章　わが国の港湾政策と PORT 2030
―港湾の中長期ビジョンの変遷と PORT 2030―

1.1　これまでの港湾の中長期ビジョンの変遷

　社会経済情勢の変化に対応するため、政府はこれまで港湾政策の中長期的なビジョンを策定してきた。1985年に戦後初めて策定された『21世紀への港湾』では、成熟化により港湾整備に求められる要請が多様化・高度化したことを受けて、「物流・産業・生活に係る機能が調和した総合的な港湾空間の形成」を目指すこととした。その後、1990年に策定された『豊かなウォーターフロント』においてフォローアップが行われた。続く1995年に策定された『大交流時代を支える港湾』では、経済のグローバル化に合わせ、中枢・中核港湾を指定し、港湾の機能分担や拠点化等により効率的配置や投資の重点化を図ることとされた。その後、2000年の『暮らしを海と世界に結ぶ港ビジョン』においてフォローアップが行われた。最近では、新興国の台頭や海運市場の再編をはじめ、わが国港湾はかつてない変化と競争に晒されており、新たな中長期ビジョンが求められるようになった。

　こうしたなか、2030年ごろを目標時期とする港湾の中長期政策が策定されることとなり、2016年4月から交通政策審議会港湾分科会において議論をし、約2年3か月の議論を経て、2018年7月にとりまとめられた政策が『港湾の中長期政策「PORT 2030」』である。

1.2　わが国の港湾をとりまく情勢変化と課題

　わが国では、1995年の阪神淡路大震災以降、神戸港に集約されていたアジア諸国のトランシップ貨物がアジア主要港へ流出したことなどを契機に、コンテナ港湾は激しい競争に晒されることとなった。そのため「選択と集中」の方針の下、2004年よりスーパー中枢港湾政策、さらには北米・欧州基幹航路のわが国への寄港を維持・拡大し企業の立地環境を向上させるため、集貨・創貨・競争力強化を3本柱とする国際コンテナ戦略港湾政策を、2010年より実施してきた。

　また、中国をはじめとするアジア近隣諸国の急激な経済発展にともなう資源、エネルギー、食糧等の世界的な獲得競争の激化により、輸送コスト低減を

目的としたバルク船の大型化が進展してきたため、2010 年より国際バルク戦略港湾政策が実施されてきた。このなかで、穀物、石炭、鉄鉱石の品目ごとに拠点港を選定し、公共事業で大水深バルクターミナルを整備することで、利用企業の合従連衡による共同調達・共同輸送の取り組みを促進した。

　一方、空間形成の面では、深刻な公害問題への対応が一段落した昭和 60 年代以降、より質の高い臨海部空間を積極的に創造していくことが求められるようになった。たとえば、物流機能の沖合展開により生じた旧港地区や内港地区について、民間活力を導入した商業施設や緑地の整備により、親水空間を創出するウォーターフロント開発が全国的に進められた。また、臨海部空間に多様な産業を誘致して地域活力の向上を目指すとともに、阪神・淡路大震災の教訓を踏まえ、耐震強化岸壁や緑地などから構成される臨海部防災拠点の整備が進められた。

　近年では、状況はさらに変化してきている。コンテナ輸送については、急速なコンテナ船の大型化やコンテナ船社間のアライアンスの再編による基幹航路の寄港地の絞り込みが進み、また、中国の「一帯一路」政策に代表されるように、アジア近隣諸国も戦略的に海外港へのネットワークを拡充してきている。わが国としても世界の成長市場とをつなぐ、スピーディで信頼性の高い輸送網を構築することが求められている。一方で、高度経済成長期に整備された港湾施設については老朽化対策が必要であり、旅客輸送の面では、近年爆発的に増加してきているクルーズ船や旅客の受け入れのための港湾整備など美しく快適で賑わいのある空間づくりが求められてきている。さらに、臨海部産業の構造転換や新たな物流産業の立地を円滑に進めるための港湾空間の利用再編や面的再開発の推進、近年急速な進化を遂げる情報化技術を港湾の運営や建設・維持

図 1.1　わが国の港湾

管理に活用していくことも求められてきている。

1.3　中長期政策のポイント

2018年7月に公表した、『港湾の中長期政策（PORT 2030）』では、こうした情勢変化や課題を踏まえ、2030年ごろのわが国港湾が果たすべき役割として、ネットワーク形成と空間創造について、

① 列島を世界につなぎ、開く港湾「Connected Port」、

② 新たな価値を創造する空間「Premium Port」

　を掲げるとともに、近年、目を見張る速度で進化を遂げる革新的技術を最大限に活用し、物理空間だけでなく情報空間も合わせてつなぎ、第4次産業革命を先導するプラットフォームを構築する、

③ 第4次産業革命を先導するプラットフォーム「Smart Port」、

という3つの役割が掲げられた。

　これらに基づき、本中長期政策では、2030年ごろに港湾に求められる機能とそれを実現するための具体的施策を以下の8つの柱にまとめている。ここでは、その概要を紹介する。

(1) グローバルバリューチェーンを支える海上輸送網の構築

　① 成長著しい東南アジア地域等へのシャトル航路を戦略的に重要な航路と位置付け、国内主要港からの直航サービスを強化するためのハード・ソフト施策を展開する。

　② 背後地において、新たな価値を創造し、外貨を稼ぎ、雇用の創出を促すため、高度な流通加工・検疫・発送、再生部品の輸出、越境修繕サービス等新たな付加価値を提供する機能を有するロジスティクスハブを形成し、アジア等からの貨物の集貨を目指す。

　③ 農林水産物等の輸出を強化するため、小ロット貨物について複数企業による共同調達・共同輸送を促進する。

　④ アジア地域を中心に国際フェリー・ROROやコンテナシャトル航路を強化のための施設や環境整備を進め、多様な速度帯からなる重層的な航路網形成を目指す。

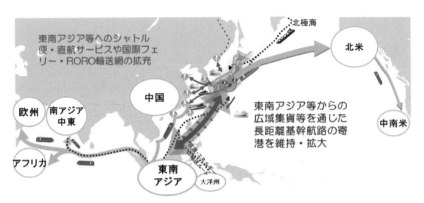

出所：国土交通省港湾局　「PORT 2030 紹介サイト」。

図 1.2　中長期政策の基本的な方向性：グローバルバリューチェーンを支える
　　　　海上輸送網の構築

(2) 持続可能で新たな価値を創造する国内物流体系の構築

① 内航フェリー・RORO 航路については、国と、改革に意欲的な運航事業者、港湾管理者等が協力し、船舶および港湾の双方の設備や運営体制を検討するための「ユニットロード生産性革命協議会（仮称)」を設置し、輸送生産性の向上や災害時等の機動的な対応が可能になるよう、岸壁の規格統一化・標準化のための体制構築を目指す。

② 国際コンテナ戦略港湾への集貨等を促進するため、ふ頭再編により国際コンテナターミナルと内貿ユニットロードターミナルを近接化させ、港湾と背後の道路等とシームレスな接続、船舶大型化に対応した岸壁整備・改良を推進する。

③ 海上輸送の安全性・効率性向上を図るため、AI（人工知能）等を活用した船舶自動運航・航行支援技術の導入促進を図るとともに、高規格な荷役機械、自動運航船舶と連携した自動離着岸システム、決済を効率化するシステム等を実装した「次世代高規格ユニットロードターミナル」を展開する。

④ 情報通信技術（ICT）の活用によるトラック・シャーシ位置のリアルタイム把握やリーファーコンテナ温度モニタリングシステム等の導入により、輸送の効率化と品質管理の向上を図る。

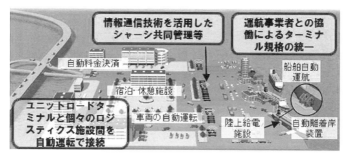

図1.3 次世代高規格ユニットロードターミナル

(3) 列島のクルーズアイランド化

① わが国発着クルーズを拡大し、「北東アジアのクルーズハブ」を形成すべく、官民連携による国際クルーズ拠点の形成やフライ＆クルーズの促進等に取り組む。特に、外国人クルーズ旅行客のリピーター化を促すため、ターミナルビル等において無料無線 LAN 整備、案内の多言語化等に対応し、利用者の利便性向上を図る。

② 日本人クルーズ旅行客の増加を図るため、近年、高質化が進む国内・国際フェリーとの連携を図っていく。

③ 鉄道・航空等とのシームレスな接続・連携を図り、島嶼部等も含めた広域周遊ルートの形成を目指す。

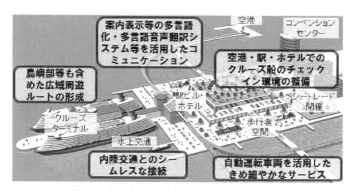

図1.4 外国人クルーズ客を迎え入れる港湾空間

(4) ブランド価値を生む空間形成

① 近年、物流・産業機能が沖合展開していくなかで、物流機能移転後の内港地区等の有効活用が求められている。このため、民間資金も活用した新たな手法による港湾の再開発を促進し、活性化を図る。

② 「みなと」に賑わいを呼び込み、外国人旅行客・市民の交流の場を提供するため、文化・歴史、ビーチスポーツ体験・景観・自然環境・魚食、工場夜景・水辺のライトアップを活用したナイトタイムエコノミーなど、さまざまな観光資源を発掘し磨き上げ、魅力的なコンテンツ作りを促進していく。

図 1.5　空間再編等による賑わい拠点の形成

(5) 新たな資源エネルギーの受け入れ・供給等の拠点形成

① 臨海部の石油関連産業や、地域経済を支える基礎素材産業の競争力を強化するため、他省庁等とも連携し、輸送インフラの更新・改良・強靱化を促進していく。

② 石油関連産業の事業集約等により発生した空き地の有効活用の観点からLNGや水素など臨海部と親和性のあるエネルギー産業等の誘致を促進する。

③ 石炭など従来から力を入れてきた資源の輸送について、船舶の大型化や調達先の多様化への対応、ICTを活用した企業間共同輸送を促進する。

④ わが国の資源エネルギー等の安定的・安価な供給や海洋権益の保全を図るため、洋上風力発電や水素供給、バイオマス燃料供給等の拠点確保を通じて、資源エネルギーの多様化へ貢献していく。

図1.6　企業間の共同輸送を通じた基礎素材産業の競争力強化等

（6）港湾・物流活動のグリーン化

① 地球環境問題に対応するため、洋上風力発電の導入や、船舶・荷役機械・トレーラ等の輸送機械の低炭素化、陸上給電設備の導入等の「CO_2 排出源対策」を行う。

② 鉄鋼スラグ等の産業副産物を有効利用した藻場等のブルーカーボン生態系の活用等による「CO_2 吸収源対策」を促進し、世界に先駆けた「カーボンフリーポート」の実現を目指す。

③ LNG バンカリング拠点を形成することにより環境に優しい港湾を目指す。

④ 港内や航路の航行環境・安全を保持するため、現在主要港で導入が進んでいる環境配慮型の船舶の寄港を促進する優遇策の展開や、航路の拡幅、緊急時の避泊場所の確保等を行う。

図1.7　カーボンフリーポートの実現

(7) 港情報通信技術を活用した港湾のスマート化・強靱化

① 港湾・貿易手続きをはじめ、港湾に関するさまざまな情報を電子的に接続し、連携させる「港湾関連データ連携基盤」を構築する。この基盤上で、すべての港湾情報や貿易手続きを電子的に取り扱うことを標準とする環境「港湾の完全電子化」を形成する。

② この基盤と海外港湾や異業種の情報プラットフォームを接続することにより、貨物情報や観光情報等と連携を図り、利便性・生産性を最大限まで高める「CyberPort」を実現する。これにより、国際貿易、観光振興、港湾施設利活用、臨海部防災その他多様な分野で、港湾情報を核とした新たな情報活用ビジネス・サービスを創出することを目指す。

③ ターミナルの生産性向上や労働環境改善の観点では、AI、IoT、自働化技術を組み合わせ、コンテナ蔵置計画の最適化や貨物の搬入・搬出の迅速化等を図り、世界最高水準の生産性を有する「AI ターミナル」の形成を目指す。

④ 将来的には、前述の基盤から得られる情報を最大限活用しつつ、コンテナの搬出入手続きや CY カット等に係る所要時間がほぼゼロとなるよう、「AI ターミナル」のアルティメットモデル（究極型）の実現を目指し、ゆくゆくは、その技術とインフラ整備をパッケージ化して海外港湾へ積極的に輸出することを目標す。

⑤ 今後懸念される、大規模・広域的な災害に対し、早期復旧・復興を支援するため、岸壁や臨港道路等の耐震化等を進める。また、災害発生直後の緊急物資輸送に迅速に対応するため、津波警報等により現場に人が近づけない場所であっても、高度なセンシング技術やドローン等を活用し、早期に被災状況を把握する体制を構築、迅速に復旧・復興活動に移る体制を整える。

⑥ 海上からの支援受け入れや広域的な代替輸送が機動的に行えるよう、情報を統合・分析し、被災状況やインフラの利用可否、代替ルート情報等を迅速に提供できるシステムを構築する。2018 年 7 月豪雨や 9 月の北海道胆振東部地震発生後、離島や陸路が寸断され孤立した沿岸地域等では、海上ルートによる緊急物資輸送、市民移動支援、給水・入浴・洗濯その他生活支援等で港湾業務艇が活躍した。このため、平常時から、地方港湾も含めた港湾施設やその利用状況を把握し、災害時に円滑に輸送支援を実施で

きるよう事前に関係者との協力関係を強化するとともに、生活支援の一部
を担うことも想定し、港湾業務艇について必要な性能等を確保していく。

図1.8　IoT等を活用した被災状況の「見える化」による港湾機能の早期復旧

(8) 港湾建設・維持管理技術の変革と海外展開

① 港湾建設における生産性・安全性の向上と将来の労働力不足に対応する
　ため、調査・測量等の建設生産プロセス全体で3次元データを使用する
　CIMを積極的に推進する。

② マルチビーム・水中ソナー・AR（拡張現実）等の先進技術や、IoT・ロ
　ボットを活用したモニタリング等の点検業務の効率化を進める等、維持管
　理業務における生産性の向上を推進し、「i-Construction」の取り組みをさ
　らに深化させる。

③ プロセス全体の3D化を進め、インフラの点検・管理の効率化や、たと
　えばARを活用して若手技術者への熟練技術の継承を支援するための体制
　構築を進める。

④ さらに、新技術の現場への適用を推進するため、国による港湾技術パイ
　ロット事業等を通じ、その成果を港湾管理者・民間事業者と共有するため
　のガイドライン等を作成する。あわせて、港湾関連事業者の海外展開を支
　援するため、技術基準等の国際標準化を進め、ICT等を活用したわが国の
　先進的な港湾の建設・維持管理・運営技術をパッケージ化し、輸出してい
　く。

図 1.9　i-Construction の推進

1.4　将来に向けて

　わが国をとりまく社会情勢は、世界的な消費生産活動の広がりや生産拠点の
変化、新たな貿易の枠組みの締結や関税障壁の変化、また、革新的な技術の導
入による港湾分野での生産性向上など、今後さらに変化していくことが予想さ
れる。こうした変化に柔軟に対応し、港湾政策の羅針盤として進むべき方向を
適切に示すことができるよう PORT 2030 については社会情勢の変化を踏まえ
必要に応じ見直しを行うこととしている。わが国の経済・産業を支え、豊かで
潤いのなる国民生活が実現されるよう、また、その原動力としての港湾機能の
強化に向けて取り組みが図られるよう、将来を見据え、政府のみならず関係者
が一丸となって進んでいくことを期待している。

第2章 海運インテグレーターの出現と 港湾に求められるサービスの変化

　最近の国際海運・港湾に関するさまざまなメディアの情報を総合すると、国際海上コンテナ輸送の世界に大きな地殻変動が起きつつあると感じる。世界最大手のコンテナ船社が、ターミナル・オペレーション、さらには内陸背後圏輸送分野でサービスを提供する企業を傘下に加え、そのサービス範囲を拡大しようとしている。このようなコンテナ船社の垂直統合は、コンテナ物流に携わる多くの関係者に大きな影響を及ぼしている。さらに、グローバル・サプライ・チェーン全体をカバーし、ブロックチェーン技術によって情報セキュリティが確保された貿易貨物情報プラットフォームの開発が実用段階に達し、大手コンテナ船社をはじめ、港湾、ターミナル・オペレーター、税関当局、フレート・フォワーダーなどが雪崩を打って参加を表明し始めている。このような動きは、新しい港湾政策「PORT 2030」策定後の出来事ではあるが、今後の港湾政策を論じるうえで避けて通れない課題であるので、その影響について論じることとする。

2.1　コンテナ船大型化に伴う船社アライアンスの集約に伴う影響

　1990年代に急速に進んだコンテナ船の大型化は、規模の経済の発揮によってコンテナ1TEU当たりの海上輸送費用を大幅に低減することに成功した（図2.1）が、それに伴って、コンテナ船社自身にとっても大きな影響がもたらされた。例えば、20,000TEU級の超大型コンテナ船で輸送サービスを提供するには、最も航路距離の長い東アジア〜北欧航路のケースで12隻の船隊を組む必要がある。1社だけで12隻の超大型船を提供するには膨大な船舶建造の投資が必要であるとともに、その輸送能力を満たすだけの需要（顧客）を確保しなければならない。十分な需要をまとめることができなければ、船腹を空のまま輸送することになり、規模の経済を発揮することはできず、コンテナ1TEU当たりの海上輸送費用を大幅に低減することはできない。

　また、コンテナ船大型化の進行に合わせてコンテナ船社の合従連衡が進んだことに加え、コンテナ船建造の投資リスク、十分なコンテナ貨物需要を確保する需要リスクなどを分散するため、コンテナ船社は複数社でアライアンスを構成するようになり、4つから3つ（2M、The Alliance、Ocean Alliance）のア

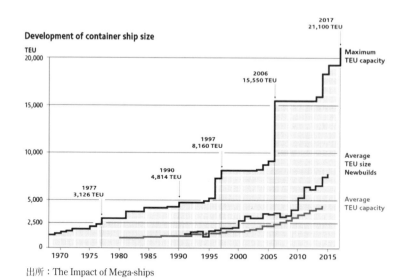

出所：The Impact of Mega-ships

図2.1　コンテナ船の大型化の推移

ライアンスに集約された（図2.2）。

　このように、海上コンテナの輸送サービス・プロバイダーが3つのアライアンスに集約されたということは、港湾サービスの売り手（港湾あるいはターミナル）の立場から見ると、港湾サービスの買い手（船社あるいは船社アライアンス）が巨大化し、かつてないほど巨大な購買力すなわち交渉力を手に入れたことを意味する。これまで以上に、船社が寄港する港湾（あるいはターミナル）を選ぶときに、有利な契約条件（価格、サービスなど）を引き出すことができるようになったと言える。逆に言えば、港湾（あるいはターミナル）は、その契約交渉において苦しい立場に追いやられることになった。

2.2　船社系ターミナルオペレーターの存在感の増大

　船社が自ら運営する船社系ターミナルは、その効率性の最大化のみを追求するのではなく、最大の顧客である自社（あるいは自アライアンス）のコンテナ取扱いに最大限のプライオリティを置き、到着遅れが発生した場合のリカバリーや、急いでいるコンテナに対する特別な扱いなどの柔軟なサービスを提供してきたはずである。その結果、船社系ターミナルは、コスト・センターと呼ばれ、船社グループの立場から見るとコストの発生場所であって利益を生み出

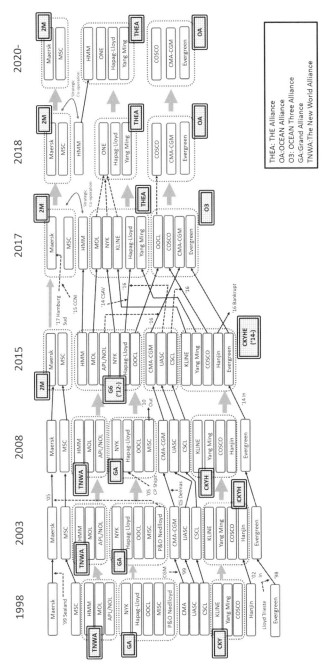

出所：日本海事センター

図 2.2 コンテナ定期船社のアライアンスの形成における合従連衡

すものではないと長らく認識されてきたものと考えられる。

一方で、20,000TEU級の超大型コンテナ船12隻がひとつの船隊でつながるループのサービスでは、各寄港地で揚げ降ろすコンテナ数も大幅に増えたため、各港での在港時間が長期化したことに加えて、ループ1周に12週間（84日間）を要する航海の長期化も相まって、到着遅れのリスクが高まった。その結果、コンテナ船社は、コンテナ船の大型化による海上輸送費用の大幅な低減に成功した一方で、海上輸送の長期化、到着遅れのリスク増大という輸送サービスの劣化に直面することになった。

さらに、港から港までの海上コンテナ輸送サービスについては、そのサービスの質を差別化することが難しく、価格のみの競争に追いやられ、船社は厳しい価格競争に直面してきた。同様に、ターミナル・オペレーターも、ターミナルでのLift-on Lift-offサービスの質を差別化することは難しく、その効率性向上のみによる競争にも限界が見えてきたと考えられる。

しかしながら、上述したように、船社系ターミナル・オペレーターは、遅れが発生した場合のリカバリーや、急いでいるコンテナに対する特別な扱いなどの柔軟なサービスを提供することで、自社（あるいは自アライアンス）の輸送サービスを高付加価値化できることが再評価されたと考えられる。船社系ターミナル・オペレーターは、従来から一定程度存在したものの、近年では、船社

表2.1　船社系ターミナル・オペレーターの存在感の増大

ターミナル・オペレーター	定期船社	アライアンス	年間取扱量（百万TEU）	
PSA	---	---	181.2	52.4
Hutchison	---	---		45.6
DP World	---	---		40.0
China Merchants Port Holdings	---	---		27.9
ICTSI	---	---		7.9
Eurogate	---	---		7.4
APM Terminals	Maersk	2M	56.6	37.3
TIL	MSC			19.3
COSCO Shipping Ports	COSCO	Ocean Alliance	44.2	31.5
CMA-CGM	CMA-CGM			5.1
Evergreen	Evergreen			7.6
NYK, MOL, KLINE	ONE	The Alliance	11.0	8.5
Yang Ming	Yang Ming			2.5

出所：Global Container Terminal Operators Annual Review and Forecast 2017 (Drewry) をもとに筆者が作成。

系ターミナル・オペレーターが急速に存在感を増し、大手上位15社の取扱量ベースで約3分の1（38%）を占めるまでになってきた（表2.1）。

2.3 海上輸送から内陸へ向かうコンテナ船社の戦略

船腹量上位4社であるMaersk（2M）、MSC（2M）、CMA-CGM（Ocean Alliance）、China COSCO Shipping（Ocean Alliance）は、それぞれ、資本関係のある関連会社としてAPMT、TIL、CMA-CGM、COSCO Shipping Portsがターミナル・オペレーター事業を展開している。これは、いわゆる船社自営ターミナルの域を超えたコンテナ船事業とターミナル事業の統合ととらえることもできる。さらに、Maersk、CMA-CGMは、内陸背後圏輸送事業も内部化

表2.2 船社系ターミナル・オペレーターによる垂直統合

定期船社	ターミナル・オペレーター	フレート・フォワーダー	
海上輸送	ターミナル事業	複合一貫輸送（利用運送事業）	集荷・内陸輸送・通関など
Maersk	APM Terminals	DAMCO	【コンテナロジスティクスインテグレーターを標榜】MaerskがDAMCO（フォーワーディング以外）を継承（2016年9月）
CMA-CGM	CMA-CGM	CEVA Logistics	CMA-CGMがCEVA Logisticsの株式の97.89%を取得しTOB成立（2019年4月）

出所：日本海事新聞記事（2018年5月10日、2019年1月11日・4月11日）を基に筆者が作成。

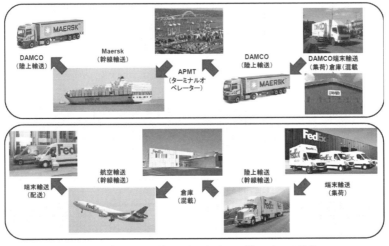

図2.3 海運インテグレーターとインテグレーターの比較

するため、それぞれ、大手フレート・フォワーダーである DAMCO、CEVA Logistics を継承、買収（TOB）してグローバル・サプライ・チェーン全体に渡るサービスを提供する垂直統合を進め、海運インテグレーターに変貌しつつある（表2.2）。

　筆者は、船社と船社系ターミナル・オペレーターが戦略的に一体化することで、これまで船社だけでは差別化することができなかったコンテナ輸送サービスの質を向上させて差別化できるようになったことが、海運インテグレーターが存在感を増大させる転機になったと考えている。

　いわゆるインテグレーターとは、FedEx（Federal Express）のように自社で航空機を所有して航空貨物輸送サービスを提供するとともに、自社の倉庫を活用して自社のトラックで集荷・配送サービスまで提供することによって、統一した自社ブランドで End-to-End の複合一貫輸送サービスを提供する事業である（図2.3）。

　一方で、海運インテグレーターとは、自社でコンテナ船を所有してコンテナ定期船サービスを提供するとともに、自社の倉庫を活用して自社のトラックで集荷・配送サービスまで提供することによって、内陸背後圏の荷主（顧客）に対して直接マーケティングまでを行う複合一貫輸送サービスを提供する事業と

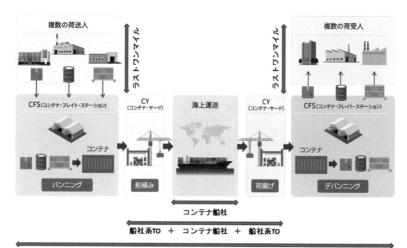

出所：ニュースターライン資料を基に筆者が作成。

図2.4　海運インテグレーターのイメージ

言える（図2.4）。ただし、最終顧客である荷送人・荷受人とCFSの間のラストワンマイル輸送サービスには手を出さないようである。Maersk幹部の発言によると、Maerskは、グローバル・サプライ・チェーンにおいて「コンテナ物流は内陸に商機あり」[1]と考えている。

　前述したように、20,000TEU級の超大型コンテナ船で輸送サービスを提供して十分な規模の経済効果を得るには、ひとつのループサービスを構成する12隻の輸送能力を満たすだけの需要（顧客）を確保しなければならないが、その輸送需要を掘り起こしてとりまとめるのはフレート・フォワーダーなどの内陸背後圏輸送の事業者である。港から港までの海上コンテナ輸送サービスだけでは、サービスの質を差別化することが難しかったコンテナ船社が、逆に、顧客から顧客までのグローバル・サプライ・チェーンの質の高い輸送サービスを提供することで収益の改善を図ろうとしている。このようなサービス展開の過程で顧客に直接働き掛けることによって、垂直統合を果たしたコンテナ船社すなわち海運インテグレーターは、より付加価値の高いサービスを提案することができるようになった（図2.4）。

2.4　貿易貨物情報プラットフォームに参加するコンテナ船社

　MaerskとIBMが共同で開発したトレードレンズ（TradeLens）は、ブロックチェーン技術を活用して利用者の情報の機密性を保持しつつ、電子化・簡素化された貿易手続き書類をリアルタイムで把握することができる情報プラットフォームであり、コンテナ船社、フレート・フォワーダー、荷主、通関当局、港湾、ターミナル・オペレーターなど貿易関係者が参加した実証実験を終えて既に商業利用段階に入っている（図2.5）。コンテナ船社ではMaerskをはじめMaersk傘下のSealand、Safmarine、Hamburg-Sud、さらにはMSC（2M）、CMA-CGM（Ocean Alliance）、ターミナル・オペレーターではAPMTが参加していた（2019年5月末時点）。さらに、最近設立されたデジタル・コンテナ・シッピング協会（DCSA）は、データのデジタル化、標準化を推進する中立的な組織であり、Maersk（2M）、MSC（2M）以外にも、Hapag-Lloyd（The Alliance）、ONE（The Alliance）も参加している（図2.6）。

　仮に、この情報プラットフォームが、GAFAのような巨大プラットフォーム

---

[1] 日本海事新聞「マースク スコウCEO会見 コンテナ物流『陸上に好機』」（2019年3月25日）

SHIPPING MILESTONES AND SHIPMENT DATA
STRUCTURED AND UNSTRUCTURED DOCUMENTS
Packing List
Bill of Lading
Export Documentation
Advance Declaration
Pre-Paid Invoice
Certificate of Origin
Shipping Instructions
ISF
Geography Specific Certificate
Dangerous Goods Declaration
Cargo Specific Certificate
Customs Clearance
Commercial Invoice
Import Documentation
TRADELENS BLOCKCHAIN BUSINESS NETWORK
TRADELENS PLATFORM

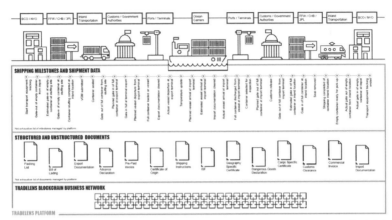

出所：IAPH 2019 広州総会での港湾計画開発委員会で、平田燕奈氏（トレードレンズ）発表資料より抜粋。

図 2.5　トレードレンズ（TradeLens）の概要

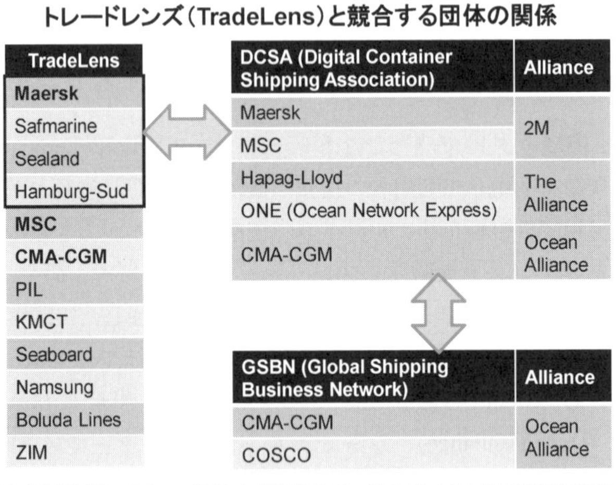

トレードレンズ（TradeLens）と競合する団体の関係
TradeLens
Maersk
Safmarine
Sealand
Hamburg-Sud
MSC
CMA-CGM
PIL
KMCT
Seaboard
Namsung
Boluda Lines
ZIM
DCSA (Digital Container Shipping Association)
Alliance
Maersk
MSC
2M
Hapag-Lloyd
ONE (Ocean Network Express)
The Alliance
CMA-CGM
Ocean Alliance
GSBN (Global Shipping Business Network)
Alliance
CMA-CGM
COSCO
Ocean Alliance

出所：日本海事新聞「TradeLens ONE など定航大手 4 社とデジタル化で新団体設立へ」（2019 年 4 月 18 日）を基に筆者が作成。

図 2.6　トレードレンズ（TradeLens）と関係がある情報プラットフォーム団体

として利用者が増えれば増えるほど、利用者、情報プラットフォームの両者が Win-Win の関係で利益を得るようになれば、あっという間に巨大化することが想像される。しかしながら、情報プラットフォームはどの利用者に対しても

中立であることが求められる。Maersk が主導して開発したトレードレンズ（TradeLens）に対しては、本当に中立性が担保されているのかが、競争関係にある海運会社にとって最大の関心事であり、初期段階では参加に懐疑的であったと言われている。しかしながら、Hapag-Lloyd（The Alliance）、ONE（The Alliance）が 2019 年 7 月に入ってからトレードレンズ（TradeLens）に参加表明した[2] ことで、その中立性に関しても肯定的な結論が出たものと思われる。

　海運インテグレーターは、貿易貨物情報プラットフォームを活用すれば、ロジスティクス業務の効率を飛躍的に高めることが可能になる。たとえば、内陸背後圏の荷送人、荷受人に対するマーケティング活動を通じて需要を集約（物流倉庫での貨物のコンソリデーション）し、複数の輸送モードを組み合わせた複合一貫輸送サービスで高付加価値輸送サービスを実現することができる。

2.5　海運インテグレーターの出現とコンテナ船大型化の行方

　2015 年に発表された OECD/ITF 報告『The Impact of Mega-Ships』は、コンテナ船の大型化によって「ピーク」（1 週間ごとに繰り返す定期船の寄港スケジュールのなかでのコンテナ取扱量の変動のピーク）に起因する極端な混雑やリソース（施設や人的資源）の非効率な運用問題がグローバル・サプライ・チェーンのあらゆる局面で引き起こされていることを指摘した。この「ピーク」問題は、コンテナ船社が港から港までの純粋な海上輸送サービスだけを提供している限りは、コンテナ船社が引き起こし、その周辺で発生している外部不経済の問題であった。しかし、コンテナ・ターミナル、アクセス道路、インランド・デポや物流倉庫に至るグローバル・サプライ・チェーンを構成するすべての要素においてこのピーク問題は顕在化し、経済活動全体に影響を及ぼしている。

　そして、大手コンテナ船社は、海運インテグレーターとしてグローバル・サプライ・チェーン全体に関わることによって収益を上げる構造を構築しており、このピーク問題を外部不経済の問題として放置することができなくなってきたはずである。そして、Maersk のスコウ会長は、20,000TEU 級より大型の

---

[2] 日本海事新聞「トレードレンズ コンテナ上位 5 社参加 ONE・ハパグロイドも参加表明」（2019 年 7 月 4 日）

コンテナ船建造の可能性に否定的であり、その理由として、荷主が求めるサービスは、①低コスト、②高頻度、③早いトランジットタイムであり、コンテナ船が大型化し過ぎると、これらに逆行すると述べている[3]。

　したがって、1990年代以降、急速な大型化を遂げてきたコンテナ船であるが、海運インテグレーターの出現による副次的効果として、船舶の大型化の傾向はしばらくの間は停滞するものと考えられる。

2.6　今後の港湾政策の具体化に向けて

　コンテナ船の大型化の傾向はしばらくの間は停滞し、急速にアジア地域内で進展する国際水平分業に伴い、納入期限の管理が厳しい部品などの中間財貿易が卓越してくるため、中型程度のコンテナ船による遅れの発生しにくい（寄港地数の少ない）サービスが求められるようになってくると考えられる。したがって、港湾の海側（バース）、陸側（アクセス道路）、さらに物流倉庫などのあらゆるリンクとノードで混雑を発生させず、納入期限を守ることができる港が求められるはずである。そのための政策が最優先に取られるべきである。

　次いで、海運インテグレーターが内陸背後圏での集荷・配送、さらには物流倉庫での仕分けや在庫管理までカバーするようになれば、港湾のサービスも必然的に内陸背後圏のインランド・デポあるいはドライ・ポートとの連携を深めることで顧客のニーズに応えるべきである。すでに、ドライ・ポートの重要性に気付いて連携を図っている港湾は多く見受けられる。

　最後に、貿易貨物情報プラットフォームに関しては、グローバル・サプライ・チェーンに参加するそれぞれのプレーヤーが、独自に参加を決めて接続するものであるが、船の入出港手続き、トレーラーのターミナル予約制度、貿易書類の電子化、などのスマート・ポート化をいち早く進めた港湾がそのメリットを手にすることができるはずである。

【参考文献】
  1) Drewry (2017) Global Container Terminal Operators Annual Review and Forecast 2017, Drewry.
  2) OECD/ITF (2015) The Impact of Mega-ships, OECD.

---

[3] 日本海事新聞「Maersk スコウ CEO 会見」（2019年3月25日）。

3）日本海事新聞（2018 年 5 月 10 日、2019 年 1 月 11 日、2019 年 4 月 11 日）

4）日本海事新聞「TradeLens ONE など定航大手 4 社とデジタル化で新団体設立へ」（2019 年 4 月 18 日）。

5）日本海事新聞「Maersk スコウ CEO 会見」（2019 年 3 月 25 日）。

6）ニュースターライン資料（http://www.ns-line.co.jp/Contents/lcl.html）【アクセス 2019 年 8 月 12 日】

7）平田燕奈（2019）IAPH 2019 広州総会での港湾計画開発委員会での発表資料。

第3章　荷主による港湾選択の論理と実際
―輸入コンテナ貨物を中心に―

3.1　現実の港湾選択

　荷主による港湾選択の研究は、土木計画や交通計画の研究者を中心にすでに豊富な蓄積がある。研究成果の多くは実務家の肌感覚とも合致するところが多い。筆者のひとりである田村は、荷主あるいは物流事業者としての立場から幅広く業界に対面してきた。そこで、本章ではその経験や実感も含め、わが国における物流の変化に着目し、最近の荷主の動向や関心を論じる。

　「PORT 2030」では、海上輸送網の構築にむけたハード・ソフト施策の実行や港湾機能の強化が施策として謳われている。従来、港湾政策はインフラ側の施策を中心に論じられる傾向がつよく、PORT 2030 の内容は斬新であるとしても、インフラからの視点で描かれているという側面は否定できない。そこで、本章ではわが国の港湾への集客や集荷に不可欠なプレイヤーである荷主の観点から港湾を論じることにしたい。これは、研究者に対しては今後のさらなる定量化・モデル化への仮説を提示し、地方自治体の政策担当者には港湾振興策立案への参考に供することになると考えられるからである。

3.2　港湾選択論再考

（1）先行研究を振り返って

　まず、これまでの港湾選択論の成果を振り返りつつ、そのいくつかの前提について補足的に見解を付け加えたい。

　港湾選択に関する先行研究を振り返ると、海上および陸上の輸送費用・時間、寄港頻度などを変数としたモデル（主に非集計型ロジットモデル）の構築とその実証が中心となっている。管見では、流通コストの最小条件を満たす港湾が選択されるという仮説のモデル化を試みた木村（1985）や、陸上運賃、貨物輸送時間費用、海上費用、週間頻度を説明変数とした推定を行った岡本（2000）などが先駆的な成果である。これらの研究は、共通して「荷主は、費用と時間の最小化という合理的な行動をとる」ことを明らかにしたが、さらに以下の研究はさまざまな貴重な示唆をもつ。例えば、業種別の貨物特性や荷主特性に注目した花岡・石黒・菊地・稲村（2000）や、詳細な配船スケジュール

に基づいた海上輸送日数を変数に組み込んだ茅野・石倉（2014）、商慣習という数値化しづらいファクターを考慮した柿田・秀島（2016）など多様なアプローチにより港湾選択のモデルは精緻化されてきた。また、肝心の意思決定者である荷主の意図や行動は、企業内の意思決定のプロセスが部外者に明示的ではなく、かつ主観的で定量化されにくいが、秋田・小谷（2009）に代表されるように、アンケートやヒアリングといった手法を通じて一定程度はモデルに反映することが可能であり、実務の観点からも納得感の高い成果となっている。

（2）バルク港湾の選択

　従来の港湾選択論は国際海上コンテナ貨物を主たる研究対象としてきたが、自明ながらバルク港湾の選択に関しても、荷主の論理を確認しておきたい。バルク貨物（例えば、ドライバルクなら石炭・鉄鉱石・穀物、リキッドバルクなら原油や天然ガスなど）については、わが国の場合ほぼ単一の荷主＝需要家向けの輸入であり、最終需要地（工場、製鉄所、発電所など）の立地が決まっているので、港湾選択の余地はない。特にバルク貨物はその特性上、陸上輸送には適さないことから、むしろ港湾のロケーションやスペックにあわせて、臨海地域に工場が立地されてきた。したがって、立地慣性が働くことや、荷役機器や野積み場等の一時保管設備といった港頭の関連施設の代替性も低いことから、バルク貨物の需要者である荷主が利用港湾を変更するケースは限定的であることは直感的にも理解されよう。

　バルク貨物の荷主の最大の関心は、電力会社に代表されるように、その業態上、原料の安定確保にあるので、港湾施設の安定利用と安全運航の確保が求められる。特に近年のバラ積み船の大型化に伴い、バース前面と航路の水深確保、荷役設備の大型化といったハードウェアの整備状況が荷主にとっての港湾の価値を決めると言ってよい。実際、国土交通省は、2012 年に「国際バルク戦略港湾構想」にもとづき、穀物で 4 港、鉄鉱石で 2 港、石炭で 2 港をそれぞれ「国際バルク戦略港湾」として選定した[1]。その目的は「わが国の産業や国民生活に必要不可欠な資源、エネルギー、食糧等の物資を安定的かつ安価に供給すること」であった。具体的な評価項目には、「大型船舶を活用するための

---

[1] 2011 年 5 月 13 日「国際バルク戦略港湾の選定結果について」国土交通省 HP
http://www.mlit.go.jp/report/press/port01_hh_000076.html
（2019 年 3 月 29 日閲覧）

企業連携の推進」「最大級の輸送船舶に対応ための港湾機能の拠点的確保」「大型船舶入港に向けた施設の物理的優位性」があり、近年の荷主にとって望ましいバルク港湾のあり方として大型化対応が鍵となっている。

(3) 荷主とは誰か

　いまひとつの前提として「荷主とは誰か」、すなわち、港湾選択の意思決定者は誰かという点を論じておきたい。先行研究においては、本邦からの輸出の荷主は輸出者（shipper、発荷主）、輸入の荷主は輸入者（consignee、受荷主）という前提があった。そして輸出であろうと輸入であろうと、荷主は輸送費用と時間を最小化する行動をとると理解されてきたが、貿易受渡条件によって異なる行動をとりうる。インコタームズ上、CFR 条件であれば、発荷主の港湾選択には競争力の発現という総合的判断にもとづいて輸送時間も含めた費用が考慮される。他方、FOB 条件にもとづく輸出の場合、輸出者たる発荷主にとって、海上輸送は自己の手配でも費用負担でもないので、陸上輸送費用を最小化できる港湾（例えば、工場から距離的に至近の港湾など）を選択しかねない。逆に FOB 条件にもとづく輸入の場合は、輸入者たる受荷主にとって、必ずしも海上輸送費用を最小化しうる積み出し港における受け渡しとはならないかもしれない。現実には、貿易の当事者たる輸出者と輸入者の交渉によって受け渡しポイント（港湾）は決定されるが、それには双方の力関係や商品の FOB 価格など、港湾選択とは無関係な要因が影響すると考えられる。

　また、実際の貿易活動では、発荷主・受荷主だけではなく、商社や物流業者が中間的に介在している。先行研究においても、花岡・石黒・菊地・稲村（2000）は、製造業等の荷主が直接貿易を行う場合と商社等の卸売業を介する間接貿易の場合で港湾選択の傾向が異なることを指摘している。柿田・秀島（2016）は、商社等の委託業者が港湾選択に及ぼす影響を慣習的要因として整理している。ただ、従来わが国の貿易を支えてきた商社、とりわけ大手総合商社は、近年その採算性の低さや機能の差別化の限界から、荷主の貿易代行業的役割を返上・撤退する傾向にある[2]。

　一方、荷主のなかでもとりわけ大手製造業は、商社を介在しない直接貿易

---

[2] 三菱商事は「取引の仲介業として口銭を稼ぐというモデルから、主体的に事業を運営・経営して持分利益や配当で稼ぐというモデルへと転換し…もはや総合商社という言葉では会社の全貌を言い表すことはできなくなった」と自己評価している（「BUSINESS PRODUCERS」日経 BP 社、2015 年）

（直貿）化の傾向を強めている。商社に依存してきた物流コントロール権（物流業者の選択権、運賃購買権含む）を取り戻し、特に運賃購買にあたってはグローバルビッド（Global Bid）と呼ばれる国際入札制度を導入し[3]、慣習的な物流業者を排して特定の物流業者に依存しない傾向を強めつつある。

　すなわち港湾選択のみならず、物流の意思決定は荷主に収斂され、サプライチェーン全体の競争力向上を命題とした合理的な行動がとられるようになってきた。背景には宮下（2011）の指摘通り、サプライ・チェーン・マネジメントの普及に伴い、大手製造業たる荷主がロジスティクス力の強化を進めてきたことが想定される。ただし、荷主企業内における意思決定が一元化されているとは限らず、物流・生産・販売の部門別、取扱い貨物別、あるいは各工場・事業所別に、それぞれが独立して意思決定する場合も少なくない。

3.3　港湾選択における陸上輸送の費用と時間の問題

（1）輸入貨物の特性

　近年、荷主の港湾選択を考えるにあたり、従来以上に重要性を増しているのは陸上輸送の費用と時間の問題である。

　港湾選択における陸上輸送の費用と時間の問題については、すでに秋田・小谷・松原・山本（2003）において輸出入ともに「港までの国内輸送費の安さ」、輸入では「内陸とのアクセス道」や「リードタイムが確実」の重要性が指摘されている。ここで留意すべきなのは、輸出貨物と輸入貨物の性格の違いである。輸出では、陸上輸送の費用と時間の最小化という観点からは発地（工場などの生産拠点）からの距離が近い港湾が選好されよう。輸入でも、工場に納入される生産財などでは輸出と同様に近接する港湾が選択される傾向がある。アパレル、食品、日用雑貨などの消費財の仕向地は流通拠点（distribution center）であり、その立地は、国内市場への流通を円滑にすることに主眼がおかれ、必ずしも港湾とのアクセスだけが重視されるとは限らない。また、流通拠点の立地は、市場環境や荷主の販売政策によって工場のような生産拠点に比べて容易に変更できるため港湾との地理的関係も変わりうる。

　同じく秋田・小谷・松原・山本（2003）は荷主へのアンケートにもとづいて分析している。すなわち輸入では最終荷受け施設・デバンニング施設がともに

---

[3] 通例、年に1回、荷主の提示する条件（積揚港、諸チャージの取扱、数量コミットメント等）に基づき、コンテナ船社やフォワーダーに年間契約運賃の入札を求める形式をとる。

内陸部に立地することが多いが、それは消費地へのアクセス、つまり、国内市場への流通を考慮したからである[4]。とりわけ、消費財の場合、コンテナのデバンニングに加え、国内流通にあたっての再梱包や値札付け、店舗向けのピースピッキングといった流通加工業務が必要とされる。そのため、港湾運送業務への労働者派遣の規制があり、人件費が割高になりがちな港湾地区での作業は避け、労働力の調達が自由かつ相対的に安価な内陸部の拠点が選ばれる傾向がある。

　首都圏の例でいえば、輸入貨物にとって、港湾にも消費地にも近接する東京湾臨海部が流通拠点として最も望ましいことは言うまでもない[5]。前述の港湾地区の労務問題に加え、後述の通り、当該エリアでは（いわゆる一等地ほど）倉庫スペースの供給が限られ、荷主には、費用面から現実的な選択肢になりにくい。ちなみに、輸入消費財といっても、最終納入先の数や分布、納入期限の長短によって性質は多様である。全国向けの翌日配送（D1）を念頭においた場合、南北に長い日本列島の地理的特性から、東日本と西日本それぞれに流通拠点を設けるため、東日本と西日本で1つずつ港湾が選択される。つまり、輸入の港湾選択は国内物流体制・拠点によって左右される側面が大きい。

(2) 首都圏における物流施設の集積と外環道・圏央道の役割

　それでは、国内における物流体制・拠点はどのように形成されているのか。これは、倉庫や物流センターといった物流施設の集積状況によってある程度示唆される。首都圏の例でいえば、兵藤（2015）が「東京都都市圏物資流動調査」にもとづいて分析した通り、①港湾施設、②東京23区外縁部、③郊外の高速道路インターチェンジ付近に立地ポテンシャルがある。より具体的な近年の動向として、東京湾岸沿岸部ならびに外環道・圏央道の環状道路沿線が「物流発生のメッカ」となっていることが指摘されている。特に、外環道・圏央道が整備され、1970年代の計画立案時のイメージである大都市の物流拠点配置構想が実現してきたと評価されている。

　実際に、国土交通省作成の資料によれば、高速道路インターチェンジ10キ

---

[4] 工藤（2002）は、荷主による物流拠点立地行動について、「臨海部」と「内陸部」をそれぞれの優位性の観点から分析を試みている。
[5] 辻・木村・早川（2005）は、首都圏における物流センターの立地を、3PL事業者が東京郊外に展開するプロフィットセンター型と、荷主が臨海部にもつコストセンター型に分類し、後者の優位性を指摘しているが、今日では現実的な対比とは言えない。

ロ以内の工場立地は 2010 年から 2014 年までの 5 年間で約 3 倍になっており、また、2000 年以降に建設された大規模物流施設（事業所数）は臨海部 390 件に対し、外環道・圏央道沿線が 530 件に達している[6]。さらに 2017 年 2 月に圏央道の茨城県区間（つくば中央〜境古河間）が、2018 年 6 月に外環道の三郷南〜高谷間が開通したことでこうした流れは加速されていると考えられる。前節で指摘した通り、都心部に近接する臨海部では新たな倉庫スペースの供給が限られている。そのため、都心部から半径 15 キロに位置する外環道の周辺部（より具体的には川口を起点に東は三郷・流山、西は所沢）がわが国最大の消費地である首都圏向けの流通拠点としての価値を高めている。

　表 3.1 は倉庫賃料の目安を示しており、川口・戸田の賃料は高く、筆者のヒアリングによれば、倉庫の需給は非常にタイトである。また、厚木や相模原などの神奈川内陸部にも物流施設の集積が進んでいるが、この背景にも圏央道の神奈川県区間開通を含めた周辺の高速道路整備が寄与していると考えてよい。

　ただし、労働集約的な作業も多い物流施設では、人手不足が深刻化し、パートやアルバイトの確保も重要な要素になっている。兵藤（2012）が指摘するように、物流施設の立地には人口の空間的構成が少なからず影響する。たとえば同じ埼玉県の外環道周辺の市町村でも、集人力に差が生じる場合がある[7]。したがって、外環道や圏央道の整備により、最終的な仕向地として関東内陸部に位置する輸入貨物の流通拠点が増加している。加えて、荷主や物流業者の間では京浜港から関東内陸部へのアクセスが改善（渋滞が解消）しているという認識も広く共有されている。以上のように、首都圏において物流施設が集積するのは、輸入消費財の物流に求められる国内市場へのアクセスと港湾へのアクセ

表 3.1　首都圏における現在の倉庫賃料の目安

エリア	臨海部		外環道	圏央道	
都市（例）	横浜 （港湾地区）	千葉 （非港湾地区）	川口、戸田	埼玉 （久喜、北本）	神奈川 （厚木、相模原）
単価（円・坪/月）	4,000〜4,500	4,000〜4,500	4,500〜5,000	3,000〜3,500	4,000〜4,500

注：共益費込み、表面賃料（フリーレント考慮せず）。

出所：不動産開発業者からのヒアリングにもとづく。

---

[6] 2017 年 2 月「第一回総合物流施策大綱に関する有識者検討会」参考資料「物流を取り巻く現状について」国土交通省
[7] 同じ市町村でも、通勤の利便性や作業内容によって集人には差があり、賃金単価を変えざるを得ない場合もある。

スが同時に充足される地域と整理されよう。

　このような事例は首都圏のみであり、後背地への道路整備が単純に港湾選択の決定要因とは言い切れない。しかし、道路整備→物流施設の立地・集積（同時に港湾アクセスの改善）→輸入貨物の国内物流体制や拠点の確立→国内物流体制や拠点にもとづいた港湾選択という仮説を各地域において検証することは交通・物流政策からも重要な課題である。このことは、道路・倉庫・港湾という一連のサプライチェーンを支える物流インフラ間の連携がいかに形成されているか、に他ならないからである。

（3）ドレージ問題の現状と港湾選択への影響

　近年のコンテナ業界における最大の課題は陸上輸送（ドレージ、drayage）の容量不足である。具体的にはドレージを担う車両（トレーラー）のドライバー不足、コンテナターミナルにおける処理能力の限界と車両の長時間待機問題の深刻化、さらにそれらに伴うドレージ費用の高騰である。この傾向はわが国では東京港において顕著だが、おおむね、主要港には同様の課題がある。この底流には、世界的なコンテナ流動量の増加に伴いコンテナ船も大型化し、ドライバーを含む陸上側の受け入れ容量がそれに追いついていないことがある[8]。

　ドレージの逼迫は荷主に時間と費用の負担を増加させるので、港湾利用にも大きな影響を与える。特に問題が深刻化する東京港においては、トラック業者の団体である東京都トラック協会が、2012 年から年 2 回（5 月と 12 月）「東京港各コンテナターミナルにおける海上コンテナ車両待機時間調査」を実施しているが[9]、そのうち、2013 年 12 月分から 2018 年 12 月分までの計 11 回の結果は表 3.2 のとおりである。この 5 年間では平均 60％の車両が 1 時間以上の待機を余儀なくされ、そのうち、2 時間以上待機した車両の比率は、直近 2 年連続で繁忙期である 12 月に 25％を上回る。また、実際には 1 台の車両が 1 日に複数のコンテナターミナルで積卸作業を行っており、待機時間を通算するとこれらの数値をはるかに上回る。待機時間が延びれば車両の回転率は下がり、結果として荷主のコスト増や円滑なオペレーションの阻害につながる。

　首都圏の場合、都内や神奈川臨海部といった在来エリアに加えて、前述のと

---

[8] 日刊 CARGO 電子版では、「北米でもドレージ不足深刻 船社ドアデリバリー控える SC 交渉 CY 渡し増加」（2018 年 3 月 7 日）と報道されている。

[9] 東京都トラック協会 HP http://www.totokyo.or.jp/archives/15509（2019 年 4 月 1 日閲覧）

表 3.2　東京港における海上コンテナ車両待機時間調査結果

調査年月	調査対象コンテナ本数	待機 1 時間以上		内、待機 2 時間以上	
2013.12	10,188	6,875	67.5%	1,050	10.3%
2014.5	9,907	5,783	58.4%	167	1.7%
2014.12	10,620	5,316	50.1%	450	4.2%
2015.5	10,609	5,644	53.2%	199	1.9%
2015.12	11,170	8,227	73.7%	0	0.0%
2016.5	9,381	5,777	61.6%	344	3.7%
2016.12	8,122	5,348	65.8%	0	0.0%
2017.5	5,835	3,596	61.6%	738	12.6%
2017.12	9,397	6,255	66.6%	2,543	27.1%
2018.5	7,573	4,602	60.8%	1,044	13.8%
2018.12	7,927	5,228	66.0%	2,029	25.6%

注：各年の 5 月と 12 月の 17〜22 日間にかけて、24〜32 事業者からのサンプル調査。

出所：東京都トラック協会海上コンテナ専門部会による調査結果を筆者が再編集したもの。

おり、物流施設が集積しつつある外環道や圏央道沿線への輸送も増えていると推測される。表 3.3 はドレージ業者 3 社に対して、在来エリアの代表として神奈川県川崎市を、外環道エリアの代表として埼玉県川口市を仕向け地に設定した費用見積もりを示す（2019 年 4 月時点）。一般に、運賃は走行距離とコンテナのサイズに比例すると考えられる。しかし、A 社の見積もりは川口市向けが川崎市向けのおよそ 2 倍であるのに対し、C 社の東京港揚げでは、ほぼ同水準になっていたり、同じ揚げ港や仕向け地でも、3 社間では 20 フィートコンテナ（20ft）と 40 フィートコンテナ（40ft）の運賃差にバラつきがある。

　また、各社の提供サービスの内容や品質には大差がないと思われるが、見積もり額にも 1.5 〜 2 倍の差がある[10]。すなわち、ドレージ業者によって各港の車両の配備状況や帰り荷の有無（この場合は空コンテナの回送や実入り輸出コンテナの有無）、車両の運用方針[11] などにより差異があると想像され、荷主にとってはコスト面でも、オペレーション面でも不安定要素になっている。

---

[10] 例えば A 社の横浜港揚げ川口市向けの 40ft のドレージ費用は事実上「お断り」の値段提示であろう。

[11] ドレージ業者の中には回転率の高い近距離ビジネスを選好する者もいるが、逆に長い待機時間に比べて実入りの少ない近距離を敬遠し、長距離を選好する者もいると言われる。また、同様に、運賃が割安の 20ft を敬遠し、40ft を選好する傾向もみられる。

表 3.3　現在の輸入ドレージ運賃の目安

（単位：円）

＜最終仕向け地＞		東京港揚げ		横浜港揚げ	
		20ft	40ft	20ft	40ft
埼玉県川口市	A 社	42,000	64,000	65,000	100,000
	B 社	41,000	43,000	55,000	57,000
	C 社	35,000	43,000	45,000	55,000
神奈川県川崎市川崎区	A 社	25,000	38,000	32,000	49,000
	B 社	34,000	36,000	34,000	36,000
	C 社	35,000	39,000	23,000	29,000

　したがって、荷主は、いかに費用の上昇を抑制するか、また、確実にドレージを確保し、総輸送時間を短縮しうるか、という観点から港湾を選ぶことが考えられる。従来、首都圏発着貨物のうち、輸出は横浜港が、輸入は東京港が主に担ってきた。東京港における問題が深刻化するにつれ、輸入貨物を相対的にドレージが手配しやすいとされる横浜港にシフトさせるという選択も荷主にはあるし、積み替え（tranship）を活用し川崎港を利用する動きも見られる。また、物流業者のなかには、東京港の混雑対応として、名古屋や博多といった遠隔港で荷揚げし、内航船や鉄道による関東向けの輸送サービスを商品化しているところもある[12]。一方、同じ東京港を利用する場合でも、ターミナルによって車両の待機時間に差があることから、グローバルビッドにおいて比較的待機時間が短いターミナルの利用を条件に加える荷主も現れている。

3.4　PORT 2030 への示唆

　PORT 2030 の実現には、本章で述べた貨物だけではなく、クルーズも含め、わが国の港湾が荷主や船社に選択されなければならない。その意味で、本章はPORT 2030 実現の前提条件を論じた。先行研究では、荷主の行動はいくつかの変数から規定されていることが明らかにされてきた。しかし、ドレージ問題が示すように外部環境の変化により変数のパラメータ（ウエイト）も変化する。わが国でも e コマースの急速な発展により、数量の増加、貨物の小口化、季節波動、返品の発生といった新しいモノの流れやニーズが生まれている。今

---

[12] 日刊 CARGO 電子版「日本通運 東京港回避の BCP サービス 名古屋・博多などで鉄道・内航接続」（2019 年 4 月 22 日）

後、それが物流施設の立地や選択に、さらには荷主の意思決定や行動に影響を
与えていくことだろう。こうした物流に関わるマクロの変化を見極めていくこ
とが、港湾振興に限らず、物流全般の政策上も重要になると考えられる。

【参考文献】

1) 秋田直也・小谷通泰・松原寛仁・山本陽平（2003）、「荷主の港湾選択要因と外貿コンテナ
貨物の国内端末輸送実態の分析」『土木計画学研究・論文集』20(3)、pp.681-689

2) 秋田直也・小谷通泰（2009）、「荷主による国際海上コンテナ貨物の海上輸送経路の選択行
動に関する分析」『土木計画学研究・論文集』26、pp.679-687

3) 上野潤・岡本直久（2003）、「時系列データを用いた国際コンテナ荷主の行動と貨物流動予
測分析」『交通学研究』46、pp.61-70

4) 岡本直久（1999）、「中核国際港湾整備の効果と今後の方向」『運輸政策研究』2(3)、002-
008

5) 柿田公孝・秀島栄三（2016）、「荷主の港湾選択行動における慣習的要因とその形成背景に
関する分析」『土木学会論文集 D3』72、pp.I-833-I-844

6) 木村東一（1985）『外貿港湾選択評価手法とその応用に関する研究』京都大学博士論文

7) 工藤憲一（2002）、「首都圏臨海部における物流拠点の立地特性に関する事例研究に基づく
コスト分析」『都市計画論文集』37、pp.235-240

8) 茅野宏人・石黒一彦（2014）、「配船スケジュールを考慮した荷主の港湾選択行動分析」
『土木学会論文集 D3』70、pp.I-789-I-799

9) 辻俊昭・木村東一・早川康弘（2005）、「大都市圏における物流拠点の立地動向と地域物
流マネジメント施策に関する基礎的考察」『土木計画学研究講演集』31

10) 花岡伸也・石黒一彦・菊地竜也・稲村肇（2000）、「業種別の貨物流動からみた国際コンテ
ナ貨物取扱荷主の港湾選択行動分析」『土木計画学研究・論文集』17、pp.835-840

11) 兵藤哲朗（2012）、「首都圏における物流施設の立地とその方向性」『産業立地』51(5)、
pp.9-14

12) 兵藤哲朗（2015）、「大都市の物流施設の推移」『運輸と経済』75(10)、pp.48-53

13) 宮下國生（2011）、『日本経済のロジスティクス革新力』、千倉書房

第4章 東南アジアのコンテナシャトル便成立の可能性

「PORT 2030」に示された5つの基本的理念のうち、「地政学的な変化やグローバルな視点を意識する」という点に関連し、筆者はこれまでに、拙著『グローバル・ロジスティクス・ネットワーク』(2019) やその他の雑誌特集記事などで、中国の一帯一路政策、パナマ運河の拡張や北極海航路の進展、世界各地の海運や背後輸送、国際陸上輸送の現況と展望などについて論考してきた。

そこで、以上の点について興味ある読者の方がたは、章末に挙げた参考文献を参照いただくこととして、本章では、やや趣向を変えて、同じくPORT 2030 に示された中長期政策の基本的な方向性に関する8つの柱のひとつに挙げられる「グローバルバリューチェーンを支える海上輸送網の構築」(本書20ページ, 図1.2参照) に着目する。その目玉政策のひとつとされる「東南アジア等へのシャトル便・直航サービスや国際フェリー・RORO輸送網の拡充」の実現可能性について、筆者らが構築した国際物流シミュレーションモデル[4]も用いて検討する。

4.1 東南アジアシャトル便のねらい

筆者の理解では、東南アジアシャトル便のねらいは、主に以下の3点にある。

① 日本と東南アジア諸国との間に速達性のある海上輸送サービスを提供する

② 近年、わが国港湾への寄港が少ない欧州航路への接続航路（フィーダー航路）として機能することで、欧州方面についても速達性のある海上輸送サービスを提供する

③ 逆に、わが国の港湾において東南アジア航路と北米航路を接続する機会を提供し、トランシップ（TS：積替え）貨物を獲得する

上記のうち①と③は東南アジアを生産地または消費地とみて、わが国や北米との接続性・利便性を改善することを狙ったものである。東南アジアの経済の中心であるタイや、今後の成長が期待されるベトナムとの接続が主要なターゲットとなる。一方、②は欧州航路が多く寄港する東南アジアの巨大ハブ港との接続を狙うもので、シンガポールやマレーシアの港湾（あるいは台湾、香港

など）が主要なターゲットとなる、という違いがある。

　②と③については、従来の基幹航路（北米航路・欧州航路）との接続を企図するという意味で比較的わかりやすいと思われるので、以下では①について背景を簡単に紹介する。

4.2　日本～東南アジア間コンテナ輸送の現状

　図 4.1 に示すように、わが国と東南アジア諸国（ASEAN 加盟 10 か国）のコンテナ貿易量は年々増加し、わが国の全世界コンテナ貿易量に占める割合も増加傾向にある。最近では輸出入とも約 23％ 程度を占め、東南アジアとのコンテナ貿易の重要性は近年ますます増しているといえる。

　表 4.1 に、2018 年 8 月現在の日本各港湾と東南アジア間のフルコンテナ船定期航路の就航状況を整理した。表中上方の、比較的大型船が就航する北米西岸航路（東南アジア～日本～北米西岸）1 便、欧州およびアフリカ航路（日本～東南アジア～欧州またはアフリカ）2 便、豪州および大洋州航路（日本～東南アジア～豪州または大洋州）2 便を除くと、週 47 便のサービスが日本と東南アジア諸国間に就航している。その多くは三大湾（東京湾、伊勢湾、大阪湾）の港湾に寄港するサービスであり、これと清水港、北部九州 2 港を除くと、その他の港湾には週 7 便が延べ 9 港に就航するのみである（御前崎港のみ週 2 便寄港）。

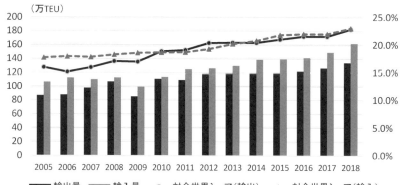

出所：World Trade Service（WTS）データより筆者作成。

図 4.1　わが国の対東南アジア諸国コンテナ輸出入量と全世界シェアの推移

表 4.1 日本～東南アジア間フルコンテナ船定期航路就航状況

(上段：週当たり寄港数、下段：平均船型 (TEU)、2018 年 8 月現在)

航 路	東京湾諸港[1]	清水港	伊勢湾諸港[2]	大阪湾諸港[3]	北部九州諸港[4]	それ以外の港湾	
北米西岸	1	0	0	1	0	0	
	8,404	0	0	8,404	0	0	
欧州・アフリカ	2	1	1	2	0	0	
	8,759	9,041	9,041	8,759	0	0	
豪州・大洋州	1	0	0	1	0	1	那覇
	5,645	0	0	5,645	0	1,097	
東南アジア	72	11	42	53	14	9	
	2,461	1,971	2,471	2,192	1,603	1,558	
フィリピン	8	2	7	2	1	3	石狩湾新港、苫小牧、御前崎
	1,349	1,365	1,284	1,670	2,800	1,035	
ベトナム カンボジア	44	6	21	37	11	5	那覇、御前崎、福山、広島、水島
	2,411	2,005	2,487	1,970	1,478	1,845	
タイ	24	2	14	17	2	2	御前崎、徳山
	2,571	2,949	2,426	2,280	1,696	2,817	
シンガポール マレーシア	24	2	16	11	2	1	御前崎
	3,516	2,661	3,635	3,640	2,254	3,939	
インドネシア	6	1	5	3	0	0	
	3,982	2,741	4,223	3,976	0	0	
東南アジア航路 (2013 年 6 月)	69	9	39	46	17	10	
	2,041	2,017	2,152	1,875	1,279	1,090	

*1: 東京、横浜、川崎、千葉；2: 名古屋、四日市、三河；3: 神戸、大阪、堺泉北；4: 博多、北九州

注：ひとつのサービスが湾内の複数港湾に寄港する場合は複数回カウント

出所：MDS Containership Databank データより筆者作成。

表 4.2 日本～東南アジア航路の船社別就航状況 (2018 年 8 月現在)

船会社	日系 (ONE, TS Lines, Interasia)	韓国系 (KMTC, Heung-A, SinoKor)	中国・香港系 (COSCO, OOCL, SITC)	台湾系 (Evergreen, Yang Ming, Wan Hai)	欧州系 (MCC Transport, CNC Line 等)
便数 (/ 週)	15	2	15	17	8
平均サイズ (TEU)	2,611	1,354	2,029	2,172	2,811

注：スロットチャーターは除く

出所：MDS Containership Databank データより筆者作成。

　また、平均船舶サイズについてみると、東京湾と伊勢湾で2,500TEU弱（最大船型は4,880TEU）、大阪湾や清水港で2,000TEU前後、北部九州やその他の港湾では1,500TEU強となっており、表の最下段に示した2013年6月時点の平均サイズと比べると、清水港を除いて5年間で軒並み300〜500 TEU（15%〜40%）程度大きくなっている。

　表4.2に、日本〜東南アジア航路（表4.1の北米西岸航路等は除く）について、運航船社別に整理した。日系船社（ONE、TS Lines、Interasia）もそれなりに就航しているものの、三大湾および清水、北部九州以外の港湾への寄港はない。Cosco、SITCなどの中国・香港系やEvergreen、Wan Haiなどの台湾系が目立ち、韓国系は多くない。また、RCL、Samuderaなどの東南アジア系はスロットチャーター（スペース借り）にとどまり、運航への参画はない。サイズについては、日系や欧州系が他に比べると若干大きい傾向にある。

4.3　なぜシャトル便が必要か

　PORT 2030の資料集（69ページ）では、日本〜東南アジア間の輸送サービスの課題として、特に三大都市圏以外の地方都道府県発輸出貨物において、釜山など第三国のハブ港湾でトランシップ（TS）される貨物が一定割合を占めていることが挙げられている。これにより、特に自動車部品などの機械製品やアパレルなど、輸送時間に対して比較的センシティブな貨物（以下、「急ぐ貨物」）にとっては、TS時の荷繰りや接続サービスの待ち時間、あるいはTS港に寄港するための（直航便と比較した際の）航海時間のロスなど、途中TSのない直航便と比べて所要時間が余計にかかり、不利益となる。

　表4.3に、資料集と同じ2013年の全国輸出入コンテナ貨物流動調査の結果を用いて、日本〜東南アジア各国（直航便のないラオス・ブルネイ・ミャンマーを除く）間コンテナ貨物の直航輸送とTS輸送の比率を整理した。なお、表中の東南アジア域外TSに分類される主要な積替地・港湾は、韓国（釜山）、中国（上海など）、香港、台湾（高雄など）であり、このうちもっともTS量が多いのは釜山港、次いで高雄港となっている。直航便の少ないカンボジアを除くと、日本全貨物でみれば直航率は8割以上となっているものの、特に輸出については、東南アジア域外港湾で積替えられる貨物も1〜2割程度存在する。また、表4.1で示したように東南アジア直航便が主に就航する、三大湾および清水港・北部九州諸港周辺の13都府県を除く地方発着貨物に限ると、東南ア

ジア域外 TS 貨物の比率はさらに増加する。

表 4.3　日本〜東南アジア諸国間コンテナ貨物の直航／ TS 率（2013 年 11 月）

	フィリピン	ベトナム	カンボジア	タイ	マレーシア	シンガポール	インドネシア
輸出（全貨物）							
自国直航	84.1%	83.1%	19.5%	92.3%	80.6%	86.6%	83.1%
東南アジア域内 TS	0.7%	0.1%	60.0%	0.5%	4.2%	0.1%	3.5%
東南アジア域外 TS	15.2%	16.8%	20.4%	7.2%	15.1%	13.3%	13.4%
地方発貨物 *							
自国直航	66.6%	67.4%	4.5%	71.9%	59.7%	77.6%	58.9%
東南アジア域内 TS	0.1%	0.2%	64.8%	0.6%	6.5%	0.0%	4.6%
東南アジア域外 TS	33.2%	32.4%	30.8%	27.5%	33.8%	22.4%	36.5%
輸入（全貨物）							
自国直航	97.4%	96.7%	79.4%	97.1%	96.3%	98.4%	88.9%
東南アジア域内 TS	0.2%	0.1%	19.8%	2.2%	2.7%	1.1%	9.5%
東南アジア域外 TS	2.5%	3.1%	0.8%	0.7%	1.0%	0.5%	1.6%
地方発貨物 *							
自国直航	96.0%	96.5%	69.0%	95.5%	96.1%	98.7%	92.5%
東南アジア域内 TS	0.3%	0.3%	31.0%	3.1%	1.2%	0.3%	6.6%
東南アジア域外 TS	3.8%	3.2%	0.0%	1.4%	2.7%	1.0%	0.9%

*PORT 2030 資料で定義される三大都市圏（東京都・神奈川県・千葉県・埼玉県・愛知県・岐阜県・三重県・大阪府・京都府・兵庫県・奈良県）に加え、静岡県および福岡県の計 13 都府県以外の道県発着の貨物。

注：トランシップは、日本を出国して最初に TS された港（輸出の場合）または入国する直前に TS された港（輸入の場合）で区別される。つまり、「東南アジア域外 TS」に分類される貨物は、東南アジア域内の港湾でさらに別途 TS されることもある。

出所：全国輸出入コンテナ貨物流動調査データより筆者作成。

　ただし、これら東南アジア域外で積替えられるコンテナの比率を下げることだけを政策目標とするのでは不十分である。図 4.2 に、表 4.1 に示した週 47 便の日本〜東南アジア航路（北米西岸航路等は除く）を、日本、東南アジアおよび韓国・中国・香港・台湾の寄港数別に整理した。日本の港湾にも 4 〜 5 港寄港しているサービスが多いほか（1 サービスあたりの平均寄港数 4.3 港）、表 4.2 に示したとおりこの航路には中国・香港系や台湾系の船会社が多く就航していることもあり、韓国・中国・香港・台湾への寄港も多くなっている（1 サービスあたりの平均寄港数 4.8 港）。このように、直航サービスであっても途中寄

港が多くなるほど目的地までの所要時間はそれなりにかかるようになり、特に輸送時間が重視される「急ぐ貨物」にとっては、速達性の観点から現状のサービスが不十分な可能性がある。

　なお、韓国・中国・香港・台湾のいずれの港湾にも寄港せず、日本と東南アジア間を直航するサービスも4便存在するものの、それら4サービスは日本の港湾に4〜6港ほど寄港しており（運航会社はいずれも日系または欧州系）、途中寄港数が少ないとは言い難い。

　ここで、国土交通省港湾局の定義も参考に、「急ぐ貨物」を、自動車部品、産業機械、電化製品、金属製品、アパレル、加工食品などWTSデータ201品目中84品目と定義すると、日本〜東南アジア間コンテナの27.7%（輸出）および29.7%（輸入）が急ぐ貨物に分類された。なお、日本発着コンテナ全体での急ぐ貨物の比率は28.8%（輸出）および34.3%（輸入）、世界全体では14.9%となっている（いずれも2018年値）。

　もちろん、急ぐ貨物だからといって途中寄港地の少ない直航シャトル便が絶対に必要という結論に直結するわけではないものの、就航船社などの関係もあり、日本〜東南アジア航路においては速達性を重視したサービスがあまり多くないのが現状といえる。

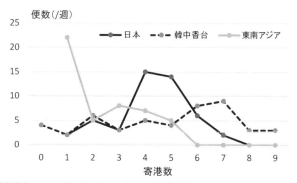

出所：MDS Containership Databank データより筆者作成。

図4.2　日本〜東南アジア航路の地域別寄港数（2018年8月現在）

4.4　コンテナシャトル便設置シミュレーション

そこで、筆者らが構築している、全世界を対象とした「インターモーダル国際物流ネットワークシミュレーションモデル（GLINS）」を用いて、東南アジアコンテナシャトル便を設定した際のシミュレーション計算を実施した。このモデルは、全世界の主要コンテナ港湾176港（年間取扱量50万TEU以上）を対象に、港湾間（背後圏を考慮する国については地域間）の貨物輸送需要（OD貨物量）を所与として、世界の主要20船社が運航するすべてのコンテナ輸送サービスネットワークに、コンテナ船の輸送容量を制約として輸送所要時間や運賃（輸送費用）に基づきコンテナ貨物を均衡的に配分するものである。世界主要ハブ港のTS貨物量を高い精度で再現可能なモデルとなっている（モデルの詳細は、章末の参考文献[4]を参照されたい）。

ここでは、日本発着貨物向けのシミュレーションとして、2016年時点のデータにより構築されたモデルに、日本全国の背後輸送ネットワーク（内航、鉄道を含む）を新たに追加して輸出入港湾の選択を可能とする。また、日本国内の外航輸送ネットワークを二重にすることでカボタージュ規制（外航サービスを利用した国内フィーダー輸送の禁止）を考慮し、また上述の急ぐ貨物を考慮するため、品目（急ぐ貨物・急がない貨物の2種類）の違いを考慮した構造とした。両貨物の時間価値は、WTSデータから導出される品目別の平均輸送単価と在庫費用の考え方に基づき、それぞれ0.80および0.26（ドル/TEU/時）と算出された。

用意したシナリオは、国際戦略港湾のひとつである京浜港を対象に、東南アジア港湾への直航シャトル便を新たに設定する。目的地は、冒頭のねらいで記載した欧州航路との接続を重視したシンガポール港と、東南アジア経済の中心であるタイのレムチャバン港の2種類とする。途中寄港地については、なるべく絞り込むことを念頭に、追加的な航海距離が短くかつ輸送需要の見込めそうな名古屋港と、東南アジアの両目的地の中間地点にあり今後の発展が見込まれるベトナムのカイメップ港（ホーチミンの外港）を想定する。運航船社は日本船社（ONEを構成する3社の共同運航[1]）を想定し、頻度は週1便または週3

---

[1] モデルは2016年データを用いており、ONE発足以前のネットワークを用いているため、このような取り扱いとしている。

便の2種類、船舶サイズは表4.1および表4.2に示した実績値を参考に2,000
TEUと4,000 TEUの2種類を想定する。スピードは、速達性を重視したサー
ビスであることを念頭に、現行のコンテナ船においてもっとも早い部類に属す
る25ノットを想定する。

4.5 シンガポール港直航シャトル便の成立可能性

はじめに、シンガポール港シャトルについて検討する。予備的な検討によ
り、4,000 TEU船でも十分見合う輸送ニーズがあったことから、以降では
4,000 TEU船の投入を前提とする。また名古屋へ寄港する場合は、名古屋港発
着の欧州方面貨物は輸出量が輸入量を大きく上回るため、京浜港を出た後に立
ち寄るものとする。図4.3に、当該シャトル便の消席率（日本の最終港出港時
（南航）または最初港入港時（北航）の消席率）をシナリオ別に示す。なお、
本モデルでは計算上消席率が100%を超えることを許容しているため、一部の
シナリオでは100%を超える結果となっている。

図より、大まかな傾向として、シンガポール直航シャトル便の場合、どの
ケースでも、途中でカイメップに寄港するとその方向の消席率が落ちる（南航
でカイメップに寄ると南航の消席率が落ちる等）ことから、途中寄港せずにシ
ンガポールへ直航することが望ましいことがわかる。また、週3便のサービス
にすると消席率は20%程度上昇する結果となり、速達サービスを高頻度で提
供するとより利便性が高まって利用が集中する可能性が示されている。名古屋
港に寄港すると特に南航においてさらに消席率は上がる結果となっているもの
の、図には示されていないが、京浜港発着のコンテナの利用は京浜港単独寄港
のケースと比べると減っている（シンガポール直航週3便のケースで、京浜港
と名古屋港発着の輸送貨物の比率は、輸出でおおよそ4:3、輸入で3:1である）。

また、東京湾や伊勢湾全体の輸出入貨物量については、週3便のケースで
は、シナリオによっては東京湾（名古屋港に寄港しないシナリオ）や伊勢湾
（名古屋港に寄港するシナリオ）で輸出貨物が5〜10%程度増加する（日本の
他地域からシフトする）こともあるものの、全体で見ればあまり大きな影響は
なかった。また、日本各港のTS貨物量にもあまり大きな変化は見られなかっ
た。

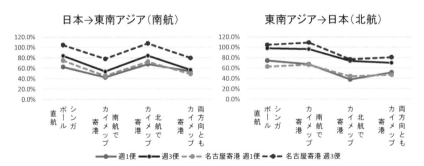

図4.3　シンガポール港直航シャトル便のシナリオ別消席率

(筆者らのモデルによる試算結果)

4.6　レムチャバン港直航シャトル便の成立可能性

　レムチャバン港直航シャトルについては、名古屋港の寄港順序（京浜港の後に寄港＝南航で寄港、京浜港の前に寄港＝北航で寄港）やサイズ（4,000 TEUまたは2,000 TEU）も自明ではないため、これらも含めて検討する。

　はじめに、図4.4に、4,000 TEU船を当該シャトル便として投入した場合の消席率（定義は4.5と同様）をシナリオ別に示す。シンガポール直航シャトル便と同様に、カイメップに寄港するとその方向の消席率が落ちる傾向が観察されるものの、シナリオによっては、たとえば両方向でカイメップに寄港しても、レムチャバン直航などとくらべて消席率はあまり変わらないこともある（ただしその場合でも日本港湾〜レムチャバン間の輸送量は直航に比べれば減少する）。特に、週3便かつ名古屋寄港のシナリオではカイメップに寄港しても消席率が維持される（なお、名古屋港の寄港が北航時でも南航時でも結果に大きな相違はない）。

　一方で、週1便のサービスを想定した場合に、南航・北航の平均消席率が最も高かったのは、レムチャバン直航で、かつ京浜港のみ寄港または北航で名古屋港に寄港するケースであった。すなわち、週3便サービスが確保できる場合は、名古屋港や両方向でカイメップ港に立ち寄るなど比較的こまめに寄港するサービスも成立しやすい一方で、週1便のサービスを想定した場合には、シンガポール直航サービスと同様に、京浜港〜レムチャバン間の直航サービスか、せいぜい北航時に名古屋港に立ち寄る、より「急ぐ貨物」に特化したサービスが有効であることが示唆される。なお、シンガポール直航サービスと異なるの

は、名古屋港に寄港するタイミング（シンガポール直航では南航時、レムチャ
バン直航では北航時）であり、これは、両相手国の貿易構造や性質（レムチャ
バンは東南アジアの中心、シンガポールは欧州・南／西アジア方面の中継地）
という相違に起因すると考えられる。

　なお、図 4.5 に示す 2,000 TEU 船を投入したケースでも、上述の 4,000 TEU
船投入の結果とほぼ同様の傾向であったが、週 3 便のサービスを提供した場合
に、週 1 便の場合と比べ消席率の増加傾向がより顕著であった。すなわち、
2,000 TEU 船を投入する場合は、週 3 便のサービスを提供することがより推奨
される結果となった。

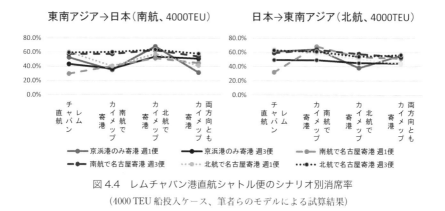

図 4.4　レムチャバン港直航シャトル便のシナリオ別消席率
（4000 TEU 船投入ケース、筆者らのモデルによる試算結果）

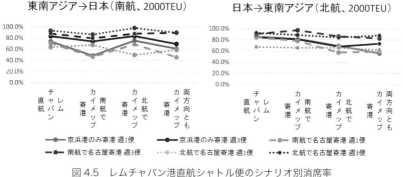

図 4.5　レムチャバン港直航シャトル便のシナリオ別消席率
（2000 TEU 船投入ケース、筆者らのモデルによる試算結果）

　また、輸出入貨物量については、4,000 TEU、週3便、名古屋寄港のケースで伊勢湾全体の貨物量が最大15%程度増加することもあったものの、シンガポール直航シャトル便のケースと同様、全体で見ればあまり大きな影響はなかった。

　一方、TSについては、図4.6に示すとおり、多くのシナリオで京浜港のTS貨物量が30~80%程度増加しており、本シャトル便が、本章冒頭でのべたねらいの③（「わが国の港湾において東南アジア航路と北米航路を接続する機会を提供し、トランシップ貨物を獲得する」）に寄与することが示唆された。

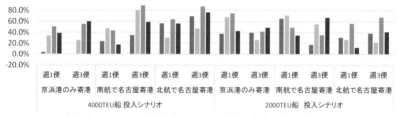

図4.6　レムチャバン港直航シャトル便のシナリオ別京浜港 TS 貨物増加率
(筆者らのモデルによる試算結果)

4.7　ま　と　め

　本節では、はじめに東南アジアシャトル便の3つのねらい（①東南アジアへの速達サービスの提供、②日本貨物の欧州航路との接続、③東南アジア貨物の日本港湾での北米航路との接続）を整理した。特にわが国と東南アジア間の貨物について、直航率を増加させるだけでなく途中寄港の少ないシャトル便を提供する必要性を指摘したうえで、京浜港とシンガポール港およびレムチャバン港との間のシャトル便を対象に、筆者らがいままでに構築した国際物流シミュレーションモデルを用いてサービスの成立可能性を検討した。

　その結果、シンガポール港直航シャトル便については、途中寄港はせいぜい名古屋のみに留めた方がよいこと、週3便サービスを提供すると週1便のときより平均的な消席率が大きく増加すること、わが国各港湾の輸出入貨物量やTS貨物量には大きな変化がないことを確認した。また、レムチャバン港直航シャトル便については、週3便サービスを提供する場合には名古屋だけでなく

カイメップに寄港することも考えられ得ること、一方で週1便の場合はシンガポール・シャトルと同様に直航サービスに特化したほうがよいこと、わが国各港湾の輸出入貨物量には大きな変化はないものの、京浜港のTS貨物量の増加は見込まれることなどを確認した。

このように結果として、主に「急ぐ貨物」を念頭に置いた、速達性重視サービスの東南アジア航路におけるニーズが確認された。しかし、航路や目的地によって、最適な途中寄港地とその順序、投入船舶サイズなどが異なり、期待される効果（わが国港湾でのTS貨物量の増加が期待できるかどうかなど）も異なる。つまり、このようなモデルシミュレーションなどを通じて、適切なサービスレベルをなるべく子細に検討する必要があるといえる。なお、今回のシミュレーションでは各港の輸出入貨物取扱量に大きな変化がなかったことから、同じ港湾内での既存サービスから新設サービスへのシフトが主に起きていることが推察される。したがって、サービス新設の影響をより精緻に推定するには、既存サービスの組み換えや他船社、他港湾の反応も含めたシミュレーションの実施や、複数の新規サービスを同時に提供した場合の影響なども検討する必要がある。

【参考文献】
1) 柴崎隆一（編著）・アジア物流研究会（著）（2019）、『グローバル・ロジスティクス・ネットワーク』、成山堂書店
2) 柴崎隆一（2018）、「一帯一路を国際交通の視点から読み解く」『運輸と経済』78 (12)，pp.67-77
3) 柴崎隆一（2018）、「スエズ運河とパナマ運河の拡張とグローバル・ロジスティクス・ネットワークへの影響」『運輸と経済』78 (12)，pp.44-54
4) 柴崎隆一・川崎智也（2016）、「南アジア地域を対象としたインターモーダル国際物流モデルの構築と政策分析」『国土技術政策総合研究所研究報告』，No.58
5) 柴崎隆一・安部智久・渡部富博・前崎慎吾・中嶋宏直（2005.12）、「日本を発着地とする国際海上コンテナ貨物の海外トランシップに関する2,3の分析」『土木計画学研究・講演集』，pp.32-129

第5章 コンテナ貨物輸送のモーダルシフトと 港湾利用促進に向けた課題

5.1 港湾と物流の関連性

2018年7月末に「PORT 2030」が公表された。このうち「港湾・物流活動のグリーン化」では、港湾の環境負荷を軽減するため、①カーボンフリーポートの実現、②LNGバンガリング拠点の整備、③環境配慮型船舶の寄港促進が提起されている。その一方で、物流活動のグリーン化に関しては、「持続可能で新たな価値を創造する国内物流体系の構築」にもその指針が表されている。ここでは、トラックドライバーの労働力不足や国際コンテナ戦略港湾に集中するフィーダー貨物の混雑解消に向けた対策として、陸上輸送から海上輸送へのモーダルシフトや国際コンテナターミナルと内貨ユニットロードターミナルの近接化を実現するための埠頭再編等が提案されている。

港湾は物流活動にとって必要不可欠な基礎施設であり、一方で、港湾は物流活動の存在なしには成立しないことから、両者は相互に密接な関係を有している。したがって、環境を考慮した物流ネットワークの整備は、物流活動において生じる外部効果の軽減や港湾の環境負荷を低減させる効果をもつ。とくに、フィーダー貨物にかかるモーダルシフトの促進は、物流全般に要するエネルギー消費を抑え、物流を側面で支える港湾やその周辺地域において発生する温暖化物質の削減に貢献する。

本章は、輸出コンテナ貨物の半数以上が国際コンテナ戦略港湾間の陸上フィーダー輸送を介し輸送されている東北地方を対象に、貨物の取扱内容や輸送の動向を把握し、モーダルシフトや港湾利用推進に向けた課題について考察する。

図5.1 仙台港（左）と酒田港（右）

5.2 東北地方における港湾のコンテナ貨物取扱動向

　東北地方における港湾のコンテナ貨物取扱量は、2011年に発生した東日本大震災の影響により2011年度こそ前年度比37.1％減の22万TEUに減少したものの、翌年度にはほぼ震災前の水準（32万TEU）に戻り、2017年度は2010年度の1.4倍にあたる48万TEUに拡大している（表5.1参照）。

　このように、東北地方のコンテナ需要が伸びている背景には、第一に、国際コンテナ戦略港湾に近接しているという立地面での利点を活用し、多くの国際フィーダー航路が設けられている点があげられる。国際フィーダー航路は八戸、大船渡、釜石、仙台塩釜、小名浜の5港と東京港および横浜港との間に開設されているが、とくに、仙台塩釜港のコンテナ取扱貨物量が最も多く、2017年度は2011年度比約2.7倍の2.6万TEUに増大し、航路数も2011年度の週1便から週23便に増加している。第二に、東北各県に拠点を置くメーカーが国際フィーダー航路を積極的に利用し、貨物量の増加に貢献している点である。このなかでも、釜石港の国際フィーダー航路に対する岩手県内企業の需要は高く、2017年度は過去最高の45社が釜石港を利用している（県外企業6社を含む）。コンテナ貨物取扱量は238TEU（2011年度）から3,724TEU（2017年度）に増大し、中国・韓国方面の定期航路も開設されている。

　第三に、45フィートコンテナ利用による大量輸送が普及している点である。たとえば、宮城県では2010年に全国に先立って「みやぎ45フィートコンテナ物流特区」の認定を受け、宮城県内のメーカーと共同で45フィートコンテナの公道輸送を行う取り組みを開始している。これにより、仙台塩釜港の45フィートコンテナ貨物取扱件数は2011年度の203件からわずか3年で3,675

表5.1　東北地方の主要港湾におけるコンテナ貨物取扱量（単位：万TEU）

港湾名	輸出	輸入	移出	移入	合計
八　　戸	1.4	1.2	1.4	1.5	5.5
釜　　石	0.1	0.1	0.2	0.2	0.5
仙台塩釜	8.2	7.8	4.7	5.3	26.0
秋　　田	3.8	3.4	0.1	0.2	7.5
酒　　田	2.2	1.9	0.1	0.6	4.8
小　名　浜	1.5	1.3	0.3	0.6	3.7

出所：国土交通省『平成29年度港湾統計』より作成。

件に拡大し、さらなる利用促進が期待されている。

　第四に、後背地における物流機能が強化されている点である。酒田港では、花王株式会社が臨港地区にアジア向け製品の物流拠点を整備し、荷役機械の更新やコンテナ船岸壁の延伸がすすめられている。また、八戸港においても精密機器および紙・パルプ製品メーカーが物流拠点を立ち上げ、官民一体で物流の生産性向上に取り組んでいる。

① 輸　　出

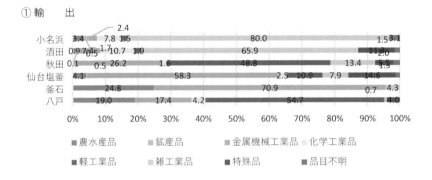

② 輸　　入

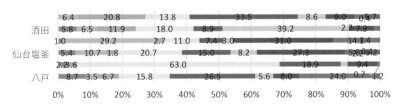

出所：国土交通省『平成30年度全国輸出入コンテナ貨物流動調査』より作成。

図5.2　東北地方の主要港湾における外貨コンテナ貨物の構成

　表5.1は2017年度の東北地方の主要6港におけるコンテナ貨物取扱量を示したものである。東北地方におけるコンテナ貨物取扱量の9割は6港に集中しており、そのうち61.5%は外貨で占められている。最も取扱シェアが高いのは仙台塩釜港で、26万TEUの貨物を取り扱っている。次いで、秋田（7.5万TEU；15.6%）、八戸（5.5万TEU；11.5%）、酒田（4.8万TEU；10.0%）、小名浜（3.7万TEU；7.7%）、釜石（0.5万TEU；1.1%）と続く。外貨コンテナ貨物の品目についてみると、輸出では八戸港と秋田港は軽工業品、釜石港と仙台塩釜港は金属機械工業品、小名浜港と酒田港は雑工業品のシェアが高い（図5.1参照）。

　一方、輸入では、釜石港で金属工業品のシェアが63.0%に上る以外は品目別で大きな偏りはなく、農水産品から特殊品に至るまで多様な貨物が取り扱われている。貨物の仕向地は各港ともに80%以上がアジアに集中しており、その他の地域の取り扱いはごくわずかである。ただし、仙台塩釜港は同港発着の北米航路に対するニーズが高いことから、輸出の50.2%が北米向け貨物によって占められている。

5.3　港湾の港勢圏と自県港湾利用率

　2018年度の輸出入コンテナ貨物流動調査によれば、東北地方における主要6港の外貨コンテナ貨物の90%以上が東北6県を発着地とする貨物で、他地域からの貨物の流入は少ない（表5.2参照）。また、秋田港の輸入（57.6%）を除き、各港の貨物の多くは輸出入ともに自県を発着地とする貨物によって占められており、他県の貨物はほとんど取り扱われていない。

表5.2　東北地方の主要港湾における地域別のコンテナ貨物取扱割

輸出	八戸	釜石	仙台塩釜	秋田	酒田	小名浜
貨物取扱量（トン）	16,241	3,094	40,903	33,890	11,723	9,637
うち東北6県の貨物取扱割合（%）	99.7	100	99.4	100	99.7	100
うち港湾所在県の貨物取扱割合（%）	95.0	100	87.4	93.5	99.2	100
輸入						
貨物取扱量（トン）	19,774	3,334	83,472	34,305	13,447	16,846
内東北6県の貨物取扱割合（%）	99.7	100	99.9	99.8	99.6	93.9
うち港湾所在県の貨物取扱割合（%）	93.4	100	78.2	57.6	95.3	100

出所：国土交通省『平成30年度全国輸出入コンテナ貨物流動調査』より作成。

　表5.3は東北各県を発着地とする外貨コンテナ貨物の自県港湾利用率と国際コンテナ戦略港湾利用率を表したものである。一般的に自県で生産され輸出される貨物や自県で消費される貨物の積載港や船卸港は、リードタイムの縮小や輸送費削減の観点から自県の港湾を利用することが多い。ただし、東北地方は国際コンテナ戦略港湾に近接しているため、自県の港湾を利用しなくてもトラック・トレーラーで直接東京港や横浜港に貨物を輸送することが可能である。とくに、太平洋側に面する岩手県、宮城県、福島県の国際コンテナ港湾利用率は高く、福島県では輸出コンテナの86.0％、輸入コンテナの70.6％が国際コンテナ戦略港湾への陸上フィーダー輸送を介し海外に輸送されている。

　その一方で、2011年度以後、東北地方の主要港湾では国際フィーダー航路の開設や港湾機能の強化に伴い、自県の港湾利用率が上昇している。2018年度の輸出入コンテナ貨物流動調査では、輸出貨物にかかる東北6県平均の自県港湾利用率が前回調査（2013年度）と比べ14.3％増加しており、国際コンテナ戦略港湾の利用率が5.1％減少している。輸入貨物についても2013年度比3.3％増大しており、全国平均（2.4％）よりも高い伸びがみられる。このなかでも酒田港後背地における企業の設備投資が推進された山形県と釜石港発着の国際フィーダー航路が整備された岩手県の自県港湾利用率は輸出入ともに増加しており、酒田港のコンテナ取扱貨物量は2015年度以降4年連続で過去最高を記録している。

　その一方で、宮城県の自県港湾利用率は国際コンテナ戦略港湾へのアクセス

表5.3　外貨コンテナの自県港湾利用率と国際コンテナ戦略港湾利用率（単位：％）

	輸出貨物				輸入貨物				
発地	自県港湾利用率	（2013年度）	国際コンテナ港湾利用率	（2013年度）	着地	自県港湾利用率	（2013年度）	国際コンテナ港湾利用率	（2013年度）
青森	41.3	3.7	54.1	0.7	青森	63.8	−3.2	13.7	−6.2
岩手	15.3	15.3	61.3	3.4	岩手	8.1	8.1	40.1	−8.0
宮城	39.6	0.5	59.3	−1.2	宮城	54.9	−4.6	44.0	5.5
秋田	89.1	30.4	9.7	−19.4	秋田	78.3	−5.9	15.1	4.3
山形	48.7	27.7	43.7	−7.9	山形	44.8	20.0	43.4	−18.7
福島	10.8	8.1	86.0	−6.4	福島	16.0	5.4	70.6	−7.8
東北6県平均	40.8	14.3	52.4	−5.1	東北6県平均	44.3	3.3	37.8	−5.2
全国平均	43.2	3.4	45.5	−1.7	全国平均	50.7	2.4	36.7	−2.4

　　出所：国土交通省『平成30年度全国輸出入コンテナ貨物流動調査』より作成。

の容易性と、港湾の処理容量不足から、輸出については 2013 年比 0.5% 増に止まったほか、輸入に関しても前回調査と比較して 4.6% 減少している。

5.4 東北地方のコンテナ貨物に関するフィーダー輸送

フィーダー輸送とは基幹輸送に対して支線の役割を担う輸送を意味し、そこでは船舶のほか、鉄道、トラック・トレーラーなどさまざまな輸送機関が用いられる。コンテナ貨物にかかるフィーダー輸送についてはいくつかの定義が存在するが、ここでは秋田・小谷（2006）にしたがい、「輸出貨物におけるコンテナ詰め場所から本船積載港まで」と「輸入貨物にかかる本船船卸港からコンテナ取り出し場所間」の荷姿がコンテナによる地域間輸送と定義し、はしけ、内航コンテナ船、フェリー、RORO 船等海上輸送を利用した輸送を「内航フィーダー輸送」、トラック・トレーラー、鉄道等の陸上輸送を利用した輸送を「陸上フィーダー輸送」と呼ぶ。なお、フィーダー輸送には国際フィーダー航路やトラック・トレーラーを利用し、国際コンテナ戦略港湾と各地を結ぶ輸送もある。これを「国際フィーダー輸送」とする。

2018 年度の輸出入コンテナ貨物流動調査によれば、輸出貨物のフィーダー輸送にかかる輸送手段の 94.5%、輸入貨物の 98.6% がトラック・トレーラーによる陸上フィーダー輸送で、はしけ、内航コンテナ船、フェリー、RORO 船による内航フィーダー輸送は輸出で 3.3%、輸入で 1.1% と非常に少ない。

このようななか、東北地方の港湾におけるコンテナ貨物のフィーダー輸送も、仙台塩釜港の輸出の一部（0.1%）で内航フィーダー輸送が実施されている以外はすべて陸上フィーダー輸送によっている。さらに、秋田港、酒田港、小名浜港などはコンテナターミナル内に物流施設が隣接し、そこで貨物の詰めや取り出しが行われている。そのため、内航フィーダー輸送や陸上フィーダー輸送そのものを必要としていない。

その一方で、国際フィーダー輸送については、航路の新設や後背地における物流機能の強化に伴い、国際フィーダー航路を利用した輸送が増加している。国土交通省東北地方整備局（2015）によれば、東北地方を発着地とする外貨コンテナ貨物のうち、2013 年度は全体の 15.4% を国際フィーダー航路利用が占め、そのシェアは 2008 年度と比較して 9.6% 増加したとしている。これにより、トラック・トレーラーによる国際コンテナ戦略港湾へのフィーダー輸送は減少し、陸上輸送から海上輸送へのモーダルシフトが推進されつつあるとして

表 5.4　東北地方における港湾の国際フィーダー輸送の概要（単位：TEU）

航路	内航コンテナ船			RORO 船		
	実入り	空	合計	実入り	空	合計
八戸⇔東京	136	420	556	―	―	―
八戸⇔横浜	1,284	653	1,937	―	―	―
大船渡⇔東京	96	0	96	―	―	―
釜石⇔横浜	122	50	172	―	―	―
仙台塩釜⇔東京	5,250	728	5,978	―	―	―
仙台塩釜⇔横浜	1,898	1,507	3,405	―	―	―
小名浜⇔横浜	20	320	340	―	―	―

出所：国土交通省『平成 29 年度内外貨ユニットロード貨物流動調査』より作成。

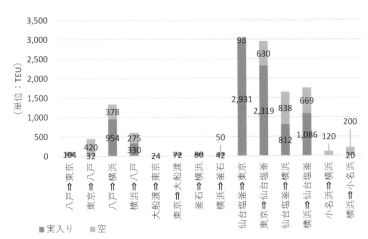

出所：国土交通省『平成 29 年度内外貨ユニットロード貨物流動調査』より作成。

図 5.3　国際フィーダー輸送におけるコンテナ輸送個数

いる。

　表 5.4 は、東北地方の港湾を発着する国際フィーダー航路の内容を示したものである。2017 年度現在、国際フィーダー航路は全国で 62 航路存在し（国際コンテナ戦略港湾間の国際フィーダー輸送は除く）、貨物取扱量は合計 8.2 万 TEU に上る。このうち、東北地方の国際フィーダー航路は 7 航路で、全体の 15.2% に相当する 1.3 万 TEU の貨物を取り扱っている。そして、もっとも輸送実績の高い航路は仙台塩釜港～東京港で（5,978TEU）、次いで、仙台塩釜港～横浜港（3,405TEU）、八戸港～横浜港（1,937TEU）、八戸港～東京港

（556TEU）と続く。

図 5.3 は、東北地方の国際フィーダー航路のコンテナ輸送個数を表している。八戸港〜東京港、八戸港〜横浜港航路を除いて、いずれの航路もコンテナの個数は往路・復路ともにほぼ等しい量が確保されており、満船の状態で輸送が行われるよう調整がなされている。八戸港発着の航路において往路・復路のコンテナ個数が一致していない理由は各航路のコンテナを相互融通し、貨物量に応じてコンテナを振り分けるという方法をとっているためである。このようなコンテナ利用形態の違いは、荷主の意向や各コンテナ航路の需要に左右される。

5.5 国際フィーダー輸送におけるモーダルシフトの強化に向けた課題

一般的にコンテナ貨物は、荷主・メーカーが海運貨物取扱業者に船便・通関の手配を依頼し、海運貨物取扱事業者はフォワーダーを介して船舶の手配やコンテナ取扱予約、陸上の輸送依頼を行う。したがって、陸上輸送から海上輸送へのモーダルシフトが実現するか否かは荷主や海運貨物取扱事業者の意向に左右される。荒谷（2014）によれば、荷主は省エネ法（エネルギーの使用の合理化に関する法律）の観点から、環境に配慮した輸送方法を検討しているが、物流コストの削減を優先するため、輸送費が安く柔軟な輸送が可能なトラック・トレーラーを利用するとしている。

その一方で、（公社）日本ロジスティクスシステム協会が 2018 年 7 月〜2019 年 2 月に全国 224 の荷主を対象に実施したアンケート調査では、トラックドライバーの就業人口減により、224 社中 197 社（87.9%）がトラック会社から輸送費の値上げ要請を受けたとの結果が示されている。そして、これらの要請に対し値上げを承諾した企業は 188 社に上り、値上げ要請に応じた企業の割合が前年度の調査と比較して 19% 増加したとしている。これらを考慮すると、国際コンテナ戦略港湾へのトラック・トレーラーによる輸送コストは今後増加することが予想され、陸上輸送から海上輸送へのモーダルシフトはいっそう進む可能性がある。そのための対策としては、国際フィーダー輸送における①荷主・メーカー間の協同による貨物の集荷・配送、②陸上輸送に対するコスト競争力の向上が重要となる。

これまで東北地方の港湾では、国際フィーダー航路を利用する荷主を対象に輸送費の助成やコンテナ貨物の集荷を促進する対策を講じてきた。たとえば、

釜石港では港湾の利用促進のため、コンテナ航路利用促進奨励金として1TEU
あたり20,000円（上限100万円）、陸送費の支援として1TEUあたり5,000円
（上限250万円）を交付している。小名浜港でも新規利用荷主に対し1TEUあ
たり20,000円（輸入は20,000円；上限50万円）、継続利用荷主に対し1TEU
あたり15,000円（輸入は10,000円；上限30万円）を助成し、貨物の集荷に
つとめている。

　その一方で、複数の荷主が共同して行うLCL貨物に関しては貨物の包括的
集荷・配送を推進するための制度が設けられていない。しかも、東北地方のコ
ンテナ貨物全体に占めるLCL貨物の構成比は輸出0.1%、輸入1.2%で、貨物
の取扱実績のある港湾も仙台塩釜港、秋田港、酒田港の3港に限定されてい
る。国土交通省東北地方整備局によれば、東北地方の港湾でLCL貨物の構成
比が低い理由は、LCL貨物に対し荷主間の認知度が低いほか、港湾そのもの
にLCL貨物を取り扱える環境が整備されていないためとしている。

　コンテナ1本に貨物を搭載できなかった場合、荷主は少量貨物をFCLとし
て輸送せざるを得ないことから輸送コストは増大する。その場合は、FCLと
LCLの両方の環境が整った国際コンテナ戦略港湾に陸上で輸送した方が効率
的であるため、海上輸送は利用しにくい。国際フィーダー輸送の利用を引き続
き維持していくためには、LCL貨物を支援するための制度の設置と需要に応
じた輸送バランスの調整が望まれる。

5.6　日本海側港湾の活用とモーダルシフトの推進

　他方、コンテナ貨物輸送のモーダルシフトを推進するにあたっては、秋田港
や酒田港をはじめとする日本海側港湾の活用も重要である。ここでは現在開設
されている釜山・上海等の国際定期航路を活用し、自県港湾利用率を引き続き
推進しつつ、ロシア極東地域や中国東北部の港湾との連携を強化し、広域的な
貨物の集荷を推進する必要がある。とくに、シベリア航路の再開と日本海横断
航路の構築は既存の欧州航路に比べリードタイムが大幅に短縮されることか
ら、運行再開に向けコンテナ船のほかRORO船、フェリー等による輸送も含
めあらゆる可能性について検討していくことが必要である。

　そのためには、ポートセールスの推進や取扱貨物量の増加をふまえた新規
バースの整備・ターミナル機能の強化等ハード面・ソフト面からの対策が欠か
せない。また、航路を定着させ、貨物量を安定的に確保するための方策として

LCL 貨物の取扱強化や国際コンテナ戦略港湾に集中する貨物の集荷などを検討することが望まれる。とくに、後者は東京港や横浜港に集中するトラック・トレーラーの混雑緩和に寄与し、物流および港湾の両方にかかる環境負荷の軽減に結びつくため、鉄道の利用等陸上フィーダー輸送のモーダルシフトの可能性も含め一考の余地がある。

【参考文献】
1) 秋田直也・小谷通泰（1996）、「神戸港における内航フィーダー輸送の利用促進上の課題」『土木計画学研究・講演集』、土木学会（http://library.jsce.or.jp）
2) 荒谷太郎（2014）、「トラック輸送からフェリー・RORO 船輸送へのモーダルシフトの可能性に関する研究」『交通学研究』57，pp.41-48
3) 国土交通省東北地方整備局（2015）、『東北港湾ビジョン～行動する東北！東北港湾 ACT 構想』

第 6 章　PORT 2030 の連携と補完

6.1　連携と補完の経済的な意味

　島国であり、海洋国家であるわが国は、古来より多くの資源、技術や知見を他国から取り入れ、国内で新たに価値を産み出すことで発展してきた。港湾はモノや人の移動の拠点であり、玄関口でもある。わが国が今後も四方を海に囲まれた島国であり続ける限り、その役割は変わらないであろう。国土交通省港湾局によれば、2019 年 4 月 1 日現在で、わが国の「港湾」と定義されるものが合計で 993 個ある[1]。港湾のなかで、国際戦略港湾が 5 港、国際拠点港湾が 18 港指定されており、重要港湾に区分される港湾だけでも 102 港ある。それらは全国に広く分布し、わが国全体の経済活動およびそれぞれの地域産業、社会生活を支えている。

　「PORT 2030」は、わが国がこれから中長期的に採用していく港湾政策の方向性、特にいまから 10 年後の 2030 年ごろまでに実現が求められるような、港湾の姿を示したものである。また、港湾の中長期政策 PORT 2030 の 5 つの基本理念や、基本的な方向性として示されている 8 本の柱は、今後 10 年における港湾政策のビジョンを示している。本章では、PORT 2030 で描かれた将来の港湾のありかたを実現するための具体的な施策を考えていくうえで、基礎的な留意点を整理する。

　具体的には、まず、港湾にはさまざまな主体（ステークホルダー）が関与しており、それら間でのトレードオフの関係や連携と補完の関係があることを確認する。次に、この点を踏まえて、PORT 2030 の政策のなかで 2 つの項目、すなわちグローバルバリューチェーンと国内物流をとりあげ、関係主体間の連携と補完の有効性について言及する。あえて本章でこうした見方を提示するのは、港湾にかかわる多くの主体が経済活動に従事しており、各主体の行動を連携や補完の視点から見直すことにより、社会全体の厚生水準が高まると考えら

---

[1] 国土交通省港湾局 (2019)『港湾管理者一覧表』公表資料による。ただし、このなかには避難港として位置づけられているものや、56 条港湾に分類されるものも含んでいる。本章の主眼を理由に、以下では特に言及しない限り、「港湾」という場合には 56 条港湾と避難港を言外に除いていることに了解されたい。

れるからである。

6.2　港湾サービスの提供に関係する主体

　周知のように、輸送とはある点から別の点までの人やモノの移動を意味しており、企業などの生産活動や消費者の購買行動のなかで、この輸送サービスが必要となる。こうした輸送サービスを提供するための重要な構成要素のひとつとして港湾が存在し、利用される。ここでは、港湾について「海上／陸上輸送によって貨物を集約し、その貨物を海上／陸上輸送によって別の地点に移す拠点」と単純に定義する。具体的には、海外からのコンテナなどの貨物を国内のある港に集約したうえで、それを再び内航海運で輸送したり、国内の物流拠点に陸上輸送したり、あるいは海外に輸送することを想起されたい。このような拠点としての港湾は、荷役や旅客の乗降だけでなく、保管、輸送支援、通関等手続き、流通加工などさまざまな機能を伴うことになる。

　港湾のサービス提供に関わる主体は数多く存在する。各地方自治体などが担う港湾管理者をはじめとして、埠頭会社、港湾運送事業者などのように直接港湾のサービスを提供する主体がある。また、コンテナ船などを運航する船社、荷主から荷物を預かって運送を引き受けるフォワーダーあるいは陸運事業者なども港湾サービスに関わる主体としてあげられる。

　これらの主体の関係を経済活動の流れで整理すると、次のようになる。荷主から対価（輸送費用）と引き換えに貨物を預かったフォワーダーは海上輸送手段として船会社を手配して、船賃を支払う。船会社はその貨物を船舶に積載し、海上輸送というサービスを提供する。船舶を港湾の岸壁に着けるために、船会社は港湾管理者に対して岸壁使用料や入港料を支払い、他方で荷役サービスを受けるために港湾運送業者に荷役料を支払う。港湾における経済活動を主な要素のみでとらえるのであれば、このような流れで、船積み港から船降ろし港へ貨物が運ばれる。

　このように港湾サービスに関して言えば港湾管理者、埠頭会社、港湾運送事業者、荷主、船会社、地域産業を支える多くの企業などのような多くの主体が存在し、経済活動をしている。ここで留意すべき点は、これらの主体がそれぞれ異なった目的をもって活動している点である。たとえば、港湾管理者や埠頭会社は自らの港湾の利用者ないしは貨物利用量を増やすことを目的としていると思われる。その一方で、荷主は自社の収益性を高めるために物流コストの削

減という目的を有している。船社やフォワーダーに関しても同様に、最終的には自社の利益が高まることを目的に行動すると考えられる。

　各主体は個々に目的を有しているため、時として利害が相反することもある。たとえば、サービスの質を向上させるためには港湾にかかる利用料金を引き上げる必要がある一方で、利用者にとっては物流コストを抑えたいというニーズがあり、両者の間にはトレードオフの関係が生じる[2]。こうしたトレードオフはさまざまな主体との間で、なおかつさまざまな段階で生じると考えられる。

　それに対して、目的が合致する主体をうまく組み合わせて連携させることで、互いの機能を補完させ、その相乗効果によってより高い価値を生む可能性もある。こうした連携は、コラボレーションとも呼ばれる。近年の船社のアライアンスも、ここでいう連携と補完のひとつの例に該当すると考えられる。船社の連携手段であるアライアンスは、ネットワークの効率化、資本の有効活用、経営基盤の強化など高度な経営戦略の一貫としてもとらえられている。

　港湾サービスに関わる主体が多く、またそれに関連する施策が多いほど、関係する主体の間で「トレードオフ」とコラボレーションによる「相乗効果」の双方が生じる可能性が高くなると考えられる。そのため、PORT 2030 の実現に際しては、これらの関係主体間の目的や機能を十分に把握したうえで、全体の価値を高めるように調整しながら、それぞれの施策を講ずることが求められる。また実施に際しては、これらの政策・施策が最終的に消費者の利益に寄与するものかを考える必要がある。

　こうしたトレードオフや連携と補完を考える際、ひとつの基準は、全体としての価値が高まるか、ということである。経済学的な見地からは、この基準は社会厚生ないしは社会的余剰などと呼ばれるもので示される[3]。以下ではこれらの点を踏まえて、PORT 2030 の物流体系の達成のための政策として、特に主体間の連携と補完の観点から 2 つ取り上げて紹介する。ひとつは PORT 2030 の 8 つの政策の柱のうち「グローバルバリューチェーンを支える海上輸送網の構築」に関わるものであり、もうひとつは「持続可能で新たな価値を創造する国内物流体系の構築」に関わるものである。

---

[2] 港湾の主体にかかる問題と各主体間の目的にトレードオフが存在することは、手塚（2014）において言及している。
[3] 詳細はミクロ経済学のテキストブック、例えば、神取（2014）を参照されたい。

6.3　グローバルバリューチェーン

　まず、グローバルバリューチェーンについて見てみよう。わが国の人口が減少していくと指摘されて久しい。総人口の減少は、いずれ生産年齢人口の減少を招き、国内での労働力が縮小していく。経済活動は需要と供給のバランスで成り立っており、人口の減少は潜在的な消費者も減少することを意味する。

　PORT 2030 で示されている中長期政策の基本的な方向性にも、そうした国内市場の縮小と労働力の不足が反映している。世界経済において東南アジアの成長とプレゼンスの高まりが著しく、東南アジアの新興市場が世界経済を牽引していくと予想されている。労働力を求めた生産拠点、経済成長に裏付けされた市場拡大を期待する海外進出は、企業の生産活動のグローバル化につながり、グローバルサプライチェーンと呼ばれるように調達・製造・物流・販売などといった各工程が海を跨いで展開されるようになっている。

　チェーンの各工程が国内で閉じている場合には、トラックや鉄道貨物による陸上輸送を用いて迅速に展開することが（比較的）容易であり、企業にとって在庫管理といった無駄なコストのかかりやすい要素を効率化しやすかった。ただし、部品調達や製造拠点、倉庫機能などが海を跨いだ各地に点在するようになると、各拠点の行き来には航空機か船を使うことが必要になり、輸送のための費用も時間もより多く要するようになる[4]。また、それに伴ってさまざまなトレードオフが生じる。

　こうした課題に対応し、高度化する企業のサプライチェーンマネジメントを支えるために、PORT 2030 では東南アジア地域へのシャトル航路の強化や、港湾背後地において高度な流通加工を行えるようにすることで物流に新たな付加価値を提供しようというロジスティクスハブの形成が掲げられている。直航シャトル航路の強化は、荷主企業のサプライチェーンにおいて迅速な物流展開を可能にするであろうし、港湾に近接した場所で検疫や加工が実施できれば効率性の向上も期待できる。これらは、いずれも港湾機能とシャトル船舶サービ

---

[4] 会計上の金銭的な費用と異なる「費用」の概念として「機会費用」がある。経済学で費用といった場合には特にこの機会費用という概念を指している。これは、ある意思決定において、一方を選択することで選ばれなかった別の選択肢が存在する場合に、「選ばれなかった選択肢を選んでいたら得られていた収益や満足」についても費用として考慮するものである。輸送のために必要な時間が増加したことで、生産活動を縮小しなければならなくなるような場合には、まさに機会費用が発生しているといえ、ここでは「輸送のための費用（機会費用）がより多く要するように」と換言できる。

スの補完、港湾機能と流通加工の補完によって相乗効果を発揮し、全体的な価値を高めることを意図したものといえる。それらも踏まえて、PORT 2030 の8つの柱では、グローバルバリューチェーンという語を用いていると考えられる[5]。

　ただし、このような相乗効果を享受するためには、連携を促す仕組みが必要となる。たとえば、シャトル航路サービスを実際に提供するのは港湾管理者や埠頭会社ではなく船社である。その航路での収益性が見込めなければ船社は参入しないし、サービスを企業として自発的に維持ないしは増加させることは難しい。したがって、施策を実施し、港湾と船社との間での連携・補完を促すためには、船社の参入を促すインセンティブ（動機づけ）を提供することが求められる。そのために、たとえば新造船の導入や保守更新を政府として支援することや、参入に際して生じる障壁を取り除く作業などの政策が求められる。その場合、支援が有効であるかを検討する必要もあろう。

　グローバルバリューチェーンに関して付記すべきこととして、東南アジア方面での新規販路拡大を目的とする場合には、なによりも当該地での潜在的な需要がどのようなものであるかを事前によく把握しておく必要がある、ということである。そもそも当該地にその製品を購買する消費者がいない、あるいは需要が創出できなければ当該地への物流は生じない。PORT 2030 では農林水産物の輸出強化がひとつのキーワードになっている。荷主や商社にとっては、当該地で商品が売れるのかどうかが肝であり、新たに創出した顧客を維持・拡大することも鍵になってくる。製品の輸出は容易ではなく、まずもって国内で売れるからといって国外でも同様に売れるとは限らない。したがって、当地でのマーケティングが重要な役割を有しており、宗教や食文化への理解も求められる。

　農林水産品の輸出において保冷・冷蔵の必要がある場合、現地までの輸送費用が高額化する懸念もあり、小売価格に転嫁されてしまっては需要が縮小する。また、輸出先の法律や商取引の制度・習慣をよく理解しておかなければならないし、輸出のための手続きも必要になる。 地域社会において、単に港湾インフラを充実させることだけではなく、輸出先（と想定する地域）の潜在的

---

[5] グローバルバリューチェーン（GVC）については、様々な定義があるようである．例えば、複数国にまたがるサプライチェーンのことを指すものや、環境負荷も踏まえたサプライチェーンのことを指すもの、国際分業ネットワークの規模やそれに伴う付加価値の創出について、ビッグデータを用いて分析する枠組み（GVC 分析）．GVC 分析の研究動向については、猪俣（2019）を参照されたい。

消費者の発掘や、顧客に対するマーケティングといったビジネス面でのサポートを通じて、商品輸出を目指す地元企業などと連携することは、有効な施策になるであろう。効率的な海上輸送と荷主の経済的な負担の軽減のために、小ロット貨物の混載や、異なる管理温度帯での混載サービス実現への技術開発も期待される。

6.4　トラックとフェリーの連携と補完

　次に、「持続可能で新たな価値を創造する国内物流体系の構築」について見てみよう。PORT 2030 では、トラックドライバーの不足や労働環境改善を背景に、大量輸送とドライバーの休息が確保できる内航フェリーおよび RORO サービスの拡充があげられている。大都市圏の慢性化した道路渋滞や、貨物の集中する港湾における待機時間の増加、接続する臨港道路の混雑も問題になっている。　それらは経済学的な見地から負の外部性とされる騒音や排気ガスの問題を持つだけでなく、地域住民を巻き込んだ交通事故の発生リスクも上昇させてしまう。内航フェリーや RORO サービスの拡充は、トラックとフェリーを連携・補完させることによって、これらの道路混雑にかかる課題を緩和するという点で、相乗効果を発揮させることができる例といえる。

　さらに、首都直下地震や南海トラフ地震といった大規模震災の発生も長らく懸念されており、内航サービスの充実によって海上貨物の出入りする港湾を分散させ、鉄道貨物や陸上輸送との効果的な連携と補完を目指した施策の方向性が示されている。

　2018 年 9 月に北海道胆振地方で発生した地震に対する支援に、同年 6 月に岩手県宮古港と北海道室蘭港を結んで就航したフェリーが活用されたことは連携・補完による相乗効果を促した好例と言えるであろう[6]。わが国にはどこであっても地震のリスクがあり、震

出所：筆者撮影（2018 年 11 月 23 日）。

図6.1　宮古港に就航したフェリー

---

[6] 河北新報オンライン記事、2018 年 9 月 8 日、
https://www.kahoku.co.jp/tohokunews/201809 /20180908_73014.html (2019 年 8 月 6 日確認)

災以外でもなんらか外部的な要因によって空港や鉄道が使用不能に陥った場合の地域間の連携協定を結んでおくことも有効であろう。実際、当該フェリー就航に先立って、岩手県沿岸広域振興局と北海道胆振総合振興局は連携協定を結んでいた。同様に、港湾が利用できなくなった場合に、陸上輸送や航空輸送でどのように代替するかといった対応策も併せて検討しておく必要がある。

　この宮古－室蘭間のフェリーはもうひとつ興味深い事例を示している。当該フェリーは新規就航から 4 か月後の 2018 年 10 月から、室蘭港発の南下便については午前 3 時 30 分着で八戸港に寄港する運航形態になっている。八戸港への寄港によって南下便の利用実績が大幅に増加し、北海道から八戸への活牛や野菜、水産物の輸送が発生した[7]。

　現在、岩手県内では東日本大震災被災地の復興を目的に、復興道路・復興支援道路の整備が進められている。しかし、現状では未供用の部分もあり、宮古と盛岡を結んでいる国道 106 号線（宮古盛岡横断道路）も改築途上にある[8]。一方で八戸港は、近接の八戸自動車道から東北自動車道へスムーズに接続でき、荷主にとってはリードタイムの縮小が可能である。活牛の輸送にはカーブや勾配の多い宮古－盛岡間の国道 106 号線利用は必ずしも適していないと考えられるし、野菜や水産物など鮮度が重視される貨物では、八戸港でフェリーを降り、高速道路を利用して仕向地へ輸送することが合理的なのであろう。このことは、高速道路のような他のインフラと港湾の接続性向上のうえで、両者の連携・補完の有効性が示唆される事例である。

出所：筆者撮影（2018 年 11 月 23 日）。

図 6.2　フェリーから見た八戸港

　一方で、記事によれば宮古港からの北上便は南下便に比べて利用実績が伸び悩んでいる。八戸港からは苫小牧港へ 1 日 4 便のフェリーが運航していることから[9]、関東方面から北上する場合には、

[7] 室蘭民報オンライン記事、2018 年 11 月 17 日、
http://www.muromin.co.jp/murominn web/back/2018/11/17/20181117m_02.html (2019 年 8 月 6 日確認)
[8] 国土交通省東北地方整備局岩手河川国道事務所、
http:http://www.thr.mlit.go.jp/index.html (2019 年 8 月 6 日確認)
[9] 川崎近海汽船シルバーフェリー　https://www.silverferry.jp/ (2019 年 8 月 7 日確認)

室蘭へ朝1便のみ運航の宮古港と比べて船便の選択肢が多い。船便の選択肢が多いことは、道路渋滞などで港へのアクセスが遅れた場合でも次便に乗ることができ、確実な輸送を求める荷主にはメリットがある。

6.5 研究領域の連携と補完に向けて

最後に、これまでの内容をまとめておく。本章では港湾物流に関係する主体とその流れを簡単に整理し、これらの主体はそれぞれの目的を持っていることを確認した。さらに、それぞれ異なった目的を有しているために、関係主体の間では、時としてトレードオフの関係が生じる可能性があることを指摘した。しかしその一方で、各主体間の連携を促し、それぞれの主体が持つ機能を補完させることによって相乗効果が発揮され、その結果全体の価値を高めることが期待されることも示唆された。PORT 2030 の各施策を講ずるに際しては、各主体間でのトレードオフに対する対処だけでなく、連携と補完による相乗効果の実現の可能性を模索し、より有効なものを実施していくことが肝要であると考えられる。

本章では連携と補完による効果に焦点をあてたものの、これは港湾の関係主体間にとどまらないことを述べておく。PORT 2030 にかかる政策を有効にするための学術的示唆として、土木計画学と経済学や商学（流通・マーケティング）など、さまざまな研究分野の知見とのコラボレーションが求められるであろう。

【参考文献】
1) 猪俣哲史（2019）『グローバル・バリューチェーン』、日本経済出版社
2) 神取道宏（2014）、『ミクロ経済学の力』、日本評論社
3) 国土交通省港湾局（2019）、『港湾管理者一覧表』公表資料（https://www.mlit.go.jp/common/001289095.pdf）
4) 手塚広一郎（2014）、「公園の運営と民営化に関する経済モデルとその適用に関する覚書—政策的な解釈に対するいくつかの留意点—」『ECO-FORUM（統計研究会）』、30（1）、No.1, pp.17-23

第 7 章　PORT 2030 と輸出貨物の重要性

7.1　輸出貨物の重要性

「PORT 2030」の「港湾の中長期政策の基本的な方向性」における「グローバルバリューチェーンを支える海上輸送網の構築」では、以下の諸点が挙げられている。

① 近年、中国をはじめとしたアジア諸国が世界の経済や物流市場を牽引しており、それらの国々から発着する貨物が世界の貨物量の大部分を占めるまでに至り、日本の外貿コンテナ貨物量も 7 割以上がアジア諸国との貿易によって占められている。近年、中国の経済成長率はやや落ち着いた状況ではあるが、膨大な労働人口を背景に、引き続き、中国を含む東アジア諸国が世界経済を牽引していくことが予想される。

② さらに、最近の中国向け電子商取引（e コマース）の急拡大にも見られるように、今後、東南アジアを含めたアジア地域は、わが国産業にとっての生産・消費の両方の拠点として存在感が高まることが予想されるため、わが国との間の効率的な輸送手段の確保が重要となる。

表 7.1 は 2017 年における、都市部港湾（東京・横浜・名古屋・神戸・大阪・川崎）と外国との間でコンテナ輸送があった地方港湾 60 港のコンテナ取扱量、輸出コンテナ量、輸入コンテナ量、さらにそのうちの実コンテナ量の記述統計を示している。実コンテナ、とは貨物の搬入されたコンテナを指す。ちなみに、日本全国の取扱量のうち 72.9% にあたる 735.9 万 TEU が都市部港湾で取り扱われていることがわかる。この比率はデータを入手できた中で最も古い 2004 年（73.3%）と比較しても大きな変化はない。

都市部港湾でも地方港湾でも輸出計と輸入計の大きさを見ると、平均値でも中央値でも、標準偏差や合計でも大きな差はみられない。輸出入がバランスしているように見える。しかしながら、実コンテナをみると、都市部港湾、地方港湾ともに輸入量に比べて輸出量の少なさが目立つ結果となっている。

表 7.1 都市部港湾と地方港湾のコンテナ取扱量、輸出コンテナ量、輸入コンテナ量の記述統計（2017 年、単位：TEU）

① 都市部港湾（東京・横浜・名古屋・神戸・大阪・川崎）

	取扱量合計	輸出計	うち実コンテナ	輸入計	うち実コンテナ
平均値	2,833,559	1,226,550	804,047	1,244,630	1,170,786
中央値	2,854,145	1,267,823	976,876	1,165,532	1,075,534
標準偏差	1,309,345	551,055	386,602	648,959	663,047
最大	5,047,874	2,074,794	1,147,303	2,425,506	2,411,300
最小	991,648	409,217	226,096	439,395	403,926
合計	17,001,353	7,359,300	4,824,280	7,467,778	7,024,713

② 地方港湾（上記 6 港以外の 60 港）

	取扱量合計	輸出計	うち実コンテナ	輸入計	うち実コンテナ
平均値	107,105	37,164	22,954	36,004	32,257
中央値	47,477	14,991	9,449	13,721	12,650
標準偏差	174,333	67,717	43,924	69,610	64,006
最大	991,648	409,217	226,096	439,395	403,926
最小	3,495	52	0	0	0
合計	6,319,182	2,192,676	1,354,291	2,124,221	1,903,139

　輸出量と輸入量を比べると都市部港湾では輸入が輸出の 1.46 倍、地方港湾では 1.41 倍となっている。したがって、貨物を輸入するのにつかわれてきたコンテナの約 30% が空コンテナとして輸送される。この傾向を 2004 年と比べた場合、都市部港湾では変化は見られないが、地方港湾では 2004 年には輸入量と輸出量の比率が 1.29 倍であったため、悪化傾向にある。

　空コンテナの回送コストを船社が負担するのであれば、船社はその地方港への寄港を避け、輸入荷主がインバランス・サーチャージなどの名目で負担しているとすれば当該港を利用して輸送するコストが上昇する。もともと取扱量の大きい港であれば、船社は寄港する。しかし、小さい地方港においてはコンテナ利用のバランスが取れないことを忌避して船社が寄港しないことになってしまう。筆者が船社にインタビューを行った際にも地方港への寄港を避ける理由の 1 つとして「輸出と輸入のインバランスの大きさ」が挙げられていた。コンテナ輸送に関して、日本の地方港について共通した課題は「輸出量を増やすこと」と言っていい。

　本章では、まず、日本海側港湾では特筆すべき輸出の成長を遂げた酒田港に着目し、上記の PORT 2030 の内容を具現化していくことで港勢の拡大につな

がる可能性について議論する。また、地方にあり、高い生産性や利益率を持っていながら、輸出をしていない、当該地方港を利用していない荷主を獲得することの重要性についても言及したい。

7.2　酒田港のケースと紙おむつ

以下では、輸出貨物が港勢を大きく変えた例として酒田港を取り上げたい。同港は中国向けの紙おむつ輸出を起爆剤としてコンテナ取扱規模を大きく増加させた。

図 7.2 は 2005 年から 2017 年までの酒田港における実コンテナ輸出・輸入個数と取扱個数の推移である。2013 年までは輸入個数が輸出個数を明らかに上回ってきた。しかし、2014 年を境に、輸出増加がみられて輸出入の個数が逆転した。それにつれて輸入個数も増加し取扱個数の増加にもつながっている。

図 7.1　酒田港での荷役作業

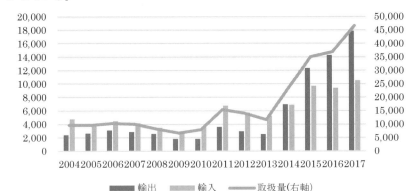

出所：国土交通省「港湾調査」。
注：取扱量には空コンテナ・国内移出・移入個数が含まれる

図 7.2　酒田港における実コンテナの輸出入量と取扱個数
（縦軸単位：コンテナ個数）

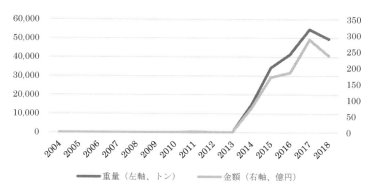

出所：財務省「貿易統計」

図 7.3　酒田港における紙おむつの輸出量と輸出額

　図 7.3 では酒田港から輸出された紙おむつの輸出量と輸出額の推移を示している。これを見ると、2014 年以降紙おむつの輸出が急増したことと、輸出コンテナ個数の増加が軌を一にしていることがわかる。

　酒田港からの輸出増の起爆剤となったのは、高級なベビー用品への需要拡大やeコマース取引の拡大といった海外市場の動向を背景に花王が 2013 年に酒田工場内にサニタリー製品工場を新設し、それが 2014 年 4 月から本格稼働したことであった。これがコンテナ貨物の輸出量を押し上げた。また、紙おむつの原料となるパルプなどの輸入も増加しており、紙おむつの輸出はコンテナ輸送以外の港の活動を活発化させる起爆剤となった。

　表 7.2 には 2018 年における港（税関）別紙おむつ輸出量と輸出額を示している。表 7.2 の輸出量はコンテナ船以外での輸出も含まれているが、同年において重量ベースで 99.9% がコンテナでの輸出であり、ほぼコンテナでの輸送量とみて差し支えない。紙おむつは後背地に製紙工場を抱える港からの輸出が多い傾向にある。製紙業の多い関西地域を背後地に抱え、P&G の紙おむつ生産拠点である明石工場に近い大阪港や神戸港、花王のサニタリー部門工場、大王製紙の生産拠点、ユニ・チャーム四国工場に近い三島川之江港が上位にある。また、静岡県に大王製紙とユニ・チャームの生産拠点があることから名古屋港や清水港が上位の輸出港になっているほか、栃木県に花王と大王製紙、福島県にユニ・チャームの生産拠点があることから東京港も上位に入っている。

表 7.2　港別紙おむつ輸出量と輸出額（2018 年）

港　　名	輸出量（トン）	輸出量シェア	輸出額（億円）	輸出額シェア
酒　　田	49,532	18.2%	237.3	13.8%
東　　京	45,766	16.8%	278.4	16.2%
神　　戸	33,772	12.4%	181.7	10.6%
三島川之江	32,477	12.0%	184.3	10.7%
大　　阪	19,391	7.1%	136.4	7.9%
清　　水	15,650	5.8%	89.8	5.2%
名 古 屋	13,544	5.0%	93.9	5.5%
博　　多	11,949	4.4%	204.0	11.9%
小 名 浜	11,391	4.2%	59.1	3.4%
高　　松	8,987	3.3%	47.3	2.7%
そ の 他	29,221	10.8%	207.7	12.1%
総　　計	271,680	100.0%	1,719.8	100.0%

出所：財務省「貿易統計」

　そのようななかで酒田港は全国第 1 位の輸出量、輸出額でも第 2 位の地位を占めている。現在でも酒田港の港勢を支える貨物として紙おむつの輸出の貢献が大きいことがわかる。

　では、なぜ、このような爆発的な輸出増が実現したのだろうか。背景にあったのは中国におけるより高級なベビー用品へのニーズの拡大である。中国は経済成長を遂げるにしたがって、国民の所得水準も向上した。2005 年においては中国本土の 1 人当たり名目 GDP は 1,765 ドルと同年における日本の 20 分の 1 に過ぎなかった。しかし、経済成長に沿って年平均 17.7% で増加し、17 年には 7,589 ドルとなり、日本の 22.6% まで近づいてきた。また、天津や北京、上海、南京のある江蘇省、寧波のある浙江省、厦門や福州のある福建省、深圳や広州のある広東省では 1 人当たり GDP はすでに 1 万ドルを超え、所得水準の向上に合わせて消費動向も都市部を中心により品質の良いものを求める方向へと変わってきた。

　なかでも、紙おむつを含むベビー用品への出費も増加している。中国においては、2015 年まで一人っ子政策が実施されてきたこともあり、もともと子どもに対してお金をかける風潮がみられる。さらに経済成長が可処分所得を押し上げ、そのことが子どもに対する消費拡大に拍車をかけた。ジェトロが 2012

年に中国のベビー向け商品の市場に関して行った調査の報告書では、近年、欧州や北米と比べ中国のベビー用品や子ども用品の市場規模拡大が急速に進んでいたことが述べられている。このような背景のもと、中国においては紙おむつの「高級化」が進んでいる。中国市場において、吸水性や通気性などの機能が高かったり、赤ちゃんの肌に良い機能を追加するなどしているプレミアムタイプの紙おむつのニーズも高まっている。

このようなニーズに対応できる製品として日本の紙おむつに対する評価は高かった。中国国家統計局の傘下にある中国統計情報センターがインターネットでの調査を基に口コミ評価では、2015 年上半期においては花王の「メリーズ」、プロクター・アンド・ギャンブル（P&G）の「パンパース」、キンバリー・クラークの「ハギーズ」、大王製紙の「グーン」、ユニ・チャームの「マミーポコ」の順で評判が高い、という結果になった。上位 5 ブランドのうち 3 つ（メリーズ、グーン、マミーポコ）が日本企業のブランドであり、パンパースも日本からの輸出が行われている。

また、中国においては e コマースを経由したおむつの売り上げが増加している。日本企業の中でも花王のメリーズは e コマースでのシェアが高く、さらに量販店などのチャネルでの売り上げを増やしていることで知られている。e コマースには、かさの大きい紙おむつを自宅まで運んでくれる利便性のほか、価格が低いという利点がある。

その結果、中国における紙おむつの輸入量は急速に増加してきた。図 7.4 は2005 年から 2017 年までの中国の紙おむつ輸入量の推移を示している。2005 年における紙おむつの輸入量は約 1.8 万トンであった。しかし、10 年には約 5 万トンに、12 年には 6.6 万トン、17 年には 25.1 万トンまで増加した。年平均の増加率は 24.4% にものぼっている。紙おむつの輸入元は日本と韓国が大半で、両国からの輸入量が 94.9% のシェアを占める。2007 年から 2012 年までは韓国から中国への輸出が日本からの輸出を上回っていた。しかし、2013 年以降、日本からの輸入が急増し、韓国を逆転した。現在では日本からの輸入が圧倒的に多く、日本からの輸入だけで 87.8% を占める状況となっている。

紙おむつ市場はベビー用、高齢者用も含め今後も市場の拡大が期待されている。中国だけでなく、ロシアや東南アジアでのニーズも期待される商品である。酒田港は世界経済を牽引していくことが予想される商品の生産拠点からの効率的な輸送手段の一端を担う形で港勢を拡大してきた。これは PORT 2030

が目指す姿にもかなった例であるといえよう。

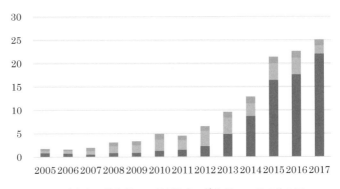

出所：UN Comtrade

図 7.4　中国における紙おむつ輸入量の推移（2005 ～ 2017 年、単位：1 万トン）

7.3　輸出企業マーケティングとマッチングの重要性

　酒田港の例からは、ひとつの大きな企業が輸出を見据えた拠点を構えることで港勢が変わることがわかる。しかしながら、大きな企業が輸出貨物のすべてを特定の地方港に切り替えることが、どの地方でも起こるかというとそういうわけでもない。以下では、輸出を増やしていくために考えられる方策として、①地元大企業の最寄り港利用拡大に注目する、②中小企業、または未輸出企業の貨物に注目する、の 2 点を取り上げて述べていきたい。

　第一点目の地元大企業の最寄り港利用拡大であるが、上記の酒田港のように大企業の製造拠点が近くにありながら、地元港を使わずに陸送などでほかの港を利用するケースはしばしばみられる。たとえば、フィルム・機能樹脂のメーカーである東洋紡は 2007 年度までは主に阪神港で原料や製品の輸出入を行っていた。しかしながら、2008 年度から物流コスト削減と CO_2 排出削減を目的に、基幹工場に近い敦賀港の利用を促進している。加えて、事業継続計画（BCP）の観点からも地元港からのサプライチェーンを確保する利点などをアピールして利用を促すことは重要である。

　第二点目の中小企業、もしくは未輸出企業については貿易の仲介を行う商社

や物流業者の存在が重要になってくる。貿易を行うためには海上輸送等に伴う輸送費用に加え、流通網整備や取引先開拓のために輸出に関する固定費用を支払える大企業の方が輸出を行ううえでは有利であるためである。とはいえ、商社やフォワーダーなどの物流会社などを通すことで、中小企業であっても間接的な方法で輸出を行うこと（間接輸出）が可能になる。商社や物流会社は多くの国で販売網を構築しているためである。彼らの持つネットワークを活用することで、輸出が困難な国への間接輸出も可能にする。

　中小企業、または未輸出企業に関しては、直接輸出をいきなり始めるより、間接輸出を通じた輸出促進がさらに考えられてよいはずである。輸出企業を増やすためには、現在輸出を行っていない企業に対して、商社や物流企業などとのマッチングを促すことで間接輸出を増やしていくことが欠かせない。

　もちろん、このような方策を実現するためには、輸出企業の候補となる企業が存在しなければならない。国際経済学では輸出を行う企業は生産性の高い企業であることが知られているが、逆に生産性の高い企業が輸出企業であるとは限らないことも知られている。早稲田大学の戸堂康之教授は日本企業の全要素生産性（Total Factor Productivity; TFP）を算出し、輸出行動との関係を分析している。TFP は、財の生産に関して、労働投入と機械や設備などの資本投入では説明できない要因をさし、技術水準を反映したものとみなされる。戸堂教授は、日本には TFP は高いが輸出を行っていない企業が数多くあることを指摘し、それらを「臥龍企業」と名付けている。臥龍企業は日本に 2,000 社程度存在し、どの産業においても中小の臥龍企業があると指摘している。

　また、戸堂教授は、企業が海外との取引を始めたり、海外進出を行う国際化の決定要因の分析をしており、生産性、規模および産業による違いで 10%、従業員の中に占める大学以上の卒業者の割合、経営者の海外との個人的つながり、海外情報の入手および企業のリスク回避に対する態度によって 30% が説明できるとの研究結果を示している。この結果から、同教授は臥龍企業が輸出を行っていない理由として情報不足とリスク回避的な態度を挙げ、臥龍企業の国際化を促進するため、海外市場の情報の獲得や海外での取引ネットワークの構築を促進しうる政策の必要性を主張している。

　上記の輸出企業の特徴に関する議論は港湾管理者が行うマーケティングやポートセールスを進めるうえでも参考になる。地域経済活性化のためには、所得水準が高い輸出企業が地域内にあることの意義は大きい。一方どのような産

業でも、生産性が高いにもかかわらず輸出を行っていない中小の臥龍企業が存在することが知られている。このような状況下において地方港の管理者は地域の産業立地にかかわる部署、産業振興に関する部署、さらには地方銀行や信用金庫などの地方金融機関とも手を携えて、臥龍企業による輸出を促進できるよう取り計らうことが重要である。臥龍企業の発掘やマッチングにあたっては、経営データの分析も必要となるため、地元の大学やシンクタンクとの協力もカギとなってくるだろう。

　また、臥龍企業への情報提供や、輸出手続きを担う商社や国際物流のコーディネーターであるフォワーダーとのマッチングも望まれる。2015年に行われた帝国データバンクの調査でも、非輸出企業が商社・卸売業者を活用しない理由で最も多かったのが、「自社に適した卸売業者を見つけられない」となっており、両者のマッチングは輸出の活性化に資するものと考えられる。マッチングを行えるような、地元で活動を行う商社やフォワーダーや物流会社を発掘、誘致していくことも輸出の拡大には重要である。

　さらにマーケティング、マッチングを通じて発見した課題を解決するために、臥龍企業の発掘と同じく港湾管理者だけでなく、地方公共団体の各部署や、各種団体の垣根を超えた協調が必要になってくることは言うまでもない。このような課題を乗り越えることで港を中心とした産業集積や雇用といった効果にもつながるものと考えられる。

第8章　内航RORO/フェリーへのモーダルシフトの可能性

8.1　内航RORO輸送とフェリー輸送

　RORO（Roll-On Roll-Off）船とは、貨物を積んだトラックやトレーラーが船に備え付けられたスロープ（ランプウェイ）から自走して乗降でき、そのまま運べる船のことを指す（図8.1）。内航輸送に用いられるRORO船とフェリーは輸送貨物も類似しており、多くの荷主や運送会社も「ほぼ同じ輸送手段」として取り扱っている[1]。ただし、RORO船はもともと貨物船として、荷役を簡便化することを目的に船の形や輸送形態が進化してきた。一方、フェリーは旅客船として位置づけられている。

　表8.1は内航RORO輸送とフェリー輸送の主な違いを、事業者へのヒアリング調査や各種資料を基にまとめたものである。まず、両者は海上運送法上の事業分類から明確に異なっている。フェリーは海上運送法上、自動車航送を行う一般旅客定期航路事業と位置づけられている。これは先述のとおり、基本的に運転手が車両の出し入れを行う有人航送が前提となっているためである。一方でRORO船は、同法で貨物船として位置づけられており、内航海運業法が適用される。ただし、長距離フェリー（片道300km以上）を運航する8社は、自社あるいはグループ会社で、貨物自動車運送事業、貨物利用運送事業も行っている[2]。航路によっては、メーカー系物流子会社や3PL（third-party logistics）による複合一貫輸送が行われている。

出所：筆者撮影

図8.1　商船三井フェリーのRORO船「すおう」

---

[1] かつては出荷時間の違い（RORO船は出荷時間が早い傾向）や航路の長さ（RORO船は距離が長い傾向）によってRORO輸送とフェリー輸送の間に棲み分けが見られていたが、近年はこれらの違いが薄れつつある。

[2] 300km以上を運航する長距離フェリーの嚆矢である阪九フェリーは、国道のバイパスとしてトラックを運ぶことを想定して1968年に就航した。なお、1969年に北海道～京浜間の在来貨物船がRORO船に代替建造されたのが初めとされる。

表 8.1　内航 RORO 輸送とフェリー輸送の主な違い

	内航 RORO 船	中・長距離フェリー
由　　来	貨物船	旅客船
乗客定員	12 名（海上運送法による）	船舶による
運航船社、航路数、隻数（定期便のみ、沖縄発着航路除く、2017 年 10 月現在）	定期航路は 18 社 56 航路 73 隻	8 社 14 航路 37 隻（長距離フェリー） 7 社 7 航路 19 隻（中距離フェリー）
運航コスト	相対的に低い	相対的に高い
運　　賃	船社、運送業者との相対で決定、ほかに条件が同じであれば RORO の方が割安とされる	運輸局への届出義務があり、輸送運賃（タリフ）が示されている。（ただし、期間契約など様々な形で割り引かれているため、タリフは上限）
輸送される車両	基本的に無人シャーシ	無人シャーシのほか、10t 有人トラック、バス、乗用車などもある
車両の荷役	港湾運送業者	運転手または港湾運送業者
利用運送業者	第二種貨物利用運送事業免許が必要	第一種貨物利用運送事業免許が必要（第二種は不要）

出所：筆者作成

　また、RORO 船は旅客を運ぶことを想定していない[3]ため、乗客定員も海上運送法第 2 条の 4 において旅客船に分類されない 12 名までと定められている。
　内航 RORO 船の運航船社数、主な定期便の航路数および隻数は 2017 年 10 月時点で、18 社 56 航路 73 隻に上る（国土交通省海事局内航課調べ、図 8.2 参照）。隻数でみると 2004 年でピークに達し、その後横ばいを続けていたが、2013 年を境に、輸送力増加が図られて増加に転じた。船腹量を見ても、隻数の多い 2000 年代前半より船腹量が大きく、代替建造に際して船が大型化している。一方で片道 300km 超の長距離フェリーでは 8 社 14 航路 37 隻、片道 100 ～ 300km の中距離フェリーでは 7 社 7 航路 19 隻となっている（同課調べ、図 8.3 参照）。

---

[3] フェリーでも無人航送は行われており、阪九フェリー就航直後には 1969 年から無人航送も認められた。現在でも長距離フェリー貨物の約 7 割は無人航送のシャーシが占めている（加藤（2019）同上論文）。

図 8.2　主な RORO 定期航路一覧（沖縄発着航路除く）

① 近海郵船㈱　　　　　　　　　　　敦賀／苫小牧　　　　　　　　　　　　　川崎近海汽船㈱と共同運航
② 〃　　　　　　　　　　　　　　　常陸那珂／苫小牧
③ 〃　　　　　　　　　　　　　　　敦賀／博多
④ 川崎近海汽船㈱　　　　　　　　　常陸那珂／苫小牧　　　　　　　　　　　近海郵船㈱と共同運航
⑤ 〃　　　　　　　　　　　　　　　日立／釧路
⑥ 〃　　　　　　　　　　　　　　　北九州（小倉）／常陸那珂
⑦ 〃　　　　　　　　　　　　　　　油津／細島／東京
⑧ 〃　　　　　　　　　　　　　　　清水／大分
⑨ 日本通運㈱・日本マリン㈱　　　　東京／苫小牧／釧路／大阪
⑩ 日本通運㈱・日本海運㈱　　　　　東京／博多（松山／岩国／宇野）　　　　商船三井フェリー㈱と共同運航
⑪ 商船三井フェリー㈱　　　　　　　東京／博多（松山／岩国／宇野）　　　　日本通運㈱・日本海運㈱と共同運航
⑫ 〃　　　　　　　　　　　　　　　東京／御前崎／苅田／大分
⑬ 栗林商船㈱　　　　　　　　　　　苫小牧／釧路／仙台／東京／名古屋
⑭ プリンス海運㈱　　　　　　　　　川崎／仙台／苫小牧／八戸
⑮ 〃　　　　　　　　　　　　　　　清浜／神戸／苅田
⑯ 大王海運㈱　　　　　　　　　　　千葉／大阪／宇野／四国中央
⑰ 八興運輸㈱　　　　　　　　　　　細島／堺泉北／宮崎
⑱ マツダロジスティクス㈱　　　　　千葉／広島

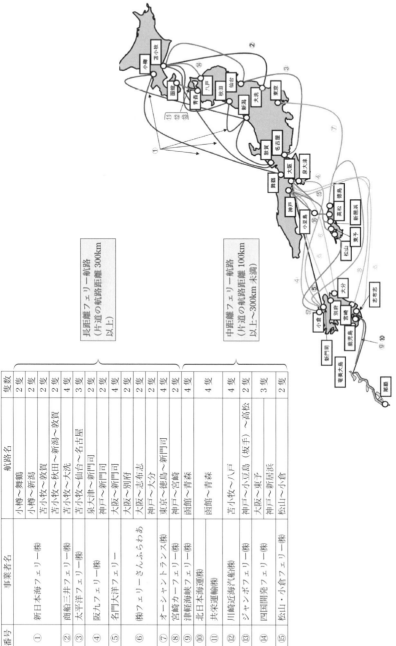

図 8.3　主な中・長距離フェリー航路一覧（沖縄発着航路除く）

番号	事業者名	航路名	隻数
①	新日本海フェリー㈱	小樽～舞鶴	2隻
		小樽～新潟	2隻
		苫小牧～敦賀	2隻
		苫小牧～秋田～新潟～敦賀	4隻
②	商船三井フェリー㈱	苫小牧～大洗	3隻
③	太平洋フェリー㈱	苫小牧～仙台～名古屋	2隻
④	阪九フェリー㈱	泉大津～新門司	2隻
		神戸～新門司	2隻
⑤	名門大洋フェリー	大阪～新門司	4隻
⑥	㈱フェリーさんふらわあ	大阪～別府	2隻
		大阪～志布志	2隻
		神戸～大分	2隻
⑦	オーシャントランス㈱	東京～徳島～新門司	4隻
⑧	宮崎カーフェリー㈱	神戸～宮崎	2隻
⑨	津軽海峡フェリー㈱	函館～青森	4隻
⑩	北日本海運㈱	函館～青森	
⑪	共栄運輸㈱		4隻
⑫	川崎近海汽船㈱	苫小牧～八戸	4隻
⑬	ジャンボフェリー㈱	神戸～小豆島（坂手）～高松	2隻
⑭	四国開発フェリー㈱	大阪～東予	3隻
		神戸～新居浜	
⑮	松山・小倉フェリー㈱	松山～小倉	2隻

長距離フェリー航路
（片道の航路距離 300km
以上）

中距離フェリー航路
（片道の航路距離 100km
以上～300km 未満）

　旅客輸送用の設備が必要ないため建造コストが低いこと、運航に必要となる船員数が少ないことから、運航にかかるコストは RORO 船の方が相対的に低い傾向にある。そのため、他の条件が同じであれば、RORO 輸送の方がフェリー輸送よりも割安であるとされる。ただし、実際の運賃は船社と運送会社の間で相対交渉によって決まるため、明確ではない。一方でフェリー輸送は、旅客船であることもあって輸送運賃（タリフ）を運輸局に届け出る義務がある。このタリフは RORO 船の輸送運賃よりも高いとされるが、フェリー業者も運送会社との間に相対で期間契約を結ぶなどして割引が適用されることが多く、タリフはたとえば契約をしていない輸送業者が急なスポット輸送を行う際などに適用される上限運賃とみるのが望ましい。

　RORO 船の場合、出発港近くにあるシャーシヤード（図 8.4）まで運送業者が貨物を積んだトレーラーを運び、シャーシを置いていく。シャーシヤードから船内までは港湾運送業者のトレーラーヘッドがシャーシを牽引して乗船し、貨物を積んだシャーシを切り離して船に載せ、トレーラーヘッドだけが下船する（図 8.4）。到着港でも、港湾運送業者のトレーラーヘッドが乗船してシャーシを連結し、そのまま下船してシャーシヤードまで陸送してから、運送業者のトレーラーヘッドがシャーシを目的地まで運ぶ。フェリーの場合、船内までドライバーが自分で貨物を積んだトラックを運び、停車してから客室へ移る。フェリーでシャーシだけを運ぶ場合、上下船の荷役サービスもオプションでついている。このとき、トレーラーヘッドを用いた荷役を行うのは港湾運送業者であり、フェリーでも図 8.5 に示す輸送形態をとる。

出所：筆者撮影

図 8.4　東京港中防内側地区内貿ユニットロード
　　　　ターミナル（シャーシヤード）

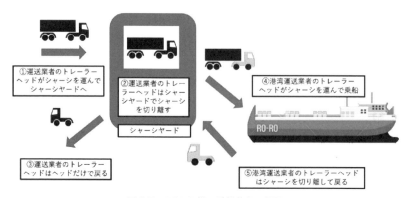

図 8.5　RORO 船の乗船荷役の概要

　また RORO 船を利用する運送会社は第二種貨物利用運送事業免許が必要と
される。フェリーを用いて有人航送を行う場合、トラックドライバーがすべて
を運ぶ（すべての経路で自動車輸送が用いられる）と考えられることから単一
の輸送手段利用を想定した第一種貨物利用運送免許で問題ない。一方で RORO
船を利用する場合、出発港まではトラック輸送、出発港からは海上輸送と輸送
手段が変わる。そのため、シャーシを切り離すタイプの輸送では、複数の輸送
手段利用と Door to Door のすべての運送を手配することを想定した第二種貨
物利用運送事業免許が必要になる。

　通常の内航貨物船は原材料や資材を中心に輸送するが、RORO 船やフェリー
が輸送しているのは主に雑貨である。北海道・本州間では農産物、紙、生乳、
建材、自動車部品などが北海道から本州へ、古紙や雑貨、飲料などが本州から
北海道へ輸送される。また、北海道関連航路は野菜、とくにジャガイモやタマ
ネギの収穫時期に輸送が集中することから季節波動が大きく、繁忙期を除くと
貨物が多い傾向にある。また、生鮮品については主にフェリーで運ばれ、鮮度
が強く重視され、運賃負担力のあるものは航空便で運ばれる。九州・本州間で
は主に本州からは雑貨、九州からは工業製品や野菜が運ばれるが、北海道から
輸送される野菜に比べ小口のものが多く、行きと帰りの間の貨物量のバランス
がとりづらい傾向があるとのことである。

　なお、近年における、長距離フェリー輸送と RORO 船の輸送台数の推移は
12m トレーラー台数換算で約 200 万台である。そのうち約 6 割強が長距離フェ
リー輸送、3 割強が RORO 船の輸送による。また、ここ数年では長距離フェ

リーは年平均 2% 程度、RORO 船は同 4% 程度の率で台数が増加している。隻数の多い RORO 船の輸送量が少ないのは、必ずしも毎日出港するわけではないため、週当たり便数が少ないことを反映している。

8.2　モーダルシフトが唱えられる背景

これまでも自動車輸送から海上輸送・鉄道輸送へのモーダルシフトの呼びかけは何度もなされている。国土交通省海事局内航課によると 2004 年から 2014 年の間に雑貨貨物の輸送量はトンキロベースで 298.0 憶トンキロから 331.0 憶トンキロまで約 11% 拡大した。これを受けて 2015 年 2 月に策定された交通政策基本計画でも 2020 年までに 367 憶トンキロに増加させることを目指している。その一方で、これまで海上輸送へのモーダルシフトはそれほど大きく増えてきたとは言えなかった。

この理由について、まずはすでにモーダルシフト可能なものはシフトしてしまっている可能性が指摘されている。そのほか、海上輸送で用いられる 12m シャーシでも輸送ロットが大きすぎるために輸送貨物が海上輸送に適さない、一定水準の輸送サービスを求められる製品（工業製品など）はトラック輸送が向いていると考えられている、トラック業界の競争激化による運賃下落、多頻度小口化への対応にトラックが向いていることも課題であると見なされている（公社）大阪港振興協会（2018）。

その理由のひとつがトラックドライバーの不足である。現在の日本では、あらゆる分野において人手不足の状況が顕在化している。とくにトラックドライバーを中心とした物流業界では大きな問題となっている。厚生労働省が公表した 2019 年 2 月のトラックドライバーを含む「自動車運転の職業」の有効求人倍率は 3.20 倍に達し、全体の有効求人倍率 1.63 倍を大きく上回っている。長距離輸送を担ってきた大型トラック・トレーラードライバーの人手不足は、2019 年 4 月から働き方改革関連法案が順次施行され、労働基準法の改正に基づいて残業時間に上限が定められた影響もあり、状況はさらに深刻化している。

トラックドライバーは年間所得も平均より低い水準で推移し、2017 年時点でも平均 454 万円（大型トラック）と全産業平均の 491 万円を下回っている。その一方で労働時間が長いことから、従業者数は横ばいで、2007 年には 34.6% であった 50 歳以上の割合が 40.8% と上昇し、高齢化も進行している。今後もこの状況が続いた場合、国内貨物輸送が維持できなくなり、日本経済に甚大な

影響を及ぼすことすら懸念されている。人口が減少に転じ、トラックドライバーが大きく増えるとは考えにくい状況のもとでは、国内輸送を維持可能に保つため、トラック輸送を行う人員を抑制することは不可欠と考えられる。

　貨物を輸送するのに必要なドライバーの数を減らすためには、トラックの自動運転や隊列走行といった解決策も考えられる。隊列走行については 2019 年 1 月、国土交通省と経済産業省が新東名高速道路において、トラックの隊列走行の実証実験を行っている。一方で、別の解決策となりうるのは海上輸送へのモーダルシフト促進と考えられる。たとえばフェリー輸送を用いれば、船が海上を移動する時間にドライバーが休息することができるし[4]、RORO 船を利用すれば、ドライバーは出発港または到着港までの運転ですむ。

　もうひとつの理由は、自然災害が頻発したことである。2018 年 6 月末から 7 月にかけて台風 7 号や梅雨前線の影響によって集中豪雨が起きた。この影響で、JR 貨物では 7 月 8 日までに東海道本線・山陽本線・北陸本線を走行する列車を中心に 355 本の貨物列車を運休させた。山陽本線の被災が長引いたため、関西以東と九州間の貨物列車が長期にわたり運休となり、トラックや船舶での代替輸送が必要となった。同年 8 月 29 日になって伯備線が復旧したためで迂回列車による貨物列車の迂回運転が開始した。また、同年 9 月 6 日には北海道胆振地方を震源とする地震が起きた。この地震の影響で、北海道全域で停電が起きたため、鉄道貨物輸送が一時、全面的に停止した。このような自然災害は単一の輸送モードに依存することのリスクを、荷主に改めて認識させることとなり、企業の BCP（事業継続計画）の観点から海上輸送需要を急増させた。

8.3　港湾整備と関連した輸送の課題

　このようなニーズの高まりを受けて、内航 RORO/ フェリー輸送は新規航路の開設や代替建造などによる輸送力の増強が図られている。2016 〜 18 年度の間に行われた輸送力増強は、沖縄発着航路を入れると 11 社 21 隻（沖縄発着航路を除くと 9 社 18 隻）（図 8.6）に上る。

　しかし、海上モーダルシフトの推進にあたっても、多くのボトルネックを取り除く必要性がある。船社、物流会社、荷主などからインタビュー調査を行っ

---

[4] 2015 年 9 月に施行された「自動車運転者の労働時間等の改善に関する基準（改善基準告示）」ではフェリー乗船時の拘束時間及び休息期間に係る特例通達が改正され、「トラック運転者のフェリー乗船時間を原則として休息期間として取り扱う」とされた。

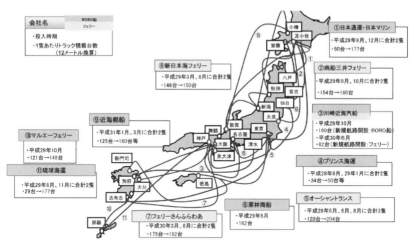

図 8.6 長距離フェリー・RORO 船の建造等の動き（2016 ～ 18 年度）

表 8.2 インタビューから得られた主な懸念事項

	要望および不満	発言者
港湾に関して	岸壁やシャーシヤードのスペースが足りない	船社
	滞留貨物が問題（東京・博多）	船社
	岸壁が低い	船社
	ヤード内の舗装を固くしてほしい	船社
	区分使用料が高額（苫小牧）	船社
	港湾管理者が内航を重要視していない	船社・運送会社
	港湾荷役労働者が集まらない	港湾運送事業者
	電子化による効率化	港湾管理者
陸送に関して	ドライバーが集まらない	船社・運送会社
	ドレージ費用が高い	船社
	集配の効率化をしたい	船社
	通行許可やシャーシ車検の簡素化	船社・運送会社
	法令を守らない物流業者がいる	船社
その他	船員が集まらない	船社
	SOx 規制への対応に苦慮	船社
	新建造船の単価の高騰	船社
	瀬戸内海の航行費用が高い	船社
	オリンピック時の対応を早く示してほしい	船社・運送会社

出所：筆者作成

た際に得られた主な懸念事項を表 8.2 にまとめている。以下では「PORT 2030」の中長期政策の方向性の 8 本柱のうち、RORO/ フェリー輸送に最もかかわってくるであろう「持続可能で新たな価値を創造する国内物流体系の構築」に即して、港湾整備や管理などの観点からの問題点と解決の方向性を指摘していき

たい。

　港湾において岸壁やシャーシヤードのスペースが足りないという指摘は、多くの船社、物流会社から、どこの地域でも指摘された。滞留貨物や岸壁の低さの問題も、基本的には船舶を停泊させるために適切な岸壁、シャーシヤード不足の問題と関係している。RORO/フェリー輸送では、シャーシもトラックもコンテナのように縦に積むことができない[5]ため、出発貨物向け、岸壁でシャーシやトラックを置くため、さらには到着貨物向けにスペースを用意しなければならない。港湾のスペースを大きくとる必要のある輸送形態であり、船社および物流会社は港湾地域内にシャーシヤードを拡大することを望んでいる。さらに、表8.2にもある通り、港湾管理者がコンテナターミナルやクルーズターミナルの整備に力が向いており、内航ふ頭を積極的に整備しているようには見えないとの不満を持つ回答者もいた。

　国には持続可能な国内輸送を維持するために、RORO埠頭を整備するにあたって港湾管理者に対する補助率を高めるなどの取り組みが期待される。シャーシヤードや岸壁の不足は、新規就航や大型化を進めていく上でのネックのひとつともなるため、RORO/フェリー輸送の促進のためには重要である。ただし、東京や博多など、敷地の制約が大きく、拡張余地がほとんどない港湾については、シャーシヤードの立体化、滞留貨物に対するは追加費用請求を行う[6]など、新たな試みを行うことが不可欠と考えられ、そのような取り組みを促進する支援策が望まれる。また、PORT 2030でも述べられているようにふ頭再編による国際コンテナターミナルと内貿ユニットロードターミナルの近接化、港湾と背後の道路等とシームレスな接続といった施策も併せて行われることが望ましい。

　また、航路の拡充や大型化促進のため水深や岸壁の高さについても整備を進めていく必要がある。こちらはPORT 2030でも指摘されているとおりである。スペース以外の問題としては、指摘されているとおり港湾の水深や岸壁の高さが問題になる。RORO/フェリーの場合、水深や岸壁の高さが確保されないと、ランプウェイの角度が急になってしまう。シャーシ内での貨物の崩れや揺れの

---

[5] 欧州地域のRORO輸送では二段積み輸送が行われているが、用いられている器具が異なる。
[6] 外航コンテナ貨物の場合、一定期間を過ぎてもコンテナヤードに引き取りに来ない場合に超過保管料（デマレージ）が発生する。たとえばアジアカーゴサービス株式会社の場合、日本での輸入コンテナでは40フィートコンテナで6,000円/日（6日目まで）18,000円/日（7日以降）。なお、コンテナを契約期間内に返却しない場合には別の延滞料金（ディテンション・チャージ）が発生する。

増加などにもつながり、輸送品質の低下にもつながる。とくに大型船舶ではこの問題は重要な点となるため、より効率的な輸送を目指すうえでは対応が重要になる。この点、PORT 2030 では「災害時等には機動的な輸送手段となることを考慮して、岸壁の標準化等を検討する。また、運航事業者の協力も得てフェリーふ頭等の規格統一化を進めるとともに、施設の共同利用や貨物の共同輸送に向けた取組を推進する」とあるが、全国一律の基準化ではなく、港、または岸壁ごとに段階を分けるなど航路の利用状況を踏まえた政策対応がとられることが望ましい。

　ほかにも、港湾内でのシャーシの取り回しを迅速化することで取扱可能なシャーシ数を増やすことも不可欠である。内航輸送手続きの電子化とそれによるデータの整備は大きな意味を持つと考えられる。現在、内航 RORO 船やフェリーの貨物は外航貨物における B/L データのようなデータが整備されておらず、トレーサビリティの担保も難しい。現在、シャーシヤードにシャーシを取りに来た運送会社のドライバーは、紙に印刷されたシャーシヤードの地図を参考に、ナンバープレートから目視で自身の引き取るべき貨物を確認しているという。たとえばスマートフォン上で自身が引き取るべき貨物が事前に確認できるシステムが構築されれば、ドライバーの労働時間短縮にも役立つほか、より効率的な荷役活動にも貢献できる。RORO 船やフェリーを大型化させるための課題として、収容できる貨物が増えた場合に港湾荷役時間が増加するため、スケジュールが維持できなくなるというオペレーション面での問題も挙げられているが、この問題を解決するためにも重要であろう。さらに、それらのデータを用いて、定量的に分析することで貨物の需要予測や、インフラ整備の必要性の提言、マーケティング、PORT 2030 でも指摘されている AI 活用への基盤ともなるだろう。

8.4　持続可能で新たな価値を創造する国内物流体系の構築

　注目度はあまり高いとは言えないが、内航コンテナ輸送よりもリードタイムが短いこともあり、現在、内航海運における雑貨・製品輸送の中心は RORO・フェリー輸送である。RORO/ フェリー輸送の促進による海上輸送へのモーダルシフトは近年注目されるようになったドライバー不足への対応というものだけでなく、国内物流の効率化という観点からも注目に値する。

　なお、本章は港湾政策とした内容を中心に記述したこともあり、本文では十

分に紹介できなかったが、表 8.1 にもある通り、ドライバー確保のための牽引免許取得促進や、シャーシに関する車検期間の短縮化、道路通行許可手続きの迅速化、さらにはドライバーの待遇改善を含む「法令遵守の厳格化と契約の明文化[7]」、鉄道輸送との機能分担の在り方について検討を進めていくこと、もRORO/ フェリー輸送の促進の観点からは重要であると考えられる。

【参考文献】
1) 松尾俊彦 (2019)、「RORO 船とフェリーの棲み分けおよび競争」『モーダルシフト』、内航海運研究会，pp.63-78
2) 加藤博敏 (2019)、『複合一貫輸送による長距離貨物輸送の労働生産性の改善―長距離フェリー活用による労働力の抑制効果―』、筑波大学博士論文

---

[7] 荷主を所管する経済産業省と、国土交通省自動車局が力を入れて取り組んでいる標準輸送約款の見直しに関して指導も進んでいる。また、2019 年 6 月 15 日からはトラックドライバー長時間労働の是正・コンプライアンスの確保を図るために車両総重量 8 トン以上又は最大積載量 5 トン以上のトラックに乗務した場合に、集貨地点等で荷役作業又は附帯業務を実施した場合についても乗務記録の義務付けを開始されることになった。

第9章　クルーズアイランド化を目指す方策

9.1　世界のクルーズマーケットの変遷と展望

（1）世界のクルーズ発展の歴史

　クルーズが産業として本格的に動き始めたのは、1970年代のアメリカである。それまでは、クルーズ（らしきもの）は定期旅客船の閑散期に散発的に実施されていたが、1965年にアメリカで設立されたプリンセス・クルーズ社によって、レジャー的な要素の強いクルーズが行われ、現在につながる「クルーズ」が産声を上げた。1970年代に入ると、それまでの移動手段としての旅客船が、専用の船を造って年間を通じてクルーズを実施する、という新しい船の旅が形づくられた。結果として「クルーズ」という、乗船そのものと寄港地を楽しむというレジャーのひとつとして定着し、今日に至っている。

　黎明期とその後のクルーズの発展は、大きくは次の3点によって特徴づけられる。それまでの船の旅に対する概念を大きく変えるものであり、進化をしながら今日に至るまでクルーズの中で受け継がれている。

　①　クルーズ専用船の建造と投入

　クルーズ専用船（クルーズ船＝客船）は、飛行機に淘汰されつつあった移動手段としての旅客船に新しい役割を与え、今では、超大型船から豪華な小型船に至るまで、さまざまなタイプの客船が世界の海に就航し、多種多様なレジャーを提供している。

　②　定曜日発着と定点サービス

　毎週同じ曜日に出港して1週間程度のクルーズを同じ港に寄港しながら繰り返し実施するというものである。定曜日発着と定点サービスの重要な拠点港として開発されたのが、アメリカ・フロリダ州のマイアミである。マイアミからは1週間程度のカリブ海クルーズが繰り返し実施され、人気を博した。その後、マイアミにはニューヨークやシカゴなどの大都市から、飛行機を使って多くの乗船客が訪れ、カリブ海クルーズを楽しむようになった。いわゆる「フライ＆クルーズ」の始まりであり、その人気は今日に至るまで続いている。効率の良さを追求したカリブ海クルーズは、より廉価な船旅を提供することになり、船の大型化や船腹の拡大を促進することにもなった。

　また、カリブ海クルーズの成功は、世界のクルーズ産業のビジネスモデルともなった。産業としてのクルーズに大きく貢献したカリブ海は、今でも人気のクルーズエリアであり続けている。カリブ海の諸島には、大型クルーズ船の寄港に適した大規模な港湾施設が相次いで建設され、周辺には乗船客

図9.1　カリブ海に停泊するクルーズ船

を対象とした多くの商業施設が開発、建設され、賑わいを見せながら今日に至り、こうしたことが世界の国々にも影響を与え、現在のクルーズ隆盛につながっている。

③　モノクラス制の導入

　それまでの定期旅客船は等級制であり、一等船客と三等船客とではサービスに雲泥の差があったが、それを取り払い、船内どこでもサービスは一緒、としたのがモノクラス制である。これによりクルーズは、より身近なものとなって誰でもが楽しめるものとなり、その後のクルーズマーケットの拡大に大きく寄与することとなった。モノクラス制は、今日では一般的で、等級制を採っているクルーズ船はむしろ稀なものになっている。

　クルーズは、黎明期とその後に築かれた上述の3つの大きな特徴を継承しつつ進化して来たが、今日では一大産業として発展している。

(2) 世界のマーケット動向

　世界的なクルーズの業界団体クルーズライン国際協会（CLIA）の推計によると、2019年の世界のクルーズ市場は約3,000万人に達し、前年比5%程度の伸びを予想している。世界のクルーズ市場は2011年に2,000万人の大台を突破し、その後は中国をはじめアジア諸国の旺盛な需要に下支えされるかたちで8年間に約1,000万人を積み上げる成長を遂げた。この間、成熟した欧米市場は、年間成長率が1桁台前半で推移したが、伸び盛りといわれるアジア諸国やオセアニアの増加は順調で、2019年のクルーズ市場の対前年伸び率は5%台を維持するとされている。ただ、2017年後半から中国市場の成長が一段落したため、2017年、2018年に記録した6%成長には届かなかった。

　現在、世界には約400隻のクルーズ船が就航しているが、新造船の建造計画も相次いでいる。2024年までの向こう5年間で約100隻のクルーズ船が新たに就航する予定である。新造船はクルーズマーケット拡大に寄与するだけでなく、造船業界など他産業に対しても大きく貢献している。新造船の就航も相まって、世界のクルーズマーケットは今後も右肩上がりで拡大していくことが見込まれている。

① 　クルーズ船社のグループ化

　こうしたクルーズ市場の堅調な伸びを受けて、欧米をはじめとするクルーズ船各社は、新たな市場取り込みに向けて新たな船の建造を積極化している。特にこの流れは、1泊当たりの客単価が高いラグジュアリー市場で顕著である。加えて、2020年1月から全世界の海域で環境規制が強化されるため、既存船の改装なども精力的に進められている。

　一方、こうした取り組みの推進には多額の投資が必要となる。そのため、ここ十数年影を潜めてきた欧米大手クルーズ船社のグループ化が近年、ふたたび動き始めている。その一例が、春や秋の日本寄港で知られるモナコ船社シルバー・シー・クルーズである。同社は世界最高峰といわれる高級志向のクルーズ提供で有名であるが、昨年秋に発行済み株式の3分の2を売却し、クルーズ業界世界第2位の米ロイヤル・カリビアン・クルーズ・リミテッド（RCCL）の傘下になっている。

　市場取り込みに向けて新たなクルーズ船を手当てするには財務面での負担が大きいため、1船社が単独で新造船建造に対するファイナンスを取り付けることは厳しい面が多く、今後も米カーニバルコーポレーション＆PLCやロイヤル・カリビアン・クルーズ・リミテッド（RCCL）、あるいはノルウェージャン・クルーズライン・ホールディングス（NCLH）のような巨大クルーズ企業の傘下に入る独立系船社が出てくる可能性がある。

② 　大型化の動向

　5万総トンから7万総トン級の船を「大型船」と呼んでいた世界のクルーズ業界が大きく動き始めた1990年代後半、その当時の欧米大手クルーズ船社の新造船発注傾向を振り返ると、さながら次世代の大型クルーズ船建造競争の様相を呈している。

　世界で初めて10万総トンを超えたクルーズ船は1996年秋にデビューした「カーニバル・デスティニー」（総トン数10.1万トン）、1998年の「グラン

ド・プリンセス」（総トン数 10.8 万トン）と世界最大の記録は更新された。

　アメリカのロイヤル・カリビアン・インターナショナル社が世界のクルーズ船社をリードしており、同社は 1999 年にボイジャー・オブ・ザ・シーズ（総トン数 13.7 万トン、旅客定員 3,114 名）、2006 年にフリーダム・オブ・ザ・シーズ（総トン数 15.4 万トン、旅客定員 3,701 名）、2009 年にオアシス・オブ・ザ・シーズ（総トン数 22.5 万トン、旅客定員 5,408 名）を次々に就航させた。現時点で各社が運航する総トン数 15 万トン以上のクルーズ船は25 隻を超えるなど、クルーズ船の大型化が進んでいる。

　また、これまでの常識を覆す 22 万総トン級の「オアシス・オブ・ザ・シーズ」の就航で、超大型船の時代に突入し、「オアシス」クラスの姉妹船が相次いでデビューするなか、2020 年にはゲンティン香港傘下のドリーム・クルーズ、2022 年にはスイスの MSC クルーズも 20 万総トン級を投入し、それ以降も複数隻を就航させる予定となっている。

　クルーズ船社による巨大クルーズ船の建造は、今後も継続して計画されている。このクルーズ船の大型化によるクルーズ人口の増加は、世界のクルーズ・ターミナルの動向に大きな影響を与えている。ただ、乗客定員 5,000 人を超えるこれら超大型船は、カリブ海や地中海といった集客面でアドバンテージがあり、受け入れる港湾施設が整った海域に投入されているが、アジア海域での 20 万総トン級のクルーズ船のデビューは、受け入れ環境が整備されるまで、しばらく待つしかないのが現状である。

（3）アジア諸国の動向

　CLIA の統計によると、2018 年の世界のクルーズ市場は約 2,850 万人で、そのうちアジアは 424 万人、世界規模でみるとシェアは 14.8％となっている。これまでは順調に 2 桁成長を続けてきたアジアが、2018 年は中国市場のマイナス成長を受けて前年比 4.6％の伸びとなった。アジア諸国の市場規模は、前年割れしたとはいえ依然として半数以上を占める中国が圧倒的首位を維持している。以下、台湾、シンガポール、日本、香港がベストファイブとなっている。

　一方、クルーズ船の寄港数でアジア諸国を比較すると、その順位は市場規模とは大きく異なり、最多は、中国発着の受け皿となっている日本で、以下、中国、タイ、ベトナム、マレーシアと続いている。

① 中国の動向

2006 年夏、イタリアのコスタ・クルーズによる中国発着で市場が目覚めた中国は、その後、倍々ゲームで市場が拡大した。そのけん引役として、地元旅行業者や企業による全船チャーターが主流となる時代がしばらく続いた。急成長を続ける市場を取り込もうと、中国発着の北東アジア周遊クルーズには相次いで欧米大手船社が参入したことにより、就航船の数は急増し、その規模も大きくなってきている。

しかし、需給バランスが崩れたことによる実勢販売価格の低迷、販売環境と旅行者ニーズの変化などが相まって 2017 年後半に市場の伸びが失速し、続く 2018 年も市場の成長は見られなかった。ただ、チャーター需要の縮小とともに個人やグループ客をターゲットとしたクルーズ旅行のインターネット販売が着々と市場を形成し、欧米船社の間では「新造船投入なども奏功し、2019 年末から 2020 年にかけて販売がふたたび右肩上がりに回復し、成長路線に戻る」と展望している。

② 台湾の動向

中国発着クルーズの運航開始に先立つこと 10 年。台湾での本格的な外航クルーズは、1997 年にスター・クルーズによって始まった。沖縄本島や石垣島などに寄港する 2 〜 3 泊の短期クルーズが主流で、季節運航や休止時期を経て、現在でも同航路は継続している。

その後、台湾発着には 2014 年から日本発着の運航を始めた米プリンセス・クルーズが期間配船などのかたちで新規参入し、7 万総トンから 14 万総トンのクルーズ船を使って日本をはじめ東アジア一帯を周遊している。当初は中国と同様にチャーターも目立ったが、近年は個人やグループ客の利用が定着、発着型のクルーズ増加に伴って国内のクルーズ市場が着実に成長し、日本やシンガポールを抜いてアジア第二の市場規模になっている。

③ 旅行業界と IT 化

欧米大手や中国資本などクルーズ船各社が企画・運航する中国発着をはじめとするアジア海域のクルーズは、船社の直販と地元旅行業者による販売、企業などのチャーターに大別される。たとえば、日本では船社直販は極めて少なく、一部チャーターを除き、多くが旅行業者による代理販売のかたちをとっている。

一方、アジア市場の半数以上を占める中国では当初、旅行業者や企業によ

るチャーターが大半を占め、一般の旅行者が好みのクルーズを選んで買える
商品は、ごくわずかだった。しかし、船社のアジア配船拡充を受けて供給量
が増えていくと、次第に販売形態が変化しはじめた。近年では単独事業者に
よる全船チャーターは激減し、代わってインターネット販売をメインとした
旅行業者による集客が台頭している。中国の旅行業関係者によると、今後は
「旅行業者の販売が全体の8割以上に達し、そのうち半数以上はネット系業
者による販売にとって代わるだろう」としている。

(4) クルーズ・ターミナルの現状

　クルーズ船を「客船」と呼称していたころの客船埠頭、今で言うクルーズ・
ターミナルは、中心市街地の近くにあって、人流中心拠点として乗船者（乗船
客＋乗組員）の利用だけではなく市民などの来訪者の利用も並立していた。ク
ルーズ船の大型化は、クルーズ船の着岸場所であるクルーズ・ターミナルを中
心市街地から離れた場所に専用施設として設置される傾向となっている。

　たとえば横浜港の場合、長年にわたって客船が着岸している大桟橋埠頭は、
中心市街地から徒歩圏内にあり、レストランや売店、イベントホールなども併
設され、公園として市民をはじめ多くの人でにぎわっている。しかし、港内に
かかるベイブリッジ橋下をくぐれない巨大クルーズ船は、ベイブリッジ手前に
ある大黒埠頭をクルーズ・ターミナルとしているため、ターミナル利用者は基
本、乗船者に限られている。

　クルーズ船の大型化は、旅客定員の増加につながり、これに伴いクルーズ・
ターミナルが巨大化している。クルーズ船は朝入港し、夕方出港するケースが
一般的で、当該港で乗船客の入れ替えを行う発着港の場合は午前中に多くの乗
客が下船し、午後の時間帯に多くの乗客が乗船する。乗下船の人びとは、ク
ルーズ日数に応じた多くの手荷物を持参してくるので限られた停泊時間に多く
の人と多数の荷物がクルーズ・ターミナルを通過する。そのため、人や荷物そ
して車両の導線を考慮し、安全・円滑・快適なオペレーションを確保できる施
設が必要となっている。世界最大船級の「オアシス・オブ・ザ・シーズ」クラ
スの旅客定員は5,000名を超えているので、クルーズ船1隻の取扱旅客数は1
万人を超すところとなり、乗下船手続き及び入出国に伴う手続きのために必要
なクルーズ・ターミナルは広い面積が必要となる。

　上海港は、2008年に上海市郊外の揚子江に面した宝山区にクルーズ船専用

の埠頭、呉松口国際クルーズ・ターミナル（岸壁延長 774m、大型クルーズ船
2 隻同時受入可能、面積 2.4 万㎡）を建設した。さらに、上海を発着港とする
クルーズ船が増加したのに伴い、第 2 期拡張工事を計画施行し、2018 年に岸
壁延長 1620m、岸壁水深 13m、岸壁幅 60m 規模となり、22 万トンクラス 2 隻
と 16 万トンクラス 2 隻が同時接岸可能となった。このターミナル拡張に伴い、
同型 2 棟（各棟面積 2.7 万 m^2）のクルーズ・ターミナルが供用された。これ
により、呉松口国際クルーズ・ターミナルは、新旧合わせて 3 棟構成となりク
ルーズ・ターミナルの総面積は 7.4 万 m^2 となった。

　クルーズ船の増加は、クルーズ港への寄港回数も増加させている。クルーズ
船が着岸する岸壁のほとんどは、公共岸壁であるため、そのクルーズ・ターミ
ナルもクルーズ船社が共同使用するのが一般的である。同一船社または同一船
社グループのクルーズ船が頻繁に寄港する港では、船社または船社グループが
自ら投資を行い、専用使用とする港も多くなる傾向にある。

　たとえば、バルセロナ港では、2018 年にカーニバルコーポレーションが 46
百万ユーロを投資し、面積 12,500m^2、4,500 名サイズのクルーズ船の同日乗り
換え可能で、LNG 燃料補給も可能なクルーズ・ターミナル（ヘリッククルー
ズセンター）を完成させた。

　同様の事例は、規模は異なるもののわが国にもあり、旅客施設等への投資を
行うクルーズ船社に岸壁の優先使用などを認める新たな仕組みを創設し、2017
年：横浜港、清水港、佐世保港、八代港、本部港、平良港、2018 年：鹿児島

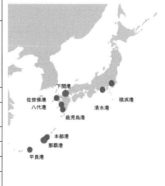

港湾名 (港湾管理者)	第一次募集分 H29.1.31 選定 H29.7.26「国際旅客拠点形成港湾」指定						第二次募集分 H30.2.27選定 H30.6.29指定	第三次募集分 H31.3.1選定 H31.4.22指定	
	横浜港 〈横浜市〉	清水港 〈静岡県〉	佐世保港 〈佐世保市〉	八代港 〈熊本県〉	本部港 〈沖縄県〉	平良港 〈宮古島市〉	鹿児島港 〈鹿児島県〉	下関港 〈下関市〉	那覇港 〈那覇港管理組合〉
運用開始年 船社名	H31		H32				H34	H35	H36
カーニバル・ コーポレーション &plc	○	○				○			
ロイヤル・カリビアン・ クルーズ			○				○		○
ゲンティン香港		○		○					
郵船クルーズ	○								
MSCクルーズ								○	○

図 9.2　国際旅客船拠点形成港湾一覧

港、2019 年：下関港、那覇港の各港を国際クルーズ拠点形成港湾として選定・指定し、各港ではそれぞれがクルーズ・ターミナルの建設に取り組んでいる。

9.2　わが国におけるクルーズの現状と今後の展開

（1）わが国のクルーズ発展の歴史

　日本では、1989 年が「クルーズ元年」と言われている。1989 年からの 3 年間に日本の海運会社が相次いでクルーズ船を建造あるいは改装し、短期間に 8 隻ものクルーズ船が就航、日本にもいよいよ本格的なクルーズの時代が到来したと言われた。

　現在、わが国で就航している日本籍クルーズ船は、「にっぽん丸」「ぱしふぃっく びいなす」「飛鳥 II」の 3 船である。2017 年に就航した小型のクルーズ船（国内）「ガンツウ」を加えると 4 船になる。

　クルーズ元年以降、日本のクルーズは日本船を中心に着実に発展を遂げてきた。日本船によるクルーズの特徴は、主に次の諸点である。

① 　日本人客を対象とする（クルーズ乗船客はほぼ 100% 日本人である）。

② 　ワンナイトクルーズから世界一周クルーズまで、コースがバラエティに富んでいる。また、寄港地のバラエティにも富んでいる。

③ 　クルーズがテーマ性に富んでいる（お祭りクルーズ、花火クルーズ、オペラクルーズ、ジャズクルーズなど、世界に類を見ないほどテーマ性に富むクルーズを多数実施している）。

④ 　日本船ならではの施設とおもてなしが充実している（展望大浴場やお茶会などができる和室などの施設がある。また、和食を始め、日本船ならではのきめ細かいおもてなしが好評である）。

⑤ 　日本船はカボタージュ（国内輸送権）の制約を受けずに国内クルーズを実施できる（外国船による日本発着の場合は、カボタージュの制約があって、必ず日本国外の港に寄港するクルーズを実施しなければならない）。

　日本のクルーズは、日本船ならではの強みを活かした日本船の独壇場であったが、2013 年にプリンセス・クルーズが本格的に日本市場に参入した。期間限定ではあったが、日本人を対象とした日本発着クルーズを開始し、当初は「黒船の来航」などと言われた。日本船が苦戦を強いられるのではないかと危惧する向きもあったが、結果的には日本のクルーズ市場の活性化につながることとなった。以来、コスタ・クルーズや MSC クルーズなどの外国船社が相次

いで日本の市場に参入し、今ではプリンセス・クルーズなど通年で日本発着クルーズを実施する船社も出てきている。日本のクルーズは、活況を呈して今日に至っている。

(2) 日本のクルーズマーケットの現状

日本のクルーズ人口は、2017 年に初めて 30 万人を突破し、31.5 万人を記録した。さらに、2018 年には前年比 1.8% 増の 32.1 万人となり、過去最多を更新した。

日本のクルーズ人口の増加を支えているのは、外国船参入による日本発着クルーズの増加である。外国船による日本発着クルーズは今後も増加が見込まれており、また、日本船も健闘していることから、今後も日本のクルーズマーケットはさらに活況を呈することが期待されている。

また、わが国港湾へのクルーズ船の寄港回数も大きく拡大している。2018年には前年比 6.0% 増の 2,930 回となり、過去最多を記録した（うち、外国船社運航のクルーズ船 1,913 回、日本船社運航のクルーズ船 1,017 回）。

(3) 観光立国「クルーズ 500 万人時代」に向けた展望

2016 年に政府が決定した「明日の日本を支える観光ビジョン」によって、2020 年にクルーズによる訪日外国人 500 万人を目標とした。2015 年実績が111.6 万人だったことからすると、非常に意欲的なものとなっている。

日本がクルーズ振興のために取り組むべき課題は、まずアジア発着クルーズの誘致である。中国からの訪日客の増大に大きく期待するところもあるが、一方でマンネリ化によりリピーターの獲得に繋がっていないとの分析もある。最近、中国で 7 泊程度のクルーズ商品が好評だったとの話もあり、多様化する傾向も出てきている。この中国のクルーズ人口の拡大に対して適切に需要の取込みを図るため、中国人に繰り返し選ばれるような寄港地観光を提供していく必要がある。ハード面では、乗客が安心して乗降や CIQ 手続ができるターミナル施設の整備、バス・タクシー等の二次交通の確保、待機場所の設置、ソフト面では寄港地における多言語対応の観光案内、無料 Wi-Fi 整備などの安全性・利便性の向上が必要である。今後は、継続的に有効なポートセールスを船社だけではなくチャーターを行う現地の観光業者にも行っていくことが必要である。

　次の課題は、日本発着クルーズの拡大である。これは、国内のクルーズ人口の拡大につながる。また、フライ＆クルーズとして外国から航空機で訪日する旅行者の利用によって日本発着クルーズ旅客を増加させることにもつながる。日本船社に建造計画がない現状では、外国船社による日本発着を増加させることが必要となる。

　日本発着クルーズが増加するメリットは、発着港における前後の宿泊・観光、全国にクルーズの恩恵が波及することなどがある。寄港地にとっては、カジュアル船で何千人という乗船客が一度に訪れる経済効果があり、寄港地の知名度が向上する。また、利用者がリピーターになれば、後日、観光での宿泊などの獲得にも資するなどの効果が期待される。

(4) Premium Port をわが国に展開するための方策

①　列島のクルーズアイランド化を目指すために

　国土交通省港湾局は、2030 年ごろの将来を見据え、今後特に推進すべき港湾政策の方向性等をとりまとめた「PORT 2030」を策定した。また、PORT 2030 のとりまとめを契機として、わが国をとりまく新たな状況認識のもと、「港湾の開発、利用及び保全並びに開発保全航路の開発に関する基本方針」の見直し（令和元年 6 月告示）も行った。

　PORT 2030 では、「列島のクルーズアイランド化」として、新たな施策が展開されている。そもそも、急増するクルーズ需要については、九州・沖縄をはじめとする西日本に集中しているなどの地域偏在を解消すること、より地方創生に大きく寄与するために、その効果をさらに拡大することや、わが国発着クルーズを増加させ、クルーズ船の母港化を促進するなどが課題となっている。

　そのようななかで、カリブ海・地中海等のクルーズ市場に匹敵する「北東アジアのクルーズハブ」を日本に形成するために、官民連携による国際クルーズ拠点の形成やフライ＆クルーズの促進などわが国発着クルーズを増大させる方向性が打ち出されている。その際には、外国人クルーズ旅行客の満足度を向上させ、リピーター化を促すため、無料 Wi-Fi 整備、案内の多言語化なども含め、日本特有の美しい自然や伝統・文化に触れられるようなきめ細やかなサービスを促進することとしている。

② 空間再編等による賑わい拠点の形成にむけて

「みなと」は古来より、各地の人・物産を運び、海外の先進的な文化を取り入れ、地域の人びとが祭りなどで集う重要な役割を果たしてきた。その後、高度経済成長期に必要に迫られ、産業・物流分野の港湾整備に注力した結果、ややもすれば人びとを「みなと」から遠ざけてしまった。また、モータリゼーションの進展でフェリーなどの人流の核であった「みなと」が衰退していった。

PORT 2030 では、近年のクルーズのインバウンドの急増に合わせて、その需要を「みなと」に取り込んでいけるよう、世界のクルーズ拠点港に引けを取らない美しく快適なみなとづくりを推進するとしている。同時に、外国人クルーズ旅行客だけでなく、わが国国民も含めて他では得られない特別な体験ができる「モノづくり空間」だけではなく、ふたたび訪れたくなる「コトづくり空間」に造り替え、空間の質を向上させていくことが重要で、ブランド価値を生む空間形成に取り組んでいくとしている。

具体的には、海からの視点も考慮した「海に開け、船を迎え入れる」美しい景観の形成を推進していく必要がある。また、多様化・高質化する都市開発と連携し、民間資金も活用した新たな手法による港湾の再開発、マリーナ開発や水際線を活用した賑わい創出を促進するとともに、水上交通による回遊性を強化する。さらに、インバウンド需要を取り込むために、ビーチスポーツ体験などさまざまな観光資源を発掘・磨き上げ、魅力的なコンテンツ作りを促進するとしている。

(5) 新たな海域におけるクルーズの可能性

近年、中国発着のクルーズ船の寄港や外国船社のカジュアル船による日本発着の登場で身近な旅行となってきているが、今後、クルーズ旅行のバリエーションを図るため、新たな海域の開発が必要となっている。

日本における魅力的な地域として、まず、先島諸島・南西諸島を含む沖縄・九州地方が考えられる。現在、中国・香港・台湾発着ではすでに利用されているが、日本発着によるクルーズや奄美地方や五島列島などの他の離島への寄港も候補として有力である。

次は、瀬戸内海クルーズで、世界有数の多島美を誇る瀬戸内海をクルーズでめぐる旅、本州四国連絡橋などの人工美、瀬戸内アート、食の宝庫など魅力が

満載である。また、この多島美を見てもらうためには、通常の夜の移動ではなく昼間の移動も選択のひとつである。

　そのほかの海域では、環日本海クルーズが魅力的である。日本、韓国、ロシアをめぐるクルーズは、近隣の国々をめぐる旅を楽しむには最適である。ロシアのウラジオストックは、アジアから一番近いヨーロッパとも言われている。

　また、現在、未開発で潜在的に可能性のある地域としては、カムチャッカ地域がある。北米のアラスカクルーズにも引けを取らない手つかずの自然や景色が堪能できる。大型船だけでなく冒険船などの小型船を使えば千島列島を間近に見られ、カムチャッカ半島にあるペトロカムチャッキーまでのクルーズが堪能できる。

　このように、日本をとりまく海域には、まだまだクルーズ旅行として開発できる海域が存在しているが、このような資源を活用するためには、まずは日本人がクルーズを楽しむ文化を広げることが必要になってくる。

　日本船の外洋に出られるクルーズ船は現在3隻あるが、いずれもラグジュアリー、プレミアムクラスの船であり、ファミリー層の利用には難しい。また、外国船社の日本発着クルーズでは、カボタージュ規制により、必ず一度外国に寄港することが必要で、日数が1週間を超えるものになるなど、初めてのクルーズとしてはハードルが高い。そこで、クルーズ産業の更なる発展のためには、日本籍船のカジュアル船の就航が望まれている。これにより外国船社との健全な競争が図られ、1泊からの短期のクルーズも可能となり、日本のクルーズ産業の発展に多いに寄与するものと期待される。

【参考文献】
みなと総合研究財団クルーズ総合研究所（監修）(2018)、『クルーズポート読本』、成山堂書店

第 10 章　クルーズ振興をめぐる期待と課題

10.1　クルーズ振興に対する期待

　わが国では高齢化と人口減少が急速に進み、大きく社会が変わろうとしている。とりわけ地方では、定住人口の拡大を目指したさまざまな取り組みが行われているが、その増加は期待しづらいというのが実際のところであろう。そこで、近年では外部市場から需要を取り込むことを期待した「交流人口」の拡大、すなわち観光の活性化に大きな期待が集まっている。

　ここ数年、わが国を訪れる外国人旅行者数は年ごとに過去最高を記録するなど、インバウンド旅行者獲得のための諸政策が奏功している。国が 2016 年に公表した「明日の日本を支える観光ビジョン」では、訪日外国人旅行者の目標値は来たる 2020 年に 4,000 万人、2030 年には 6,000 万人の高みを目指すこととしているように、長い目で見れば訪日外国人旅行者数はさらに拡大すると見込まれる。

　とりわけ、アジア諸国では経済成長に伴いクルーズ消費も活発化しつつある。この需要を最大限取り込むことは、わが国の各地域の観光政策としても期待されるところである。港湾の中・長期政策として公表された「PORT 2030」では、「北東アジア海域をカリブ海のような世界的クルーズ市場に成長させることを目指し、富裕層や個人客を含めた幅広いインバウンド客を取り込み、日本列島全体をカジュアルからラグジュアリーまで幅広く対応したクルーズアイランドに進化させていく必要がある」と述べている。今後はこの大きな方針をいかに実現するかが課題であるが、それぞれの港湾における取り組みの実態は一様ではなく、模索段階にある。

　クルーズ誘客のために、港湾管理者と地域内の各事業者がどのような役割を担い、それぞれの相互関係をどのように構築すべきだろうか。本章ではその方向性をまとめるにあたり、さしあたり境港周辺地域を具体的な事例として取り上げたい。境港が立地する山陰地方は他地域に先駆けて人口減少が進む地域でもある。そうした地域における観光振興は、今後の地方の観光振興におけるモデルケースともいえる。この事例を通じて地域振興にとって効果のある港湾利活用を進めるうえでは、地点としての港湾にとどまらず、地域を俯瞰し、エリ

ア内をマネジメントできる組織づくりが肝要であることを強調したい。

10.2　クルーズ振興と地域

　2007 年に 1,590 万人であったクルーズ人口は 2017 年には 2,680 万人に成長した[1]。中国をはじめとする東アジアでは経済成長に伴い、いわゆる富裕層や中間層が急速に拡大し、それがクルーズ市場の成長に大きく寄与しているといわれている[2]。現に、2012 年から 2017 年までの直近 6 年間の 1 年あたりのアジア地域の成長率はもっとも高く、17.9％の成長であった[3]。

　わが国に寄港するクルーズ客船に限ってみれば、2017 年には 253 万人が利用した。2013 年にはわずか 13 万人程度であったことを踏まえると、ここ数年で急成長したことがわかる[4]。その多くは中国・台湾を発着するショートクルーズ（寄港地が 1 ～ 3 か所）が中心であり、必然的に西日本の港に寄港することが多い（表 10.1）。政府は 2020 年までに年間 500 万人に増やすことを目標として掲げている。

　毎年、政府がとりまとめる「観光アクションプログラム」が述べるように、観光は地方創生の切り札、成長戦略の柱であり、日本を訪れる外国人による旅行消費額の伸びに期待が集まっている。ところが、このクルーズ客船の誘客をめぐって、地域経済への貢献という側面からいくつかの課題も指摘されている。

　たとえば、地域経済の観点からは訪日外国人の誘客による便益が地域内に帰着することが望まれるが、必ずしも期待どおりではないのが実情である。クルーズの場合は宿泊や飲食は船内で供されることが多く、上陸して宿泊したり飲食をすることはあまり一般的ではない。また、船内への物資の積み込みも寄港地ではなく出港地で行われる。つまり、クルーズの発着地と寄港地では経済的な恩恵を享受できる程度には大きな差がある。旅行中消費額でも、あまり多いとは言えないのが実情である（表 10.2）。

---

[1] Cruise Lines International Association（2018），p.5.
[2] 西田玄（2016），p.102.
[3] Cruise Lines International Association（2018），p.6.
[4] 国土交通省（2018）「資料 2 2017 年の我が国港湾へのクルーズ船の寄港回数等について（確報）」

表 10.1 港湾別のクルーズ客船寄港回数

年	2011		2012		2013		2014		2015		2016		2017		2018	
順位	港湾	回数	港湾	回数	港湾	回数	港湾	回数	港湾	回数	港湾	回数	港湾	回数	港湾	回数
1	横浜	119	横浜	142	横浜	152	横浜	146	博多	259	博多	328	博多	326	博多	279
2	神戸	107	博多	112	神戸	101	博多	115	長崎	131	長崎	197	長崎	267	那覇	243
3	博多	55	神戸	110	石垣	65	神戸	100	横浜	125	那覇	193	那覇	224	長崎	220
4	那覇	53	長崎	73	那覇	56	那覇	80	那覇	115	横浜	127	横浜	178	横浜	168
5	石垣	49	那覇	67	東京	42	長崎	75	神戸	97	神戸	104	石垣	132	平良	143
6	名古屋	28	石垣	52	長崎	39	石垣	73	石垣	84	石垣	95	平良	130	神戸	135
7	宮之浦	23	名古屋	43	博多	38	小樽	41	鹿児島	53	平良	86	神戸	116	ベラビスタマリーナ(広島県)	122
8	長崎	21	別府	34	名古屋	35	函館	36	佐世保	36	鹿児島	83	鹿児島	108	佐世保	108
9	広島	19	鹿児島	34	二見(東京都)	29	鹿児島	33	名古屋	34	佐世保	64	佐世保	84	石垣	107
10	鹿児島	18	大阪	33	広島	26	名古屋	30	広島	32	広島	47	八代	66	鹿児島	100
その他		316		405		418		475		488		693		1133		1303
合計		808		1105		1001		1204		1454		2017		2764		2928

注：2018 年は速報値。
出所：国土交通省「2018 年の訪日クルーズ旅客数とクルーズ船の寄港回数」。

　また、クルーズの催行によりたしかに経済効果は創出できるが、その効果がどこに（誰に）帰着するのかも問題である。全体としての効果は大きくても、寄港地の自治体や商業、住民にその効果が帰着しない場合、クルーズ客船を誘致しても地域活性化への寄与は限られるからである[5]。これに関連して、酒井・湧口（2016）では、ケーススタディとして博多港を取り上げている。そして、港湾管理を行っている福岡市が中心となってポートセールスを展開しているものの、地上手配や土産物をおもに外国資本が行っていることや、国内企業がサービスを提供していても県外に拠点を置く事業者が大半であること、さらに必ずしも港湾の立地自治体となる福岡県内で消費されているわけでもないことなどを指摘している。

---

[5] 酒井・湧口（2016）では、博多港の例を取り上げて概論している。博多港の場合は、ポートセールスの実施を港湾管理の当事者たる自治体が行っている一方で、クルーズ客が向かう観光地は福岡県外であることから、経済的な恩恵は係船料等の料金収入に限られると指摘している。

表 10.2　2018 年のクルーズ客の一人当たり旅行消費

費目		費目内訳	回答者数 （人）	購入率 （%）	1 人当たり平均 購入単価（円）
旅行前消費	団体パッケージツアー		3,550	79.8	72,330
	個人旅行向けパッケージ商品		901	20.2	82,047
	往復航空（船舶）運賃		0	0.0	0
旅行中消費	宿泊費		5	0.1	25,041
	飲食費		2,883	64.8	2,430
	訪問地間の交通費		9	0.2	9,167
		新幹線・鉄道	5	0.1	10,500
		バス・タクシー	4	0.1	7,500
		その他	0	0.0	0
	訪問地内の交通費		734	16.6	2,624
		鉄道・地下鉄	64	1.4	2,208
		バス・タクシー	685	15.4	2,373
		その他	40	0.9	3,974
	娯楽等サービス費		135	3.0	5,782
	買物代		4,350	97.7	41,670
	その他		1	0.0	33,333

注：クルーズ客のデータは 2018 年から代表的な港として、博多、長崎、那覇の 3 港を対象として
　　実施されるようになったサンプル調査である点に注意。
出所：観光庁「訪日外国人消費動向調査」2018 年（速報値）。

　さらに旅行者を案内する「ランドオペレーター」については、その多くが海外事業者に頼っており、この部分での効果も漏出しているだけでなく、その他の問題も指摘されている。たとえば、国内の「通訳案内士」の有資格者が足りず、無資格者が違法に従事しているという課題もある。加えて、観光庁(2016) によれば、外国企業のランドオペレーターは免税店などからのキックバックを前提として旅行者の案内を無報酬で請け負う案内人に依頼する一方、免税店では市場価格を上回る高額商品を販売するというビジネス・モデルのなかで旅行者を連れ回していることも指摘している。このように、国内側での受け入れ体制の脆弱さが、問題をかえって悪化させている。

10.3　境港におけるクルーズの動向

　近年は西日本の主要港を中心としてクルーズ客船の寄港回数が急激に増加するようになった。しかも、それは大都市圏域を後背地として抱える博多港や神

戸港だけに限ったことではなく、いわゆる地方にも同様の活況がみられる。そこで、この節では地方におけるクルーズ振興の代表的なケースとなる境港に焦点を当てる。

境港は日本海に面する美保湾と中海、そしてそれらをつなぐ境水道に面した一帯、すなわち鳥取県と島根県の両県にまたがる地域が港湾区域として指定されている。そのため、両県で組織する一部事務組合としての「境港管理組合」が港湾の設置・維持管理にあたっている。2011 年 11 月に、国土交通省により外航クルーズの「日本海側拠点港」に選定されて以来、クルーズ客船の寄港数は毎年増え続け、2019 年 5 月現在においても、同年末までの 1 年間に 57 回の寄港が予定されるなど、山陰地域の交流拠点としての役割がますます大きくなっている（図 10.1）[6]。

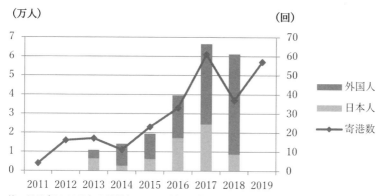

注：2019 年は 2019 年 5 月現在における見込み数。
出所：境港管理組合提供資料。

図 10.1　境港におけるクルーズ客船の寄港回数と乗客数

物流面でも境港は「国際海上コンテナ」および「原木」の輸出入においても「日本海側拠点港」と指定されている。加えて、2011 年には境港は「リサイクルポート」としての指定も受けた[7]。境港は敦賀港と下関港や門司港とのほぼ中間地点に立地し、阪神・山陽・九州の各経済圏とも密接な関係を有する日本

---

[6] 2017 年の寄港回数は前年よりは少なかったとはいえ、大型船舶の寄港により 6 万人以上の乗客を確保できた。
[7] 境港管理組合（2018b）9 ページ

表10.3　境港に寄港するクルーズ客のおもな観光訪問先

区分	寄港数 ※	乗客数 ※	オプショナル・ツアー参加率※	おもな行先と訪問率 （2018年）	おもな行先と訪問率 （2017年）
小型ラグジュアリー(欧米)	15 (17)	2,156 (2,543)	90% (97%)	①松江城(77%) ②足立美術館(55%) ③由志園(25%)	①松江城(69%) ②足立美術館(60%) ③由志園(25%)
大型(日本人)	5 (29)	5,938 (25,982)	20% (25%)	①出雲大社(28%) ②堀川遊覧(23%) ③足立美術館(21%)	①由志園(43%) ②出雲大社(40%) ③足立美術館(27%)
大型(中国)	7 (5)	25,785 (21,101)	85% (85%)	①水木しげるロード(86%) ②松江城(72%) ③由志園(20%)	①水木しげるロード(87%) ②松江城(61%) ③免税店(47%)
大型(台湾)	1 (0)	3,668 (-)	60% (-)	①イオン(55%) ②水木しげるロード(52%) ③松江城(43%)	---
大型(韓国)	1 (6)	2,769 (7,291)	65% (60%)	①免税店(100%) ②水木しげるロード(79%) ③由志園(73%)	①松江城(69%) ②免税店(66%) ③水木しげるロード(65%)
大型(多国籍)	8 (4)	20,834 (2,343)	30% (40%)	①水木しげるロード(33%) ②足立美術館(32%) ③とっとり花回廊(31%)	①水木しげるロード(48%) ②とっとり花回廊(41%) ③お菓子の壽城(36%)
合計	37 (61)	61,150 (66,477)		①水木しげるロード(65%) ②松江城(57%) ③由志園(20%)	①水木しげるロード(60%) ②松江城(50%) ③由志園(32%)

注：表中の寄港数、乗客数、オプショナルツアー参加率の上段は2018年、下段カッコ内は2017年の実績を示す。

出所：　境港管理組合提供資料および吉川（2018）

海国内航路の要衝である[8]。

　近年の一般的な傾向としてクルーズ客船の大型化が進みつつあるが、実際にそれぞれの港が受け入れる客船のタイプは様々である。境港の場合は、欧米の客が多い「小型ラグジュアリー」から、アジア各国の乗客を乗せた「大型」まで幅広い。おおまかな傾向として、中国発着の客船は「大型」が多く、一度に乗船できる人数が多いため年間累積の旅客数も多い。他方、寄港回数だけに注目した場合、境港に寄港する船のタイプは欧米の「小型ラグジュアリー」が最

---

[8] リサイクルポートは、2003年に国が策定した「循環型社会形成推進基本計画」において位置付けられている「港湾を核とした総合的な静脈物流システムの構築」を支える港湾であり、全国で22港湾が指定されている。

多である。もちろん、船によって乗船している旅客の層やタイプは異なるため、客層にあわせた対応が必要であろう。それはたとえば、訪問先にも表れている。

　表10.3は、船や国籍区分で旅客の訪問先をまとめたもので、ここから松江市内や米子市内の歴史・文化施設を訪問する人が多いことがわかるが、「免税店」の訪問は区分によって特徴がある。つまり、中国や韓国を発着する大型客船の旅客は「免税店」を訪問するケースが多いが、小型ラグジュアリーの欧米の旅客はその傾向はみられない。

10.4　クルーズ振興の体制

　ところで、クルーズ旅行は船内で宿泊しながらいくつかの都市を周遊できるのが旅客にとっての魅力である。しかし受け入れる地域の視点に立てば、クルーズ客は日帰り観光が中心になるため、地域での消費単価は小さくなる。しかも、港湾からの日帰り観光圏が広い場合、港湾が立地する地域ではなく周辺が消費地となり、結果として経済的な恩恵を享受しづらいケースもある。ただし、境港の場合は代表的な観光地が港に比較的近接していることから、他港で指摘されるこのような問題はあまりみられない。

　また、クルーズ振興は訪問客の増加による地域経済へのメリットを期待しているがゆえの取り組みであることを踏まえると、その受け入れ体制の充実は不可欠である。境港における受入体制の要は、官民で組織する「境港クルーズ客船環境づくり会議（以下、「環境づくり会議」）であり、その事務局を境港管理組合が務めている（図10.2）。

　クルーズ客船の着岸時には、岸壁における対応だけでも多岐にわたる。埠頭および保安対策（SOLAS条約）は、港湾管理者たる境港管理組合が担っている。岸壁における観光案内は各市の観光協会、物販は周辺の各商工会議所や観光協会などが展開している。さらには、観光地までの二次交通の対策については境港市が主体となって岸壁から最寄駅の境港駅までの輸送を手配したり、民間の各観光施設が独自で輸送することもある。その他、両替所や通訳ボランティア、歓迎式典など旅客の便宜をはかる取り組みを行う主体もある。このように、相当多様な主体が調整・連携してスムーズな受入が可能になるのであって、それらのコーディネートはクルーズ振興の観点でも重要である。

　幸い境港では歴史的な背景から比較的スムーズに展開できる土壌があった。

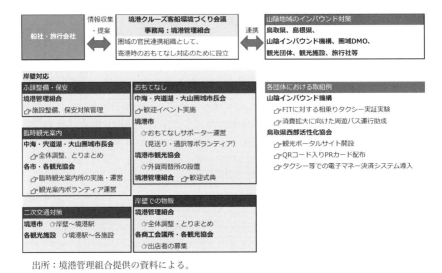

出所：境港管理組合提供の資料による。

図 10.2　境港におけるクルーズ振興の体制

　境港の後背圏域は古くから地理的・歴史的経済的なつながりがある。現在は
「中海・宍道湖・大山圏域市長会」という組織が周辺市町村の行政上の共通課
題について連絡調整を行っている。当市長会は 1994 年に「中海圏域 4 市連絡
会議」が設置されたことに端を発するが、現在は港湾の立地する境港市と松江
市に加えて、米子市、出雲市、安来市により構成されている[9]。そして、この
市長会が各市からの連携事業の窓口となり、クルーズで言えば各観光協会・商
工会議所との調整を行っている。そして、その先には地域の観光施設等の民間
事業者がサービスを提供するという仕組みである。
　たしかに、環境づくり会議はどちらかといえば地元行政が中心の会議のよう
にも映るが、実際にはむしろ観光施設等の民間の事業者の方が積極的であると
いう。会議のメンバーは固定化せず任意で参加できる柔軟性も持たせているう
え、実際に会議に参画することによって誘客上の有用な情報源や各種要望の窓
口にもなっている。
　インバウンド振興に向けた主体を俯瞰すれば、広域連携 DMO（デマンド・

---

[9] 4 市に加え、オブザーバーとして大山圏域にある 7 町村（日吉津村・大山町・南部町・伯耆町・日
南町・日野町・江府町）が参画している。

マネジメント・オーガニゼーション）としての「山陰インバウンド機構」と地域連携 DMO としての「中海・宍道湖・大山圏域インバウンド機構」が存在する。山陰インバウンド機構は一体的に、山陰両県のマーケティングやマネジメントなどを行うことにより観光地域づくりを担う組織として 2016 年に設立された。日本古来の歴史が息づく山陰地域の「神話」・「伝説」をテーマに、「自然」「歴史」「文化」を体験する広域観光ルート「縁（えん）の道〜山陰〜」の対外的な発信に努めている。

　また、「中海・宍道湖・大山圏域インバウンド機構」は、松江市など島根県東部の自治体や米子市など鳥取県西部の自治体、経済団体などが母体となって 2017 年に設立された。このように、中海・宍道湖・大山圏域は、歴史的に経済・社会のあらゆる面で交流があり、市域をまたぐ広域連携ができる土壌があった。それぞれの組織がカバーするエリアは局所的なものから広域的なものまであるが、これらが重層的に活動を展開しているのは望ましい姿ではないかと考えられる。

10.5　クルーズを地域振興に生かすために

　もちろん、境港にも課題がないわけではない。第 1 に、旅客が港に上陸してからの二次交通アクセスには大きな課題がある。寄港時に鉄道の最寄り駅となる JR 境港駅までバスやタクシーを手配したり、観光目的地までの貸し切りバスを手配したりしているが、地域内の事業者だけではドライバーや車両台数を確保することが困難で、岡山県など県外の事業者に頼らざるを得ない。クルーズ客船の誘致が地元事業者にとっても商業機会となり、その効果を期待するのであれば、できる限り地元での対応が望ましい。しかし、ドライバー不足等の問題はクルーズ振興の課題というよりも、地域交通の担い手不足の問題でもある。

　第 2 に、中国地方には港湾以外にも空港や高速道路などが縦横に整備されている。国や地方の財政制約が強まるなかで、これら既存ストックを有効利用していくことが重視される。クルーズはその特性上、日帰り客の取り扱いが中心になるとはいえ、世界的に見ればクルーズ旅行のため飛行機で出航拠点までやってくるような「フライ＆クルーズ」のスタイルはもはや一般的になっている。港湾 1 点だけの施策にとどまらず、地域内のインフラを組み合わせた活用が必要である。

　現に、瀬戸内海では国内クルーズ船「ガンツウ」が就航しているが、対象は

明らかに中国地方の居住者に限らず国内外の富裕層であろう。ガンツウの就航以降、瀬戸内海地域の港湾への寄港回数は急激に増加している。クルーズによる観光活性化、あるいは地域経済の活性化を考えるとき、その地域だけにとどまらない誘客、互いの地域が連携して送客しあう取り組みが必要だというのは論を俟たない。

　そして、第 3 の課題はそのための組織をどうするかである。もちろん、境港ではすでにさまざまな組織による重層的な取り組みが行われている。ただし、境港の場合は特に維持管理をめぐって検討が重ねられてきたという背景もある。クルーズ船の寄港回数の急成長を背景に、2015 年度に、「境港ふ頭再編改良事業」により大型クルーズ客船も係留可能な貨客船ターミナルおよび岸壁の整備が決定し、2020 年の供用開始が予定されている。供用開始後は旅客ターミナルのみならず、岸壁・貨物ヤードとの一体的な管理と、周辺にある既存施設や新たな交流施設等との連携を考慮した効果的なターミナル運営が予定されている。

　その運用開始を目前に控えた 2018 年夏、境港管理組合は管理手法方式や施設の利活用を検討するため民間事業者との意見交換を行った。そして、6 社が参加するなかで、業務や管理に関する意見が事業者から出された。それによると、客船が寄港しない日もあることから常設店舗や弾力的な人員配置が難しいことや、赤字化リスクが大きいことから赤字補填の仕組みが必要、などの点が指摘された[10]。結果として、現在の維持管理者である境港管理組合は「指定管理者制度」の導入を前提に検討を進めることとしているが、クルーズ振興にかかわる上記の諸活動を指定管理者に委ねられるかどうかを含め、今後調整が必要と思われる部分も残されている。

　最後に、旅行者が認識する「目的地」はきわめてあいまいであり、個々の観光施設から地域全体を包括的に目的地として認識する場合がある。観光は旅行・訪問の目的、個人の教育・経験等、旅行者の主観的な解釈によって評価される。また、目的地での経験はその地域資源、ツーリズム施設やサービスから提供されることになるが、それらの所有は必ずしも明らかではない。酒井・湧口（2016）が指摘するように、観光客の誘致では外部性を伴い、目的地内にある事業者の競争力は、地域内の事業者どうしで相互に影響を受けるという特徴

---

[10] 境港管理組合（2018a）資料による。

がある。そのため、観光客獲得のための誘客策は互いに「タダ乗り」ができてしまう。

つまり、地域における各主体が取り組むべきマーケティングは、複雑にならざるを得ない[11]。地域内にある観光目的地との連携を図ることはもとより、地域のクルーズ振興に向けて調査・マーケティングを実施することから、そのための戦略策定、そしてプロモーションに至るまで一体的に活動を行えるような役割・機能を果たせるかどうか、地域内の観光をリードできるかどうかが決定的に重要である。

付記：本稿の執筆にあたり、境港管理組合の関通子氏にはヒアリングにおいて有益な情報や示唆をいただいた。ここに付記しお礼申し上げる。言うまでもなく、あり得る記述の誤りは筆者に帰す。

【参考文献】
1) 柿島あかね (2018)、「インバウンドの増加と国内旅行業」『日本政策金融公庫論集』第38号, pp.49-60
2) 加藤隼 (2015)、「観光地域づくりにおける DMO の役割―政府の取組方針と海外の事例を中心に―」『立法と調査』No. 371, pp.52-58
3) 観光庁観光産業課・観光庁観光資源課 (2016)、「ランドオペレーターの現状について」(「新たな時代の旅行業法制に関する検討会」資料3)
4) 境港管理組合 (2018a)、「外港竹内南地区貨客船ターミナルの管理運営に向けた『サウンディング型市場調査』の結果概要の公表」
5) 境港管理組合 (2018b)、「境港長期構想検討委員会第1回委員・幹事合同委員会資料（資料1)」
6) 酒井裕規・湧口清隆 (2016)、「外航クルーズ客船誘致活動における現状と課題」『海運経済研究』第50巻, pp.31-40
7) 塩谷英生 (2017)、「拡大する訪日市場と受け入れ態勢の課題―宿泊業からみたボトルネックの点検―」『日本政策金融公庫論集』第38号, pp.37-48
8) 髙橋一夫 (2017)、『DMO 観光地経営のイノベーション』、学芸出版社
9) 西田玄 (2016)、「クルーズの更なる振興に向けて―観光立国実現に向けたクルーズの重要性―」『立法と調査』No. 380, pp.98-112
10) 吉川寿明 (2018)、「境港における海の道を活用した経済 交流と自治体協力」(2018 北東アジア経済発展国際会議（NICE）イン新潟報告資料)
11) Buhalis, D., (2000)"Marketing the competitive destination of the future", Tourism Management, No.21, pp.97-116.

---

[11] Buhalis, D.(2000), p.98.

12) Cruise Lines International Association (2018) The Global Economic Contribution of Cruise Tourism 2017.

13) Pike, S., & S.Page, "Destination Marketing Organizations and destination marketing: A narrative analysis of the literature", *Tourism Management*, No.41, pp.1-26.

第 11 章　港湾地域における民間資金の活用方策

11.1　港湾空間と民間資金

　「PORT 2030」には港湾地域に対する政策として、「ブランド価値を生む空間形成」が掲げられている。具体的には、物流の沖合展開にともなって生じたスペースを活用し、臨海部の再開発に民間資金を導入して、新たなビジネスを生むという。国土交通省の資料からは、マリーナなどの臨海部開発が念頭に置かれていることが理解できる。

　金融危機を経て日米欧の金融政策に一時的な見直しはあったものの、金利水準は相対的に低く、金融機関や機関投資家は恒常的にキャッシュフローを生むインフラの確実性と安定性に注目している。わが国の民間が関与するプロジェクトを抽出すると、支払が完了した 211 件のプロジェクトのうち 183 件までがバイオマス、太陽光、風力などの再生エネルギー関連のものであった（インフラメーションによる）。こうしたプロジェクトのいくつかは港湾地域に立地し、港湾地域の利用方法のひとつである。PORT 2030 の目指すマリーナなどの開発事例としては、大阪北港マリーナがあるが、それ以外には見当たらない。

　本章の問題意識は、まず、港湾地域に民間資金を導入するための方策とは何か、そして、民間資金の導入によって港湾地域の空間にブランド価値が生じるのか、ということである。PORT 2030 が想定しているのは、管理や土地所有まで含めた港湾の完全民営ではなく、民間オペレーターの招致や公的主体の土地を使った民間部門の活動であろう。わが国の港湾空間における付加価値の構築の典型は、国土交通省の進める「国際クルーズ拠点」整備ということになるだろう。クルーズへの期待は、本書の紙幅の多さを見ても明らかである。本章では、スペインの港湾地域への民営化と投資の経緯と現状を紹介し、港湾経営の観点から港湾地域のブランド価値の形成を論じてみたい。

11.2　スペイン・タラゴナ港の港湾地域開発

　まず、スペインのタラゴナ港のマリーナを含めた臨海部空間への民間資金導入による活性化の事例を紹介しよう。カタルーニャ州タラゴナ県の県都タラゴナは人口 13.2 万人、オーバーツーリズムが話題になるほどの観光地バルセロ

ナから鉄道で約 1 時間の距離にある。最寄りのレウス空港からもバスで約 20 分もあれば到着する[1]。ラス・ファレラス水道橋や円形闘技場といった古代ローマの遺跡が多く残る世界遺産の街として有名であり、地中海クルーズの寄港地のひとつとなっている（図 11.1）。

図 11.1　タラゴナの円形闘技場とビーチ

タラゴナ港はバルセロナ以外にもバレンシアなどの大都市へのアクセスに恵まれ、後背地の産業集積を背景に年間 3,200 万トンの貨物を扱うスペインでも有数の港である[2]。カタルーニャ地方には自動車産業、南欧最大級の化学工場クラスターがあり、自動車と化学製品とともにワインもタラゴナ港の輸出品となっている。

港湾は貨物の種類に応じて化学製品取扱エリア、農産品の取扱エリア、自動車取扱エリアおよびコンテナターミナルから構成されている。コンテナターミナルはコンセッション契約にもとづき DP ワールド・タラゴナ社が運営する。上物施設の運営を担うこのスタイルは、寺田（2015）が指摘するように、民営化のなかでは国際的にもっとも一般的な港湾管理の形態である。同社は、アラブ首長国連合（UAE）のドバイに本社を置き、6 大陸で 78 のターミナルを運営する世界第 3 位の港湾運営会社である DP ワールド社（DPW）の子会社であり、DPW が 60％の株式を保有する。

タラゴナ港にはこのほかにクルーズとマリーナ・ビーチのエリアがある。タラゴナ・ポート・オーソリティは、タラゴナをクルーズ船の定期運航の観光地とすることを戦略のひとつとして位置づけている。そのため、タラゴナ港を主導とする作業チームを結成し、州観光委員会やタラゴナ市観光局、タラゴナ商工会議所、レウス市議会、ロビラ・イ・ビルジリ大学といった地元の各機関と連携している。さらに、タラゴナ・クルーズポート・コスタドラーダというブランドを作り、ブランド価値の向上に努めている[3]。

---

[1] カタルーニャ自治州政府 HP の 2018 年データ。
[2] Port de Tarragona の HP 掲載データ（2019 年 8 月閲覧）。
[3] タラゴナ クルーズポート HP（https://tgncruiseport.studiogenesis.es/en）。

　クルーズエリアは図 11.2 のように貨物エリアに隣接する以下の 4 つのエリアから構成されている。以下の①〜④は図 11.2 の番号と一致する。

① 　Prats Dock：2020 年以降に供用予定の暫定クルーズターミナルエリア（整備中）。

② 　Llevant Dock：運用中のターミナルであり、係留船舶の喫水は最大 19m、長さ 707m 以下のクルーズ船を受け入れ可能（図 11.3）。コスタ社の定期クルーズ船は 103,000 〜 114,500 トンの規模である。

③ 　将来のクルーズターミナル：①の暫定ターミナルに代わり、将来の運用を見込む。ただし、整備を目指して 35 年のコンセッション契約を模索したものの、当時の経済状況から 2012 年にプロセスが中止された[4]。

④ 　Port Tarraco：45 〜 160m の船舶の長さに対応する 33 のバースが整備されたクルーズ船を受け入れるマリーナがある。クルーズに加えてスーパーヨットの受け入れを進めている。海洋博物館や美術館などの文化施設に加えて多くのレストランやバーなどが立ち並ぶ賑わいの場となっている。

　図 11.2 の北東端にあるマリーナ・ビーチエリア（⑤）には、上述の Port Tarraco に加え、ビーチの隣接地にもマリーナがある（　　部分）[5]。Port Tarraco に隣接していることもあり、マリーナ周辺にもその機能が拡大しており、レストランやカフェなどが立地している。ホームページを見れば、マリーナ内にはダイビングセンターもあり、アクティビティとしてスキューバダイビ

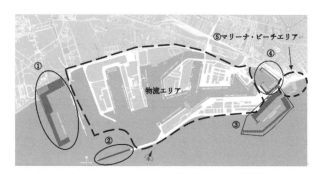

出所：Port de Tarragona ホームページ（同社より掲載の承認済）

図 11.2　クルーズの係留場所

---

[4] インフラメーション（データベース）による。
[5] 注 4 と同じ。

ングやシュノーケリングが楽しめ
るという。マリーナは 1993 年 1
月に支払いが完了した契約期間
30 年の PPP プロジェクトであり、
タラゴナ・ポート・オーソリティ
は運営会社として Nautic
Tarragona,S.A. を選んだ。現在、
同社の株式の約 30.6% は地元の
セーリング・クラブであるロイヤ
ル・タラゴナ・ヨットクラブが、

出所：図 11.2 と同じ

図 11.3　Llevant Dock の風景

26.18% はインフラ運営企業 Globalvia 社が保有する[6]。

　タラゴナ港の機能は多様である。後背地の製造業を基盤とした輸出港である
と同時に、旅客船ターミナルでもある。さらに、マリーナを含めた臨海部空間
を整備し、港に賑わいをつくり、クルーズ旅客をさらに増やすため産官学連携
によるブランド価値を向上させる施策が取られている。この事例を PORT
2030 の目指す「空間再編による賑わい拠点の形成」における民間との付き合
い方を考えるモデルケースとし、次節でその理由を述べる。

11.3　港湾経営と民間資金

（1）資金調達の方法

　インフラに対する民間資金の調達方法として考えられるのは、以下の 3 つで
ある。第一はプロジェクト向けファイナンスのうち、公的保証（信用保証）に
もとづく調達である。国、地方公共団体および政府関連機関が直接資金を借り
入れるか、プロジェクト主体が公的機関の信用力で借り入れる。借入金の使途
は限定されるが、保証によって有利な条件で起債し、融資を受けることができ
る。第二はプロジェクト向けファイナンスのうち、借入主体が企業であるも
の、つまり、コーポレートファイナンスである。たとえば、企業がスポンサー
となって直接借り入れるか、あるいは子会社のプロジェクト会社に出資する
ケースがある。いずれも企業の信用力で資金を調達する。第三はプロジェクト

---

[6] Globalvia 社は、マリーナ運営会社である Nautic Tarragona, S. A. の株式を当初から保有する FCC
Construcción と Caja Madrid（貯蓄銀行の合併で現在は Bankia）との合弁企業である。2016 年 3 月以
降、年金基金であるオンタリオ年金基金、PGGM（オランダ）、USS（イギリス）が株式を保有する。

ファイナンス（PF）であり、これはプロジェクトの成否のみが資金の返済を保証するものである。スポンサーは返済義務を負わず、債務保証もないノンリコースファイナンスか、限定的な責任を負うリミテッドリコースファイナンスである。

　資金の調達手段は、債務（債券・融資）とエクイティ（株主資本）の2つに大別される。わが国ではインフラ民営化に関して金融機関が融資という形で資金の出し手になることが多く、事業者は元利の返済義務を負うが、リスクも小さい。プロジェクトベースでみれば、施設の建設をともなうグリーンフィールドプロジェクトではエクイティ（株主資本）部分が相対的に大きくなる。その理由は、グリーンは既存施設を利用し、主に運営を担当するブラウンフィールドプロジェクトに比べて投資規模が大きくなるためである。つまり、レバレッジ（借入）を上げないため、資本を厚くすると考えられる。

　交通インフラの収益は安定していることからリスクは相対的に小さく、タラゴナ港のように年金基金を含むエクイティファンドの投資対象ともなっている。他方、アメリカの港湾管理者であるポート・オーソリティや港湾区は、債券を発行して資金を調達している。黒田（2014）が指摘するように、この管理制度はわが国では1950年の港湾法で国の関与を残しつつ導入されながら、資金調達手段を持たず、定着しなかった。以下では、DPWの社債評価とともにアメリカの港湾管理者の資金調達の効率性の評価を紹介し、港湾インフラの特性を考えてみよう。

（2）債券による資金調達とその効率性

　DPWに対するムーディーズ社の社債格付けは2018年8月にBaa2からBaa1に引き上げられた。表11.1は、民間港湾運営事業者に対する格付け基準とDPWのグリッド（項目別）格付けである[7]。格付け会社によって格付け記号は変わるが、ムーディーズはAaaからCまで9段階の記号とともにAaからCaaの格付けには1から3の番号を付す。S&PはAAAからDまでの15段階の記号とともに、AAからCCCの格付けには「＋」あるいは「－」を付すことがある。格付けが高いほど破綻確率は下がり、支払い金利も低下する[8]。

---

[7] この基準で評価されるのは、公的港湾における民間運営事業者や政府が株式を保有するオペレーターなどである。

表 11.1　民間港湾運営事業者に対する格付け基準と DPW の格付け

市場条件	港湾の規模・所有する港湾数	Aa	10%	25%
	後背圏や港湾へのアクセス	Aa	7.5%	
	運営上の制約	A	7.5%	
多様性	利用の変動	Baa	5%	10%
	顧客のシェア	A	5%	
資本計画・リスクに対する運営の姿勢・財務状況	資本支出の規模	B	5%	15%
	契約内容	Baa	5%	
	港湾以外の収入の比率	Aaa	5%	
資産の所有形態	資産の所有形態	Baa	10%	10%
財務指標	収益／支払利息	A	10%	40%
	キャッシュフロー／責務	A	10%	
	DSCR	A	10%	
	（収益－支払利息）／資本支出	Baa	10%	

出所：Moody's Investors Service (2016) より抜粋、抄訳、格付けは DPW の HP より。

　まず、表 11.1 に示すように、オペレーターが所有・運営する港湾数が規模指標として評価され、タラゴナ港単独の評価とはならない。さらに、ターミナルの取扱量と数だけでなく、立地する航路の水深や特性といった構造的な要件も考慮され、民営港湾オペレーターのもつネットワークが評価される。世界的なオペレーターである DPW の「市場条件」には高評価が付与されている。表 11.2 は市場条件の小項目を示しており、道路と鉄道などによるアクセシビリティも評価対象となる。港湾の構造や後背圏へのアクセスの脆弱性は、人口や経済力といった要因に比べて政策的に改善が可能であり、この点が浚渫や整備の必要性の裏付けとなる。そして、RORO 船の使用やマリーナのみしかない港湾の格付けが低いことは、港湾機能を強化、多様化させるための投資への誘因となる。

　しかし、重要なことは、キャッシュフローを中心とした財務指標に 40％のウエイトがつけられていることである。DPW のグリッド格付けは A となっているが、DPW の収入は Aa1 の総合格付けをもつ PSA インターナショナルのおよそ 4 倍を誇る。それにもかかわらず、財務のグリッド格付けが A ないし Baa にとどまるのは、大規模買収などによって資本支出が拡大したことが影響して

---

8 格付け手法の詳細は公表されていなかったが、金融危機を契機に評価の透明性が求められることになり、交通インフラに関しても、有料道路、空港、港湾という部門別に格付け基準が公表された。

いる。つまり、債務の規模とキャッシュフローとの対比が重要なのである。これはインフラ事業に共通する視点であり、オペレーターには債務の増加と機能強化の間で比較考量が不可欠である。年金基金の求める収益は他の民間ファンドに比べて低く、長期保有が前提となるため、需要変動リスクをもつインフラの所有・運営者にとっても、「年金マネー」は魅力的に映る。

同時に、地域における港湾の独占性の高さが高格付けの条件とされており、このことは経済学的な社会的厚生とは相反する。また、港湾を選択するのは荷主あるいは事業者であり、彼らは常に他の港湾の使用条件を比較している。荷主の判断基準は本書第3章に詳細に述べられているが、別の港湾を使用することによる利益が現在のそれを上回れば、彼らは他の港湾を利用するだろう。また、輸出と輸入では立場も異なる。そのため、コンテナ取扱への依存度の高さは外生要因に左右されることを意味するし、積み替え港は後背地の経済力とは無関係であるため、格付けは下がる。つまり、オペレーターからすれば、利用者の多様化によるリスク分散が重要になる。くわえて、DPW の弱みのひとつは、収益（EBITDA）の57%が中東の地政学的リスクに晒されるジェベルアリ

表11.2　市場条件の主要な小項目

グリッド格付け	市場条件・所有港湾の数	サービスの質・接続
Aaa	地理的な多様性をもつ：国際航路上の大水深港湾を多く所有。1つのターミナルが当該企業のEBITDA の20%を上回らない。	港湾が地域経済の重要な部分を占め、地域にとって港湾が独占的な地位を有するか、主要な積み替えハブであること。良質の道路、鉄道パイプラインと結節するか、主要な海上航路に位置する。
Aa	航路水深が深く、多様な貨物を扱う5〜10の港湾。1つの港湾がグループのEBITDA の40%を上回らない。あるいは、地理的に港湾が集中していても、1,500万 TEU 以上の規模があり、複数のターミナルを有する。	輸出入実績を有する人口稠密地域・工業地域への道路あるいは鉄道で結ばれている。人口500万人の都市から50マイル以内。
A	500万 TEU・1億トンのターミナルを有するか、75%以上が国際貿易用の水深のある5つのターミナルを有する。	経済力のある地域に良質な道路と鉄道で結ばれている。
Baa	単一港湾ではあるが、大水深の航路上にあるか、内航海運で結ばれた同一の経済地域を基盤とする多数の小港湾。コンテナ貨物100万 TEU・バルク貨物3,000万トン。	一定の経済力を有する地域と結ばれ、道路と鉄道が貨物取扱量を賄うに十分である。
Ba	航路水深が深い単一の大規模港湾であるが、取扱量が変動する弱小のオペレーターが支配的。	主要都市との結節が限定的であり、地方経済に依存する。あるいは、港湾が例えば、原油や材木という特定の財の輸出のために整備されたもの。
B	さまざまな内航海運のある単一の中規模港湾。	RORO 船のような特定の目的に使用。
Caa	内航海運オペレーターやフェリーあるいは小規模なマリーナ営業が主力の小規模港湾	マリーナあるいは地域的なサービスのみを提供。

出所）Moody's Investors Service (2016) より抜粋、抄訳。

港などのドバイ周辺の港湾からもたらされていることである。

(3) アメリカにおける空港収益の流用の禁止

　ムーディーズ社は民間港湾運営事業者に対する格付けとは別に、ポート・オーソリティを中心とするアメリカの港湾管理者が発行するレベニュー債の格付け基準も公開している。そこでは、市場条件が 40％のウエイトを占め、なかでも営業収入が 25％と最大のウエイトをもつ。その理由は、これが「市場条件の強さや規模の経済からもたらされる便益」だからである。そして、規模を補完するのは競争環境や後背圏の特性であり、他の港湾との競争がなく、後背地人口の大きいことが格付けに好影響をもたらす。キャッシュフローの源泉が旅客や貨物であることを考えると、市場条件に対する高いウエイトは、インフラ経営の基本が市場条件あるいは立地に依存することを示し、交通インフラを立地ビジネスとみなしている。

　この点に照らせば、わが国の中小港湾は決定的に不利になる。実際には債券を発行していないが、横浜川崎国際港湾会社の営業収益 78 億円（2018 年度）をあてはめると、同社ですら、最大のウエイトをもつ項目で A（シングルエー）にとどまる。また、斉藤（2002）はすでにわが国の港湾の低収益性、高費用および経営状況の悪さを指摘している。そして、それらへの対応策を提言している。

　なお、アメリカのシアトルやポートランドは、空と海の「みなと」をもつ港湾局（港湾区）である[9]。港湾収支は営業ベースでほとんど利益が出ないか赤字にとどまるのに対し、空港は黒字を計上している。こうした現状をみれば、空港やその他のインフラ事業と港湾を一体化して運営するという手法は一見して現実的に見える。神戸市の場合、神戸空港のために市税を投入しないという原則のもとで空港整備事業特別会計が維持されてきた。2018 年度に関西エアポート株式会社が神戸空港を運営することになり、同会計は廃止され、空港の債務は神戸空港の運営権対価として毎年発生する約 4.5 億円とともに港湾事業会計に移管された。運営権対価は空港債務の返済に充てることになっており、理論上の問題はない。

　しかし、空港と港湾の会計の一体化に関し、アメリカでは空港収入の他への

---

[9] 港湾区（Port Distriet）は、州法にもとづく地方政府（自治体法人）である。

転用を禁じており、具体例も列挙されている（U.S. Code § 47133）。それは、空港に提供されるサービスおよび施設への対価以外の直接支払いまたは間接支払い、空港または空港システムに関係のない一般的な経済開発、マーケティングおよび利用促進活動のための空港収益の使用である。たとえば、シアトル港湾局（区）の収入のおよそ8割は空港収入であり、空港事業は黒字である。他方、港湾事業の営業収入は少ないが、州法にもとづき地元カウンティから財産税収を得ている。そのため、空港と港湾の会計一体化による効率化は選択肢とならず、部門別会計が選ばれるのである。

また、インフラの外部性を受ける周辺事業との一体化にも留意しなければならない。アメリカ・テキサス州のダラス・フォートワース空港の敷地内において国際的にも有名なホテルが建設された。その資金はレベニュー債によって賄われたが、ホテル収入は空港収入と別の基金に繰り入れられ、法的には空港収入とは別に管理されている。もっとも、近年になって実務上、空港本体の実質的なサポートによって返済条件を改善するといった工夫がみられる。

アメリカでは、空港のエアサイドとランドサイドの一体経営は当然のことであり、エアサイド整備には連邦補助も導入される。それゆえ、空港収入と空港以外の事業収入を抱合することは、経営状態を悪化させるリスクをはらみ、何よりも経営の透明性が低下することになる。経営の透明性の優先順位を高めることは、港湾地域への民間資金導入にあたっても不可欠な条件ではないだろうか。

11.4 機能の多様化

わが国の港湾の特徴は多様性にあり、大規模港湾、中小港湾それぞれの経営に工夫が必要である。最後に、本章で取り上げたタラゴナ港の事例はスペインという特殊事情も考慮しなければならない。渡邊（2015）はオーストラリアのファンドであるマッコーリとともに、スペインの事業者がPPPという用語の定着以前からインフラ運営に参画しており、さまざまな経験やノウハウを蓄積したことを指摘する。その点において、タラゴナ港のクルーズ関連投資は、金融危機後に成立しなかったとはいえ、2013年以降のインバウンドブームでにわかに活況を呈したわが国のクルーズ港湾投資とは趣が異なる。

地方自治体が港湾管理者である以上、政策担当者は既存ストックを戦略的に利用する方策を考えなければならない。タラゴナの事例は港湾の可能性がひと

つではないことを物語り、機能の組み合わせによる効果の蓄積が重要であることを示唆している。つまり、組み合わせや運営方法を工夫し、それぞれの運営を民間事業者に委ね、限界生産力の向上を意図しているように見えるのである。何よりも、ファイナンスをともなう官民連携には、指針やルール、プロジェクトの透明性が重要である。いまいちど、みなとと地元都市との関係や、港湾の空間的配置といったこれまで当然と思われていることを多様な関係者と議論する時が来ているように思われる。

【参考文献】

1) Cullinane, K and Song, D.W.(2002), Port Privatization Policy and Practice, Transport Reviews, 22(1), 55-75.

2) 黒田勝彦（編著）(2014)、『日本の港湾政策―歴史と背景―』、成山堂書店

3) 松尾俊彦（2010)、「生産・物流拠点の海外移転とわが国の港湾整備の課題」『運輸と経済』70(3)，pp.4-11

4) Moody's Investors Service (2016), Privately Managed Port Companies.

5) Moody's Investors Service (2018), DP World Limited: Credit Opinion

6) 小川雅史・寺田一薫（2015)、「港湾管理者の管理運営の効率性とガバナンスに関する一考察」『交通学研究』(58)，p.137-144

7) 斉藤純（2002)、「港湾の効率的な経営に関する研究―港湾管理者財務の内外比較分析と港湾政策への示唆―」『運輸政策研究』5(2)，pp.14-22

8) 寺田一薫（2015)、「港湾運営のガバナンス」『コンテナ港湾の運営と競争』成山堂書店、第 6 章

9) 渡邊壽大（2015)、「港湾運営への PPP の適用」『コンテナ港湾の運営と競争』(第 7 章)、成山堂書店

【参考 URL】

1) カタルーニャ自治州政府ホームページ（最終アクセス日 2019 年 8 月 20 日）

2) Port de Tarragona ホームページ（最終アクセス日 2019 年 8 月 20 日）

3) タラゴナ クルーズポート ホームページ（最終アクセス日 2019 年 8 月 20 日）

4) インフラメーションデータベース（最終アクセス日 2019 年 9 月 2 日）

第12章　資源・エネルギー輸送の政策的な位置づけ

12.1　資源・エネルギーと海上輸送

　周りを海に囲まれる日本にとって、海上輸送は重要な位置を占める。なかでもエネルギー輸送は主要な要素である。こうしたエネルギーに関わる輸送としては、周知のように、原油、石炭、そして天然ガスなどがあげられる、これらのうち、天然ガスの輸送に着目すると、輸送方法として、パイプラインによる方法とLNG（液化天然ガス）による方法の2つに分けられる。前者は気体のままでパイプラインを通して輸送し、後者は、気体であるところの天然ガスを－162℃まで冷却し、液化したものを輸送する。

　少なくとも現時点のわが国では、海外からのパイプラインの輸送はないことから、ここで注目すべきはLNGによる海上輸送である。オーストラリアやマレーシアなどで調達されたLNGは、国内のLNG基地に入れられる。LNG基地は、わが国の各港に建設され、内航船によるLNG二次基地も含めれば、少なくとも40を超える数が建設・運用されている[1]。また、このようなLNG基地は、特定の地域に集中するというよりは、日本全国各地に点在している。基地に輸入されたLNGは、気化して国内のパイプライン（導管）を使って需要家に輸送されるか、LNGトラック（タンクローリー）で輸送したうえで、気化して需要家に提供するという2つの経路がある。いずれのケースも、天然ガスの輸送には液化・気化を含めた、原材料の調達から最終需要家に至るまでの、サプライチェーンが存在する[2]。

　ところで、石油、石炭、天然ガスは、それらの性質を変化させ、最終的には火力や電力などのエネルギーに転化して、これを需要家に供給することが主な用途となる。この点に関連して、水素エネルギーにも注目が集まっている。周知のように、水素という場合、基本的には水素ガス（H2）を指し、これは水（H_2O）のように他の元素と結びついて、化合物として地球上に多く存在する[3]。水素は、二次エネルギーで燃焼させて酸素と結びついても、水が生成さ

---

[1] 東京ガス Investor's Guide 2019, pp.44-45. https://www.tokyo-gas.co.jp/IR/library/pdf/investor/ig19total.pdf
[2] わが国におけるガスパイプラインについては、手塚（2019）を参照されたい。

れるだけで、二酸化炭素が発生しない。加えて、水素の製造方法には、化石燃料から生成する方法やバイオマス、自然エネルギーをはじめとした電力から生成する方法など多岐にわたる[4]。さらに、天然ガスのように液化し、それを貯蔵・輸送することも可能である。こうした性質を有することによって、水素は、環境面やエネルギーセキュリティなどの観点から、優れたエネルギーと期待されている。

　資源・エネルギーに関して言えば、石油、石炭、天然ガスのように原料を輸入して、エネルギーを生産・供給するものに加えて、輸入することなく、エネルギーを供給できるものもある。太陽光、風力、水力のような自然エネルギーないしは再生可能エネルギーがそれに該当する。太陽光や風力の発電について言えば、天候の影響を受けやすいために、総じて他の電源に比べて、供給をコントロールすることが難しい。これをコントロールするためには、他の電源を調整する方法と発電した電力を貯蔵しておくことのいずれかが求められる。この場合、上述の水素製造と関連付けることで、供給のコントロールが可能になることが期待される。

　ひるがえって、港湾の中長期政策 PORT 2030 の資源・エネルギーに対する政策的な位置づけについて見ておこう。資源・エネルギーに関連した内容として「港湾の中長期政策の基本的な方向性」の第 5 項目に「新たな資源エネルギーの受入・供給等の拠点形成」がある。「臨海コンビナートの産業力強化」のなかで、「LNG 等のエネルギーの輸送効率化」や「水素サプライチェーンの構築」が、「資源エネルギーサプライチェーンの多様化への対応」で「遠隔離島における海洋資源の開発・利用や海洋調査等の活動拠点の形成」がそれぞれあげられている。また、第 6 項目に「港湾・物流活動のグリーン化」があり、ここでは「カーボンフリーポートの実現」と「次世代船舶燃料に対応した港湾の整備」が示されている。そこで、本章では、こうした資源・エネルギーの輸送に関わる港湾の政策に着目し、PORT 2030 における政策的な位置づけを確認し、論点などの抽出を試みる。

　12.2 および 12.3 では、PORT 2030 の基本方針を概観することで、エネル

---

[3] 資源エネルギー庁 HP「ようこそ水素社会へ」https://www.enecho.meti.go.jp/category/saving_and_new/advanced_systems/hydrogen/

[4] NEDO 水素エネルギー白書
https://www.nedo.go.jp/library/suiso_ne_hakusyo.html

ギー輸送に関わる項目を抽出する。12.4 では、ここで整理された項目の内容を
もとに論点を抽出し、最後に、いくつかのコメントを加える。

12.2 PORT 2030 と資源・エネルギーとの関連性

　本節では、資源・エネルギーと「PORT 2030」との関連を概観する。PORT
2030 の構成は、社会的・経済的な背景を示したうえで、過去の港湾政策を概
観し、それらをもとに中長期政策の基本的理念や港湾の中長期政策の基本的な
方向性を示している。そこで PORT 2030 のⅡ章、Ⅲ章およびⅣ章において資
源・エネルギーに関連する内容を取り上げる[5]。

(1) 国内外の社会情勢の展望と資源・エネルギーの位置づけ

　PORT 2030 のⅡ章では、「4.資源獲得競争の激化と低炭素社会への移行」に
おいて資源ないしはエネルギーと港湾の関連が示されている。

　第一に、資源国における資源ナショナリズムの高揚と中国やインド等の新興
国による資源獲得競争の激化により、わが国が安定した資源を調達する環境は
「厳しさを増している」とする。第二に、2015 年に国連気候変動枠組条約締結
国会議で締結されたパリ協定にもとづき、わが国の低炭素社会への移行に向
け、省エネルギー化や環境負荷のより小さいエネルギー利用が想定される。ま
た、「将来的には水素等の新たなエネルギーの利用拡大も想定される」とする。

　このように、資源制約のもとで、効率的なエネルギーの活用が求められてお
り、PORT 2030 のなかでも水素エネルギーの導入・活用が示されている。

(2) 港湾政策の変遷と資源・エネルギー輸送

　代表的な港湾政策のなかでもエネルギー関連のものは次の通りである。1950
年代、輸入岸壁の整備の多くは、民間企業が自ら投資して整備する専用岸壁で
あったが、国も石油港湾制度・鉄鋼港湾制度等を活用して、整備促進を支援し
ていた。1960 年代における全国総合開発計画の策定や新産業都市建設促進法・
工業整備特別地域整備促進法の制定にもとづく苫小牧港・鹿島港などの工業港
湾の開発はわが国の工業化に寄与した。しかし、世界情勢や環境の変化を受

---

[5] この章の中で示される「」およびページ番号は、ことわりがなければ、それぞれ「PORT 2030」か
らの引用である。

け、2010 年の国際バルク戦略港湾政策が導入された。ここでは、穀物・石炭・鉄鉱石の品目ごとの拠点港の選定と大型バルク船用の港湾施設の整備が主張される。そして、「利用企業の合従連衡による共同調達・共同輸送」を促し、大型船による輸送コスト削減効果を発現させることが述べられた。

　港湾の空間編成については、「臨海部産業の構造転換や、高度なサプライチェーンマネジメントに対応できる新たな物流産業の立地」を求め、港湾空間の利用再編や面的再開発の促進と、臨海部用地の政策的な供給を可能にする「仕組みの確立」が求められている。この要請は、LNG をはじめとした、加工や貯蔵・保管および国内等への輸送が必要な資源に対しても適用されるものと考えられる。

(3) 港湾の中長期政策の基本的理念における資源・エネルギーの位置づけ

　PORT 2030 の 5 つの基本的理念のうち、エネルギーにもより大きく関わる項目は、①地政学的な変化やグローバルな視点を意識する、③「施設提供型」から「ソリューション提供型に発展させる、④「賢く」使う、である。

　第一に、地政学的な変化やグローバルな視点を意識するという点に関して言えば、「島国であり、かつ資源のないわが国が、貿易により経済成長を続けるためには、国際海上輸送ネットワークを強化するための海洋戦略が重要である」という基本路線が強調される。こうしたなかで、世界の新興国の発展とそれに伴う「わが国の産業・物流構造の変化への対応」や近隣諸国の物流戦略等を意識し「常に港湾を進化させていく必要がある」とする。他方、世界の港湾との連携の強化が求められている。つまり、競争と協調を組み合わせた戦略性をもつ海上輸送ネットワークの構築が意図されており、このことは、LNG をはじめとしたサプライチェーンの構築にも関わる観点である。

　第二に、「施設提供型」から「ソリューション提供型」に発展させることに関しては、次のように言及されている。「コンテナ貨物だけでなく、資源・エネルギー等のバルク貨物も含め、安定した輸送サービスを実現することを目指す必要がある。特に、国内海上輸送の効率化に関しては、運航事業者の取組と発着港の受け入れ環境の改善を協調して進める広域的な連携が不可欠である。その推進にあたっては、意義・必要性に加え、官民が協力して積極的に改革に取り組む航路において、先導的かつ集中的に実施することが効果的である」とする。そのうえで今後の港湾の使命（ミッション）としては、「複数企業間の

共同調達・共同輸送の促進等を通じ、サプライチェーンの効率化・迅速化・強
靭化を促進するための官民が連携したハード・ソフトのプラットフォームの提
供」を掲げる必要がある」としている。この点については、「資源・エネル
ギー等のバルクも含め」とあるように、資源・エネルギー輸送に対しても、
「ソリューション提供型」への移行が意図されていることが見て取れる。

　第三に、「賢く」使うという観点である。港湾間の広域連携の促進、ふ頭再
編、機能の集約化・複合化等により既存インフラの価値の最大化を図る必要が
あること、NPO・民間事業者等とも連携するとともに、港湾の公共空間の活
用を促進し、港湾を核とした地域の再生・活性化、新たな地域経済循環につな
げる観点も重要であると述べられている。港湾用地の利用に関しては、洋上風
力の導入やLNGバンカリングの拠点形成などの議論が関連付けられる。

12.3　港湾における資源エネルギーの諸施策

　「Ⅳ.港湾の中長期政策の基本的方向性」は、これまでの国内外の経済情勢
などの背景、政策の経緯および基本的理念を踏まえ、より具体的な政策の報告
制を提示したものである。まず、基本的理念に関連して、Connected Port、
Premium PortおよびSmart Portという3つの考え方にもとづき、8つの柱を
提示している。ここでは、そのうちの「5.新たな資源エネルギーの受入・供給
等の拠点形成」と「6.港湾・物流活動のグリーン化」を紹介する。

(1)「新たな資源エネルギーの受入・供給等の拠点形成」
　まず、この項目に関しては、6つの課題が指摘される。
① 　エネルギーの輸入施設の大半を占める企業の専用岸壁の老朽化により、
　　船舶の大型化に対応できないこと
② 　石油コンビナートにおける精製施設の最適化が進む一方、北米のシェー
　　ルガスや中国の安価な製品の輸入圧力が高まるなか、国際競争力を確保す
　　る必要性
③ 　わが国の輸入LNGの5割弱が東京湾経由で輸入されており、災害時の
　　リスクとなりうること
④ 　世界の人口増や新興国の発展による資源エネルギー需要の増大が、わが
　　国の輸入資源等の海外調達コスト・リスクになり得る。そのため、資源エ
　　ネルギーの輸入先・輸送ルートの多様化や供給・価格リスクへの対応が求

　められること

⑤　わが国のエネルギー制約や環境の保全意識の高まりから、洋上風力、水素発電・バイオマス発電等の導入がさらに進むことが想定される。そのため、港湾における洋上風力発電の拠点形成や水素・バイオマス原料輸送のサプライチェーン構築の検討が求められること

⑥　本土から遠く離れた海域の海洋資源の開発・利用等が必要であり、そのために輸送・補給等が可能な活動・支援拠点が必要であること。

　これらの指摘をもとに、「施策の内容」として、本書の第 1 章 1.3（5）の施策が求められる。施策内容の把握には、イメージ図（図 1.5、本書 22 ページ）が助けになる。そして、施策のもたらす結果は、「資源エネルギーの安定的かつ安価な供給の実現、調達先の多様化による輸送リスクの低減とサプライチェーンの強靭化」および「臨海部コンビナートにおける生産性の飛躍的向上、地域経済を支える基礎素材産業の競争力強化」である。

　また、図 1.6（本書 23 ページ）では、従来のバルク施設や石油施設とともに、LNG 基地および LNG 発電所が設けられている。さらに、水素製造、水素発電所、水素モビリティなどのような水素を中心とした施設の導入にも大きなウエイトが置かれている。

（2）　港湾・物流活動のグリーン化

　もうひとつの観点は、港湾・物流活動のグリーン化のなかでの資源・エネルギーの位置づけである。この「施策の内容」として本書の第 1 章 1.3（6）があげられている。この項目についても同様に、イメージ図（図 1.6）が示され、港湾空間の環境対策の場として活用することや循環資源の効率輸送などによる関連産業の競争力向上と環境負荷の抑制の両立が目標とされている。このうち、資源・エネルギーに関して言えば、洋上風力の導入、LNG 燃料船およびバイオマス発電等の産業廃棄物の有効活用が言及されている。

12.4　資源・エネルギー輸送と港湾政策に関わる論点

（1）エネルギー輸送の性質と論点

　以上を踏まえて、資源・エネルギー輸送と港湾の中長期政策との関連ついて、いくつかの論点を抽出・検討しよう。輸送に対する需要は、本源的な需要（輸送対象となるもの）に派生して需要が生じる派生的需要である。たとえば、

発電のニーズが高まりに伴い LNG の需要が増えれば、LNG の輸送や貯蔵への
ニーズも「派生して」増える。つまり、水素や LNG などのエネルギーの需要
や市場環境に応じて、その輸送や貯蔵の量なども決まる。

　ちなみに、LNG や水素のような資源・エネルギーも中間財であり、電力等
の最終的な需要（たとえば、冷房のための電力使用）に依存して、エネルギー
の需要量が派生的に決まる。このように輸送需要→エネルギー需要→最終需要
（消費者）という構造になっているため、資源・エネルギーの輸送は、将来の
エネルギー需要やそれにかかわる政策によるところが大きいともいえる。

　輸送に係る論点として、2 つを指摘できる。ひとつは、輸送そのもののサプ
ライチェーンないしは供給連鎖網の形成に関するものであり、もうひとつは、
輸送そのもの（船舶の燃料供給）にかかわるものである。

　前者に関して言えば、エネルギー輸送ネットワークをいかにして有効に構築
するかという論点が提起される。PORT 2030 が特に注目するのは、LNG と水
素エネルギーである。LNG であれば貯蔵施設が必要となるし、水素であれば、
その製造設備と貯蔵設備が必要となる。そのため、石油や石炭などの他の資源
と比較して、LNG や水素は輸送や保管・貯蔵に追加的なコストが生じており、
チェーンの構築に当たってはこれらの点も考慮する必要がある。

　上流を見れば、わが国のエネルギーの輸入元は、LNG を見ても多岐にわ
たっており、地域や市場の情勢に依存して輸入の価格や量が決まる。また、貯
蔵という見地からは、どのような形でどれだけの貯蔵が必要かという問題もあ
る。このような問題に対して、PORT 2030 における「ソリューション提供型」
の意図は、プラットフォームの提供や基礎的な情報を把握し、チェーン全体の
効率性の改善あるいは最適化を志向する活動も含めた港湾サービスの提供にあ
ることがうかがえる。

　他方、下流に関して言えば、国内ではエネルギーシステム改革[6]の流れがあ
り、国内市場の競争促進という要請がある。チェーンの最適化にはある程度の
集約が求められる一方で、競争促進では多数事業者の参入が求められることが
ある。したがって、これらの時として相反する要請に対応した対応が必要とな
る。

　燃料供給に関して言えば、LNG バンカリングがそれに該当する。LNG のバ
ンカリングは、直近の例として、商船三井による LNG フェリーの建造が阪神
港のバンカリングを後押しするという試みがあるものの[7]、現時点では発展途

上と言ってよい。したがって、バンカリングの普及と定着はひとつの目標とし
て設定されている。こうしたバンカリングの促進は、他のエネルギーの普及の
議論と同様に、ネットワークの形成が求められることとなる。具体的には、
LNG 船の建造の促進、エネルギー事業者の積極的な参入、世界各国での拠点
形成などである。こうしたネットワークは、ある一定水準まで形成されれば、
急速に普及する可能性が期待される。

(2) 水素エネルギーの活用

　PORT 2030 では、水素エネルギーの活用に特に焦点を当てている。水素は、
環境負荷が少ないだけでなく、貯蔵を可能にするという優れた性質を持ち、そ
の用途も多様である。そのため PORT 2030 では港湾が水素のプラットフォー
ムになることを意図している。

　この点に関連して、わが国のエネルギー政策を確認してみよう。わが国のエ
ネルギー政策の基礎としてエネルギー基本計画があり、直近では 2018 年 7 月
に第 5 次エネルギー基本計画が打ち出されている[8]。このなかでは 2030 年と
2050 年を設定しており、第 2 章で「2030 年に向けた基本方針と政策対応」、第
4 章で「2050 年に向けたエネルギー転換・脱炭素化への挑戦」について明示し
ている。このうち前者の 2030 年に向けた基本方針に焦点をあてると、エネル
ギー政策基本的な方針（3E+S）のもと、1. 資源確保の推進、3. 再生可能エネ
ルギーの主力電源化に向けた取り組み、6. 水素エネルギー開発に向けた取り組
み、国内エネルギー供給網の強靭化、などが対応している。水素エネルギー開
発に向けた取り組み、国内エネルギー供給網の強靭化、のなかに水素エネル
ギーの活用が位置づけられている。この場合、水素エネルギーのネットワーク
の構築と、その普及・定着が主たる目的となる。水素エネルギーは優れた性質
を持つ一方で、現状では、その費用の高さがネックとなり、普及を妨げている
側面がある。

　経済産業省の「水素エネルギー戦略ロードマップ[9]」によると、水素の利

---

[6] 資源エネルギー庁「エネルギーシステムの一体改革について」
　https://www.enecho.meti.go.jp/category/electricity_and_gas/energy_system_reform/
[7] ガスエネルギー新聞　2019 年 11 月 25 日号「LNG フェリーを建造―阪神港のバンカリングを後押し」
[8] 経済産業省・資源エネルギー庁：エネルギー基本計画について
　https://www.enecho.meti.go.jp/category/others/basic_plan/index.html

用・供給の両面から、その普及に向けたさまざまな取り組みが示されている。具体的には、モビリティや発電などで水素供給にかかるコストを低減し、安価な価格を提示することで水素の利用を促すとともに、コスト大幅削減のための量産技術の確立や徹底的な規制改革によって、これを促すとしている。一方で、PORT 2030 では、前者の利用に関しては、水素モビリティの拠点や水素発電所を設けることを、後者の供給に関しては、水素製造および水素輸入に対応した港湾の拠点強化を謳っている。このように、水素エネルギーの定着や普及は、両者の戦略に整合的な形で進める必要がある。

(3) 脱炭素化および再生可能エネルギー

　もうひとつの重要な論点は、脱炭素化に関わる内容である。世界の趨勢として、グリーン化は取り組みが必要不可欠なものであり、PORT 2030 でもさまざまな観点から言及されている。これも従来の港湾の活動の省エネ化・低炭素化・効率化を通して達成される側面と、新たな施設の建設によって、脱炭素化を促すという側面の 2 つがある。

　とりわけ、後者に関して言えば、前述の水素に加えて、洋上風力の促進もあげられる。洋上風力については、港湾を賢く使うという観点から、新たな資源エネルギーの受入・供給等の拠点形成のひとつと位置づけられており、経済産業省・資源エネルギー庁とともにその促進が検討されてきた[10]。洋上風力には、専用に関する統一的なルールがないこと、先行利用者との調整の枠組みが不明確なこと、高コスト、系統がつなげない・負担が大きいこと、基地となる港湾が必要であることなどのような課題があったことから[11]、再エネ海域利用法（海洋再生可能エネルギー発電設備の整備に係る海域の利用の促進に関する法律）の施行によって、これらの課題に対応し、その整備を進めている[12]。現在は図 12.1 のとおり、安定した風力が得られる青森県や秋田県の件数が特に多い。

---

[9] https://www.meti.go.jp/press/2018/03/20190312001/20190312001.html
[10] 「総合資源エネルギー調査会省エネルギー・新エネルギー分科会／電力・ガス事業分科会再生可能エネルギー大量導入・次世代電力ネットワーク小委員会洋上風力促進ワーキンググループ」「交通政策審議会港湾分科会環境部会洋上風力促進小委員会」合同会議
https://www.meti.go.jp/shingikai/enecho/denryoku_gas/saisei_kano/yojo_furyoku/index.html

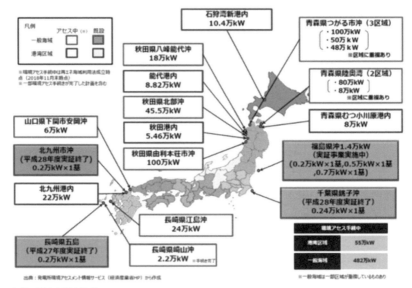

出所：国土交通省資料

図 12.1　風力発電の導入・計画

12.5　むすびにかえて

　これまでの内容を踏まえ、資源・エネルギーと港湾の諸政策・施策に関連して、いくつかのコメントを加えておく。第一に、ステークホルダー（関係者）間の調整の必要性という観点である。資源エネルギー輸送の文脈では、港湾に加えて、資源エネルギーにかかわるさまざまなステークホルダーが関与することになる。たとえば、水素エネルギーに関して言えば、プラットフォームを提供する港湾に対して、水素の製造や利用などさまざまな主体が関与する。さらに、政策面でいえば、港湾政策にとどまらず、エネルギー政策も深く関連す

---

[11] 国土交通省・港湾局『洋上風力発電に向けた取り組み（報告）』
https://www.mlit.go.jp/common/001289326.pdf
[12] 具体的な対応策は次の通りである。
(1) 国が、洋上風力発電事業を実施可能な促進区域を指定し、公募を行って事業者選定、長期占用を可能とする制度を創設する。これによって、事業者の予見可能性が向上され、負担を軽減する。
(2) 関係者間の協議の場である協議会を設置。地元調整を円滑化するとともに、区域指定の際、関係省庁とも協議。他の公益との整合性を確認する，これによって、FIT 期間とその前後に必要な工事期間を合わせ、十分な占用期間（30 年間）を担保し、事業の安定性を確保する。
(3) 価格等により事業者を公募・選定する。これによって、競争を促してコストを低減する。

る。いうまでもなく、洋上風力も同様にさまざまなステークホルダーが関与する。水素エネルギーや洋上風力の普及については、前述のように資源エネルギー庁との取り組みがなされている。また、LNG バンカリングに関して言えば、プラットフォームを提供する港湾、LNG 船を利用する事業者、エネルギーを供給する事業者などのステークホルダーが存在する。加えて、これらはさまざまな形でサプライチェーンを構成している。

　水素エネルギーの利用にせよ、洋上風力にせよ、まだ展開途上の段階にあり、新たな技術革新とともに、今後の普及・定着が期待されるものである。普及という目的の下で、それぞれのサプライチェーンにおける役割や意思決定の範囲などをステークホルダーの間で調整し、明確化することは意味がある。

　第二に、事業の性質に関することが想起される。新規事業は、大まかに言って、2 つに分類することができる。ひとつは、投資や整備・建設の要素が主たる事業であり、もうひとつは投資がなされた後の運営面が主たる事業である。筆者は、前者にほぼ対応するものを「公共事業」、後者に対応するものを「公益事業」と呼んでいる。港湾の整備に関しては、基本的には施設の整備という意味での「公共事業」の側面が大きい。しかし PORT 2030 では、「施設提供型」から「ソリューション提供型」へのシフトを謳っており、施設の運用に係る「公益事業」の側面にも着目していることに特徴がある。具体的には、LNG や水素エネルギーの普及という点からは、施設の整備だけでなく、その運用が重要な役割を有している。PORT 2030 の「ソリューション」の意図するところが、特定の時点の最適を志向するだけでなく、永続的に有効な取り組みを希求するものであるならば、「公益事業」の側面により注目する必要があると考えられる。

　第三に、実現期間に関する工程の整理がある。すなわち、事業実施に際して短期的に実現するものなのか、長期的に実現し得るものなのかという観点からそれぞれの事業を分類し、その工程を示すことが求められる。たとえば、水素エネルギーの普及に関しては、短期的な手段と長期的な手段に分かれ、それを配慮したロードマップも設けられている。それに対して、PORT 2030 でもロードマップが策定されており、短期に達成されるものと中長期的な視野で達成されるものとが区別がなされている。このように、各施策を短期と中長期という形で整理したロードマップのもとで、戦略的に政策を実施することは、成果を達成するという見地から、有効であると言えよう。

　加えて、他の中長期政策と同様に、成果や達成度合いをどのように評価するか、という点も検討すべきポイントである。費用対効果はどの程度か、当初の目標設定に対してどの程度達成されているかなど、できるだけ観察可能な指標をもって評価し、それらをフィードバックすることで全体の効果を常に高めていく必要がある。

　最後に、重ねて強調すべきこととして、港湾とエネルギーは複数の分野がオーバーラップしており、その目標もさまざまである。これらの目標には時としてトレードオフも存在する。これらの政策目標を調整し、全体としての整合性を確保すること、そして各ステークホルダーに適切な役割を付与し、政策を効果的に実施することは、きわめて基礎的なことであるが、重要な事柄である。

【参考文献】
手塚広一郎（2019）、「ガスパイプライン・ネットワークへの投資」『Nextcom（KDDI 総研）』Vol.38

第13章　港湾の環境政策と新エネルギー

13.1　環境問題への対応とわが国の姿勢

　港湾の中長期計画である「PORT 2030」では、従来の中長期計画とは大きく異なった点がいくつもあることは、すでに本書のなかで言及されている。これまではどちらかというと保護的な色彩が強かった環境やエネルギー政策に関わる事項に関しても、今回は攻めの姿勢が表れている点でも大きく異なっている。

　1990年代以降、環境問題として大きくクローズアップされることになった「炭素由来の環境変化」は、酸性雨の問題から始まり、2000年の米国大統領選でも話題になったゴア副大統領（当時）の『不都合な真実』[1]でも触れられている地球環境の変化、とりわけ地球温暖化の原因のほとんどは産業活動などから排出される炭素化合物であるという結論となっている。海運においても例外ではなく、京都議定書の適用対象外となっていた国際海運でも、地球環境への配慮から国際海事機関（IMO）は2011年、海洋汚染防止条約（MARPOL条約）の改正を行い[2]、海運由来のCO_2削減の方針を打ち出すに至った。従来なかなか進まなかった環境問題への対応は、この10年間で劇的に進むようになった。その旗振り役としてわが国の存在は大きかったことは記憶にとどめる必要があろう。現在では海運のみならず、港湾そのものにおいても「環境対応」は強力に推し進められており、その方針がPORT 2030に明確に示されている。

　一方、単純に環境問題への対応、すなわち規制強化ばかりでは産業に閉塞感をもたらす感は否めない。炭素由来のものから、それに変わるものへの推移を推し進めなければならず、ここでもPORT 2030は最近のエネルギー技術の進歩を踏まえつつ、新たな方針をいくつも挙げている。

　本章では以上のような近年の海運・港湾を取り囲む状況を顧みつつ、PORT 2030における環境技術、エネルギー政策との関係を概観していく。

13.2　環境問題の課題と克服への道

　今日の港湾・海運政策を考えるうえで、世界的な環境への関心の高まりは無視できない。特に京都議定書では「国境を越えて活動する海運を対象にする場

合、排出規制という枠組みそのものにそぐわない」という観点から除外されて
いた海運への環境規制適用が、2011 年の IMO 第 62 回海洋環境保護委員会
(MEPC62) で（MARPOL 条約が一部改正され、海事燃油における硫黄含有率
を規制する Regulation 14 では ECA（バルト海、北海、北米、カリブ海の 4 エ
リア）以外の国で 2020 年 1 月 1 日までに 0.50%m/m 以下の硫黄分（SOx）と
しなければならない旨が明記されている[3]。同様に港湾のグリーン化関連で
は、クレーンをはじめとする荷役機械などは石油由来の燃料で稼働することが
依然として港湾では多いため、できる限りの電化が望まれている。また、
PORT 2030 では直接言及されていないものの、海事環境における水質汚染は
重要な問題である。代表的なものとしては、古くから存在するバラスト水の問
題が挙げられている。異なる生態環境で採取されたバラスト水の他地域での放
出による生態系への影響（特に有害生物の越境）をできる限り抑えるため、バ
ラスト水処理装置を 2017 年以降に建造されるすべての船舶に搭載を義務づけ
ることになっている[4][5]。これらは海運からの環境負荷を大幅に軽減できると
期待される一方、大幅な輸送コストの上昇を船社に強いることが懸念されて
いる。

　一方、環境負荷軽減という点ではエネルギー供給の観点で従来のものとは大
きく変える必要があり、対応が迫られている。代表的なものに海洋環境利用の
多様化という観点からの、洋上風力発電の展開がある。洋上風力発電そのもの
は欧州で一定の成果をあげているが、これをわが国でも大規模に実施しようと
するものである。その主な舞台は港湾として活用されているエリアとなってい
る。再生可能エネルギーの利用水準を一定レベルにまで引き上げることは国の
責務となっているため[6]、これに関してもいままでにないレベルで対応するこ
とが必要となっている[1]。

　このように、港湾・海運における環境問題への対応の必要性はすでに無視で
きないレベルになっており、積極的な改善が望まれる時代となっている。

13.3　海運・港湾の環境政策

(1) 再生可能エネルギーと港湾

　わが国は長年、原子力発電によるエネルギー供給をエネルギー政策の根幹と

---

[1] 2017 年時点では再生可能エネルギーが占める割合は 8.1% にすぎないが、これを 2030 年時点では 16.1% にまで上昇させることを計画している。

して位置づけてきた。このため、東日本大震災が発生するまでは、原子力発電によって全エネルギー供給の30％を賄ってきた。しかし、震災により原子力発電所の稼働はほぼ停止したため、他のエネルギーに依存せざるを得なくなり、その結果今まで以上に化石燃料に頼る現状となっている。パリ協定の発効にみられる環境重視の今日では、化石燃料依存に回帰したわが国の状況は決して望ましいものではない。

再生可能エネルギーのうち、海洋で実現可能なものとしては「風力」「海流」が考えられる。このうち、海流発電に関しては、わが国では（国研）新エネルギー・産業技術総合開発機構（NEDO）が鹿児島県口之島沖に実証実験施設を建設、試験運用を行ってきたが[6]、世界的にもこの技術はまだ実用段階にはなっていないと考えられる。

一方、「風力発電」は、陸上での利用はすでにわが国でも実用化されているものの、海上での発電を行う「洋上風力発電」は、現在まで実証試験を全国数か所で実施した程度にとどまっている。欧州では北海における大規模洋上風力発電が実用化されており、世界的にも注目されている。わが国でも欧州の例を範にとり、実用化に向けて検討を進めている。

PORT 2030 においては、その第6項において「洋上風力発電」の推進を施策の第1番目に挙げていることから、港湾行政としても今後本格的に洋上風力の活用に取り組んでいくものと考えられる。具体的には洋上、特に港湾として利用される空間に風力発電施設を建設、あるいは建設・維持管理のための施設を建設する、という方向で進められるものと考えられる。表13.1 では2019年5月時点で実施・実施予定の洋上風力発電所の位置のリストである[7]。表からわかるように、全国どこにでも建設できるというものではなく、限られた地域に集中的に立地する可能性が高い、ということがわかる。たとえば、青森、秋田、長崎といった日本海側の地域に施設の多くが集中していることがわかる[2]。これは風力発電、特に洋上での発電では、通年で安定した風が必要不可欠なため、風力に関する国の詳細な調査により、実現可能な地域が必然的に絞られたものと考えられる。

このような風力発電によって供給されうる発電量は、現行稼働している陸上風力も含めたものが約400万KW、洋上風力発電で供給される予定の発電量

---

[2] 実証試験の施設の立地はこの限りではない。銚子沖など太平洋側でも実施されてきた。

表 13.1　洋上風力発電施設施設建設予定地一覧

都道府県	設置名称	計画発電量（KW）	備　考
北海道	石狩湾新港内	10.4 万	港湾区域
青森県	つがる市沖	198 万	一般海域
青森県	陸奥湾	88 万	一般海域
青森県	むつ小川原港内	8 万	港湾区域
秋田県	八峰能代沖	18 万	一般海域
秋田県	能代港内	8.82 万	港湾区域
秋田県	北部沖	45.5 万	一般海域
秋田県	秋田港内	5.46 万	港湾区域
山口県	下関市安岡沖	6 万	一般海域
福岡県	北九州港内	22 万	港湾区域
長崎県	江島沖	24 万	一般海域
長崎県	前山沖	2.2 万	一般海域

注：国土交通省資料（港湾分科会　2019 年 5 月 15 日）に基づき作成[6]

（目標値）が約 600 万 KW であり、これが実現すれば国が風力発電によって供給可能としている目標値（1,000 万 KW）をほぼ達成する値である。このため、PORT 2030 では、計画される風力発電の中心となる洋上風力発電を積極的に推進する動機ともなっている。一方で、洋上を一定規模占有することになるため、洋上風力発電施設設置を円滑に行うために法改正も行われている。

　このように、環境負荷を低減させ、わが国の環境政策を大きく前進させる可能性のある洋上風力発電であるが、進めるにあたりいくつかの懸念材料がある。

① 　発電機の供給

　2019 年 5 月現在、風力発電の発電機のほとんどはデンマークの Vestas やドイツ Siemens など欧米企業が製造したものである。経済産業省の資料[8]によると、2017 年時点で国内設置の発電機の約 70% を占めるに至っている。また、国内唯一の風力発電機メーカーである日立製作所はこの事業からの撤退を表明しており[9]、洋上風力発電が本格化する頃には国内メーカーが皆無、という事態に直面する可能性が高い。また、設置だけでなく維持管理においても海外メーカーに依存する状態は変わらず[3]、全体的なコスト上昇に対する懸念が払拭できない。

② 設置場所の確保

　洋上風力発電施設を建設・運営するためには、その設置場所の確保だけで
なく、設置するための機材組み立て場所、維持管理のための資材の保管・組
み立て場所も同時に必要となる。これらはすべて港湾区域内に設置されるこ
とになるが、現行でもかなり用地面積は限られるため、新たな造成が必要な
場合も考えられる。この場合の費用は基本的に国が負担するものと考えられ
るが、費用の回収は基本的に事業者である発電会社からとなる。また、既存
の用地の利用でも、土地は基本的に国が保有する資産であるため、リース金
などを適切に設定する必要がある一方、事業者による事業の拡大（施設の拡
張など）は制限を受ける可能性がある[7]。

③ 事業継続性の保証

　これは洋上風力発電に限ったものではないが、発電事業が民業であるた
め、採算を度外視しての運営はあり得ない。このため、経営的に厳しくなっ
た場合は事業からの撤退も企業判断としては十分考えられる。発電事業自体
は公共性が高いものであるため、撤退は決して望ましいものではないが、撤
退を完全に防ぐ契約様式は現在のところないと言える。撤退に際して、発電
事業を継続する場合はその事業者を再度募る必要があり、完全に発電事業を
断念するのであれば、洋上に設置された施設の撤去費用が発生する。こう
いった追加的費用の発生が、行政費用をさらに上昇させる懸念がある。

(2) LNG バンカリング

　バンカリングとは停泊する船舶に燃料を供給することをいう。通常は重油
（ほとんどの場合等級の低い C 重油）の補給を指す。航海を行ううえで、最も
都合のよい位置に位置し、かつ低廉な燃料を供給する港湾でバンカリングを受
けるのが普通である。アジアではシンガポールがその成立時点からバンカリン
グの基地として栄えてきたという経緯がある。しかし前述の IMO による船舶
の排ガス規制が 2020 年より実施[4] されることに伴い、今後は現在の C 重油か

---

[3] 経済産業省資料[8]によると、風車故障の場合、部品調達から稼働までに平均30日であるが、部品製
造期間も含めると 30 日以上要するものが相当数あると指摘されている．また、同資料では最も大切
な部品（キーコンポーネント）は主として欧州メーカーがサプライヤーとなっており、さらに同一機
種であっても複数の企業からの調達が普通であるとされている．このように初期費用だけではなく、
維持費用も相当に高コストになると懸念され、いかにして費用を低廉化するかが大きな問題となると
考えられる。

らより環境負荷の小さい燃料への切り替えが進むと考えられている。また、主に欧州で進んでいる、商品単体に関わるCO_2の排出を表示する「カーボンフットプリント」の利用は、CO_2排出をさらに抑制する方向に社会を向かわせる可能性があり、海運・港湾においてもその例外ではないと考えられる。

　環境負荷が小さいものとして近年注目されているのが、LNG（液化天然ガス）を主燃料とする船舶（以降、LNG 燃料船）の導入である。LNG は燃焼の際、通常の化石燃料と比較して燃焼効率がはるかに高く、同時に硫黄化合物などを発生させにくい[10]ことが特徴である。このため、従来の重油燃料船からLNG 燃料船への転換が一定量進むと考えられている。

　LNG 燃料船は現行ではまだ高価であるのと、建造しているメーカーがごく限られているため、北欧を中心とした普及にとどまっている。国土交通省資料（2013 年 6 月 28 日公開）[10]によれば、主にノルウェーが取り組んでおり、内航船舶を中心に導入を進めている。わが国でもジャパン・マリン・ユナイテッド社や川崎重工など複数の大手が開発を手がけており、また導入に関しても日本郵船がすでに欧州向けに所有している LNG 燃料船のほかに、日本向けの LNG燃料船も保有する意思を表明している[7]。今後は日本郵船以外の邦船 2 社、あるいはアジア系海運会社も IMO の規制を契機として導入が進むものと考えられる。

　PORT 2030 においても、重油バンカリングの拠点であるシンガポールなどとの連携による LNG バンカリング拠点の形成を謳っている。拠点形成にあたっては、いくつかの条件が考えられるが、特にエミッションの対象地域となっている北米向け航路の船舶に対するバンカリングがシェアとして大きくなると考えられるため、横浜・川崎港、阪神港といった国際拠点港湾内あるいはそれに近接するエリアへの設置が望ましいと考えられる。

　すでに具体化へのステップを踏み出している地域もある。東京湾では横浜港が扇島・根岸などに従来から製油所、ガス会社が立地しており、LNG の取り扱いにも実績があるため期待される[5]。また大阪湾では堺泉北港、姫路港といった横浜港と類似の背景を持った港湾が候補地として考えられている。これ

---

[4] MARPOL 条約の Regulation 14 に規定される現行 3.5% 上限の規制値が 0.5% 以下に大幅に強化される。
[5] 既に横浜川崎国際港湾（YKIP）は国際港湾協会（IAHP）の LNG 燃料部会への参画、IMO でのプレゼンテーション（2018 年）を行っている[11]。

以外にも北海道・苫小牧港においても LNG バンカリング拠点形成に向けた検討会を立ち上げている。

このように、すでに動き出している LNG バンカリングであるが、より発展させるためには次のような課題を乗り越える必要がある。

① LNG 燃料船の普及

すでに市場投入がなされている LNG 燃料船であるが、日本向けという意味ではいまだ導入実績がない。北欧（ノルウェー）の例を見ても、先進事例はまず 国内輸送対象に行っているということからも、内航海運での導入も国際航路での導入に加え、検討する必要がある。

② 運営会社の誘致

LNG バンカリングは民間事業となる場合が多いと考えられる。実際、日本郵船、三菱商事、ENGIE 社（フランス）はベルギーでバンカリングの合弁会社を設立し、運営している。前出の横浜港では YKIP、住友商事、上野トランステックの 3 社による合弁会社「エコバンカーシッピング株式会社」を 2018 年 11 月に設立している[12]。こういった企業の誘致・設立が必須ではあろうが、わが国では横浜港のように港湾運営会社側が一定割合関与する形が現実的であると考えられ、横浜港以外で実施する場合はその資本規模などが課題となろう。

（3）バラスト水問題への対応

船舶航行の際の宿命的な問題として、バラスト水排出問題がある。船舶は重量バランスをとるために船底にバラスト水を注入し、不要になればそれを排出するという形態になっている。これによって生じる船舶特有の問題であり、環境問題が注目されるようになった 1980 年代以降さまざまな形で取り上げられるようになった。特にバラスト水として取り込んだ異なる水域の海水を港湾内に排出するため、排出した港湾内に元来存在しなかった有害生物（外来有害生物）の混入の恐れが高い点が特に問題視されている。いったん侵入を許せば、天敵不在であるため自然根絶が難しいのである。

こういった問題は長く放置されてきた。というのも、バラスト水を使用しない船型はおよそ想像できず[6]、ゆえにその排出は不可避であり、改善のためには何らかの処理装置を船内ないしは港内に設置する必要があるためである。これは高額の負担を船社あるいは港湾管理者に強いることになり、ひいては末端

の需要者側にもそのしわ寄せが懸念され、経済全体に望まざる影響をもたらしかねない、と考えられてきたからである。

　しかし、世界的な環境問題、とりわけ海域の環境保全への関心の高まりからIMO も看過できず、バラスト水管理を船社に義務づける「バラスト水管理条約」の発効を目指し、2004 年に採択された。しかし、コストの大幅な上昇が懸念されることからなかなか発効に至らず、2016 年にようやく発効要件を満たす批准国数に達し、翌 2017 年に発効した。この条約はバラスト水容量 5,000 ㎥を超える船舶については一定の水質基準（生物混入率）以下のバラスト水でなければ排出できない、とするものである[4)5)]。

　さて、PORT 2030 ではこれに関する対応を直接触れる部分は見当たらない。しかし、船舶側で対応できなければ港湾側で対応する必要が出てくることは明白である。現在、わが国ではバラスト水管理条約に定める基準を達成することのできる装置製造企業が複数認可されている。また、長崎ではバラスト水処理可能な造船関連企業の立地に向けた特区指定を行っており、こういった動きは今後活性化する可能性がある[14)]。港湾のグリーン化、環境負荷軽減といった観点では、長崎のような事例も考慮に入れ、港湾施設群の再配置も検討する必要が生じる可能性がある。

13.4　PORT 2030 と環境問題の再考

　ここで改めて PORT 2030 における環境問題への対応を考えてみよう。すでに述べたように、PORT 2030 では新しい時代の港湾を提案するため、環境問題への配慮はいままで以上に緻密かつ大規模に行われているといえる。洋上風力発電への関与はその最たるものであろう。世界的な流れにわが国の海運・港湾政策が積極的に関わろうとするという点で、PORT 2030 の提案は非常に重要な課題解決策を含んでいるといえる。

　一方で、これら（積極的な）環境関連政策を進めていくうえでも懸念はある。最初に挙げなければならない懸念は、市場への影響である。海運をはじめとする貿易における大幅なコスト上昇をもたらす可能、という負の側面である。IMO の Regulation 14、バラスト水管理条約の発効は世界的な規模で海運の輸送費用上昇をもたらすことはほぼ間違いない。しかし現在のところ、たと

---

[6] 現在では抜本的解決策としてバラスト水不要の「ノンバラスト船」の開発に国も支援を行っている[13)]。

えば硫黄分の低い重油などがどの程度の価格で供給されうるのか、といった肝心な部分についていまだ不透明感が払拭できない。このため、漠然と「大きな影響をもたらす」という以外に表現のしようがないのが実情である。無論、重油に頼らない運航方法、たとえば LNG や燃料電池による運航は可能であるものの、まだ大規模に実施されるレベルにはなく、市場の期待に応えられるものではない。

　懸念の 2 番目は国際関係に関わるものである。これら環境政策はある程度の強制力は（国際的にも）あるものの、実効力を伴った政策とするには自国単独で進められるものではない。たとえば、洋上風力発電に関しても主力サプライヤーである欧州の企業、あるいはその背後にある欧州各国との連携は必須であろう。C 重油に代わる燃料に関しても供給国での安定的な供給が可能かどうか、ということがらが政策の成否を左右することに変わりはない。2019 年 7 月時点では、中東は不安定化し、EU も BREXIT の行方も不確かである。環境政策を進めるうえで不可欠な関係国間での連携に最も不安定要因があるという、長期的に見ても憂慮すべき状態が続いている。今後は外交努力を通して、こうした不安定要因による影響をできるだけ軽減することが最重要課題であるといえよう。

【参考文献】

1) A. ゴア（2007（米国版は 2001 年出版））、『不都合な真実』武田ランダムハウスジャパン

2) 国土交通省資料より（http://www.mlit.go.jp/common/000160608.pdf）

3) 日本船主責任相互保険組合 HP より（https://www.piclub.or.jp/ja/news/11954）

4) Class NK HP より（http://ww.classnk.or.jp/hp/ja/activities/statutory/ballastwater/index.html）

5) 国土交通省海事局、「バラスト水管理システムの承認について」（http://www.mlit.go.jp/maritimc/maritime_fr8_000003.html）

6) NEDO 発表資料（https://www.nedo.go.jp/content/100881511.pdf）

7) 国土交通省港湾局 第 75 回港湾分科会資料、2019 年 5 月 15 日。

8) 経済産業省資料（デロイト・トーマツコンサルティング合同会社「平成 29 年度電気施設等の保安規制の合理化検討に係る調査風力発電業界の構造調査　最終報告書」（https://www.meti.go.jp/meti_lib/report/H29FY/000009.pdf））

9) 日経ビジネス電子版、2019.01.25（https://business.nikkei.com/atcl/gen/19/00006/ 012400011/）

10) 国土交通省資料、平成 25 年 6 月 28 日（http://www.mlit.go.jp/common/001002519.pdf）

11）Bloomberg　2018 年 12 月 13 日発信
　　（https://www.bloomberg.co.jp/news/articles/ 2018-12-12/PJIC3R6JIJUQ01）
12）YKIP　2019 年 2 月 7 日資料
　　（http://www.jterc.or.jp/koku/koku_semina/pdf/190207_document-06.pdf）
13）国土交通省資料
　　（http://www.mlit.go.jp/hakusyo/mlit/h18/hakusho/h19/html/i2753000.html）
14）長崎県産業労働部海洋・環境産業創造課、海洋エネルギー産業拠点に向けた長崎の取り組
　　み、平成 28 年 5 月 24 日資料
　　（https://www.spf.org/_opri_media/projects/130th_script.pdf）

第 14 章　情報通信技術を活用した港湾の スマート化・強靭化

14.1　スマート化・強靭化の背景

　IoT（モノのインターネット）は、第 4 次産業革命を起こしつつある。工業が「手しごと」から「機械化」へと移行した第 1 次産業革命、大量生産方式を導入し高品質で安価な消費財を市民に提供した第 2 次産業革命の後、情報通信技術は第 3 次産業革命を起こした。1990 年代からのコンピューター、ICT による生産の自動化、効率化は、安価な多品種・少量生産を可能とし、多様化する消費ニーズに合わせたモノづくり産業を出現させた。このことは、現代の自動車組立工場の生産ラインを思い浮かべるとわかりやすい。混流生産ラインではさまざまな色や異なった車種の自動車が流れ作業で生産されており、コンピューターの指示のもとに人とロボットが働いている。

　近年、あちらこちらで聞かれるようになった IoT は、コンピューターやセンサーが通信やインターネット経由で直接情報のやり取りを行うものである。この情報伝達プロセスは人の手を介さないため、大量の情報が休みなく流れ、情報処理能力が飛躍的に向上する。このことが IoT の最大の特徴と言える。このような情報プラットフォーム上で人の何十倍もの速さで「考え」、人よりもはるかに細かな判断を行うのが AI（人工知能）と呼ばれるアルゴリズムである。

　AI や IoT への取り組みは、今や世界中のさまざまな分野で開始されている。

　2011 年にドイツ政府が発表したインダストリー 4.0 は、デジタル化された情報によって相互に密接に結ばれた高度なモノづくりネットワークの構築を目指し、「第 4 次産業革命」と呼ばれている。インダストリー 4.0 が目指す生産システムやバリューチェーンは、仮想空間システムや IoT、クラウドコンピューティング、コグニティブ（認識）・コンピューティングといった最新の ICT の発展によって実現が可能となった[1]。

　第 4 次産業革命のもとでは、貿易や国際物流などの世界の商流システムの情報化も必然のものとなる。2017 年に IBM と世界一の海運会社であるマースク（Maersk）が発表したトレード・レンズ（TradeLens）は、ブロックチェーン技術を応用し荷主、船社、海貨業者、港湾関係者、税関等を結ぶ国境を越えた商取引システムの出現として注目を集めた。

　トレード・レンズは、これまで書類による手作業が大半を占めた貿易・決済手続きをブロックチェーン技術で置き換えることによって、透明性とデータ共有の安全性が確保された商取引デジタルプラットフォームの構築を目指す。

　このようにモノの取引に係わる契約行為や決済、与信管理、リアルタイムでのモノの流れの管理などが仮想空間の情報の流れによって国境を越えて瞬時にかつ確実に実行されるようになると、港湾に求められる機能も大きく変わらざるを得ない。

14.2　港湾のスマート化への道

(1) 高度情報化の要請の高まり

　港湾は、一国の経済にとって重要で不可欠な国際貿易インフラであることから、その果たすべき役割と発展の方向は、経済成長のグローバル・トレンドと密接不可分な関係にある。

　特に、国際社会における中国の政治的台頭とその一方での国内ビジネスリスクの増大は、1990 年代から続いた中国一極集中から多極化へと世界経済が軸足を移す要因となった。　わが国企業にとっても、これまでの中国一辺倒からベトナム、ミャンマー、カンボジア等の東南アジア諸国への投資分散が海外戦略の軸となっている。ブラジル、ロシア、インドの成長動向や東欧諸国、チリ等の中南米諸国やアフリカ諸国も視野に入れたグローバルビジネス戦略が、日本はもとより世界の企業の国際競争における死活を分ける。

　このように、事業展開のグローバル化を進める日本企業の生産・物流を支えるわが国の港湾においては、国際海運ネットワークへの接続性と、大量で安価な物流リンクのノードたるターミナルの生産性が従前にもまして問われるようになっている。すなわち、これまでの単なる「モノの通過点」ではなく、「新たな付加価値を生む物流の結節点」としていかに機能しうるかが、グローバル市場における差別化に耐える港湾競争力につながり、グローバル物流ネットワークにおける港湾の存在意義にも通じる。

　また、近年のわが国へのインバウンド観光の増大の結果、港湾にも大量のクルーズ観光客が押し寄せるようになった。2016 年の訪日クルーズ旅客数は前年比 78％増の 199.2 万人、わが国港湾への寄港回数は前年比 39％増の 2,017 回（外国船社 1,443 回、日本船社 574 回）となり、いずれも過去最高を記録している。このようなクルーズ観光客の急増は、メガクルーズ船の登場による手

軽で安価な「カジュアル・クルーズ」の拡大による側面が大きい（クルーズ観光については、本書第9章、10章を参照のこと）。

　一方、これまでは中華圏諸国、地域からの団体旅行中心であった客層が、今後は多様な国々からの個人旅行化へと進むと予想される。クルーズ船を迎える港湾ターミナルには、大量の旅客を効率よくさばくとともに、多様なニーズにきめ細かくこたえる高質なサービス提供機能が求められるようになる。特に、近年のインターネット情報に基づく訪日観光・消費行動の高まりや多文化・多言語化は、クルーズ観光の拠点寄港を担う港湾旅客ターミナルに対する情報ノード機能のなお一層の高度化を求めるものとなっている。

(2) 日本の港湾をとりまく情報化の動向

　港湾の分野におけるICT（情報通信技術）活用の先駆けとして、ハンブルグ港が公表したスマート・ポート・ロジスティクス（SPL）が挙げられる。[2]

　ハンブルグ港では、港湾インフラや港湾活動から発生するさまざまな情報、さらにはすべての港湾利用者、関係者をクラウド・コンピューティングで結び付けることによって、インフラサービスの無駄をなくし、港湾取り扱い能力の飛躍的な拡大が可能となるとしている。

　SPLは、ガントリークレーンやヤードクレーン等の荷役機械の運営、ヤードにおけるコンテナの保管、ゲートにおけるトレーラーの出入りなど、従来は個別に管理、制御されていたモノ、設備、プロセスの制御系統やデータを統合することで、コンテナターミナル施設の整備・調達から管理運営、メンテナンス、破棄処分にいたる総合的なコストを大幅に削減することを目指す。

　さらに、港湾施設の混雑状況や貨物の通関手続きの進捗状況等の情報を荷主や陸運事業者に提供することによって、ターミナルの生産性の向上と、港湾周辺道路の渋滞緩和、エネルギー消費の低減も併せて実現できるとしている。[2]

　日本の海運分野でも、ITサービスベンダーとの協業の下で、気象・海象データや電子海図上での航海情報の生成、これらの船内情報の陸側との共有化などの取り組みが船会社によって進められている。

　また造船会社は、船内機器のモニタリング情報や運航情報、気象・海象等の航行環境情報などのビッグデータを用いた船舶運航管理システムの提供を開始している。[3]

14.3　日本の港湾における ICT 活用の考え方

(1) これまで経緯

　日本の港湾における ICT の活用は、主にコンテナ輸送の分野で、ターミナルにおける荷役機械の遠隔操作化・自動化、ドレーやゲート処理の効率化、情報プラットフォームの構築などが 1998 年以降本格化した（表 14.1）。

　2005 年には、日本初の AGV（無人搬送車）や、世界初となる遠隔自動操作型のラバータイヤ式ヤードクレーンが導入された名古屋港飛島ふ頭（TCB）コンテナターミナルの運用が開始された。また、コンテナターミナルのゲート前渋滞解消に向けた情報化の取り組みは、博多港物流 IT システムや名古屋港の

表 14.1　港湾情報化の取り組み事例[4]

取り組み区分	取り組みの内容
コンテナターミナルの自動化	**TCB自動化ターミナル**：遠隔操作RTGとAGVを用いたコンテナヤードの運営
	荷役システム高度化実証事業：RTG遠隔操作化の実証実験
	AIターミナル検討：ターミナルオペレーションデータを用いた、AIによるコンテナ蔵置場所や荷役機械配置等の最適化。
コンテナ輸送の効率化	**HiTS（博多港物流ITシステム）**：コンテナ引き取り情報を海コン運転手にスマホ経由で提供。ゲート受付処理時間の短縮、混雑解消、トレーラー回転率の向上、コンテナ引き取り確認等電話の減少（95%減）、ヤード作業効率の向上等を実現。
	NUTS（名古屋港統一ターミナルシステム）＋集中管理ゲート：名古屋港の全コンテナターミナルを共通のコンピューターシステムで運用することによるヤード作業やゲート作業の効率化、迅速化。
	Colins（コンテナ物流情報サービス）：CY搬出可否情報等をWebで確認可能。中国、韓国の港湾のコンテナ情報も入手可能。
港湾関係情報プラットフォーム	**港湾EDI（電子データ交換）**：入出港届や係留施設使用届等の港湾関連の申請や届出などの行政手続を電子的に処理。
	次世代シングルウインドウ：輸出入及び港湾・空港手続の窓口となる府省共通ポータルを開設注1
	NACCS（輸出入・港湾関連情報処理システム）注2：入出港船舶・航空機及び輸出入貨物について、税関その他の関係行政機関手続及び関連民間業務をオンライン化
	港湾関係データ連携基盤：港湾管理局、ターミナルオペレーター、船社、荷主、海貨／フォワーダー／通関業者、陸運事業者等からの直接アクセス（データアップロード／ダウンロード）が可能な情報共有システムを構築。NACCSやシングルウインドウシステムとも連携しつつ、全国統一された情報フォーマットの下で港湾、業務のデジタル化と相互の情報共有を実現。
個別技術開発	**ガントリークレーンの予防保全**：ガントリークレーンの作動モニタリングデータをHPC管理のクラウドサーバーに蓄積、ビックデータ化
	海洋・沿岸構造物のドローンによる点検・診断：ドローンからの連続空撮（3D・4Dデジタル）データを用いたAIによる施設点検・診断システムの開発。

注 1）輸出入及び港湾・空港手続関係業務の業務・システム最適化計画（各府省 CIO 連絡会議 2005 年 12 月決定）に基づく。
注 2）NACCS：Nippon Automated Cargo and Port Consolidated System
注 3）官民研究開発投資拡大プログラム（PRISM）（内閣官房及び国土交通省）による。

集中管理ゲートシステムとして実用化された。

　国土交通省港湾局が 1999 年に運用開始した港湾 EDI（電子情報交換）システムは、のちに NACCS（輸出入・港湾関連情報処理システム）と統合されて港湾手続きのワンストップサービス化への発展した。

　上記のように日本の港湾では、船舶運航や港湾諸手続きの電子化や NACCS 等の港湾貿易手続きシステムがすでに稼働しているがその一方で、依然として多くの紙媒体での情報が飛び交っている。

　2017 年度に政府が開催した「貿易手続等に係る官民協議会」においては、「未来投資戦略 2017」（平成 29 年 6 月 9 日閣議決定）に基づき、貿易手続の迅速化、貨物の滞留時間の短縮化等に向けた検討が行われ、港湾へのコンテナ搬

推進主体	対象港湾	検討・実施状況
飛鳥コンテナ埠頭㈱	名古屋港	2005年開業、平成21年本格稼働
国土交通省	名古屋港及び横浜港	2016年度から実施中
国土交通省		2017年度から実施中
博多港埠頭㈱	博多港	2000年11月稼働
名古屋港運協会	名古屋港	1999年からNUTS稼働 2011年から集中管理ゲート稼働
国土交通省	全国	2009年度からモデル事業実施
国土交通省		1999年10月運用開始。2003年CIQと接続しシングルウインドウ化
財務省、国土交通省、輸出入・港湾関連情報処理センター㈱	全国	2008年10月稼働
		2010年2月Air-NACCS及びSea-NACCSの統合運用開始。
内閣府IT総合戦略室・国土交通		2018年度検討開始
阪神国際港湾㈱	神戸港及び大阪港	
国土技術政策総合研究所注3	全国	

入締め切り（CY カット）時間の多様化等が実施に移されたが、港湾における貿易等諸手続きの電子化の遅れは、根本的な課題として継続検討事項とされた。

　上記を踏まえ、政府は「官民が連携した港湾の電子化（サイバーポート）」のための検討を 2018 年度に開始した。港湾の電子化（サイバーポート）推進委員会の第 1 回会合が 11 月 2 日に開催されて以降、港湾における行政手続や民間事業者間手続の電子化、ペーパーレス化と、その際に収集される港湾関連ビッグデータを用いた港湾ビジネスイノベーションを目標とする「港湾関連データ連携基盤」の構築が進んでいる。

(2) 港湾におけるデータ連携[5)]

　サイバーポートにおいて構築される港湾関連データ連携基盤は、すでに個別に稼働している船社、船舶代理店、海貨、NVOCC 等の港湾業務システムや、NACCS 等の港湾手続きシステムに対する相互接続サービスの提供を通じて、船舶入出港管理や、ターミナルオペレーション、コンテナ配送・ゲート管理、港湾施設・設備類の運用管理等の港湾運営全般をカバーする総合的かつ柔軟なビジネスプラットフォームの形成を図るものである（図 14.1）。

　たとえばコンテナ輸出入に関する貨物・通関等手続き・商取引等に係る情報を共有することによって、関連する事業者は、業務のデジタル化、ペーパーレス化を図ることができ、省力化やコストの削減に加えて、よりスピーディで確実な業務の実施が可能となる。

　また、自社の過去の取引情報をビッグデータ化することを通じて、業務改善や新たなビジネスチャンスの創出につなげることも可能となる（図 14.2）。

　港湾関連データ連携基盤はまた、港湾を通過または港湾において生成される情報をデジタル情報としてビッグデータ化し AI を駆使したより高度で生産性が高いスマート・ポートを形成するためのインフラでもある。港湾で繰り広げられる日々の業務では、船舶の入出港やバース・ウィンドウ、クレーンの稼働、貨物の内容や保管、荷主との貨物の受け渡し、通関、検疫手続きなどのさまざまな情報が流れている。これらの業務情報を、日常業務のなかに眠らせておくことなく IoT の助けを借りてデジタル化し、ビッグデータとして蓄積することができれば、港湾の運営に AI を駆使した新たなイノベーションを引き起こすことが可能となる。

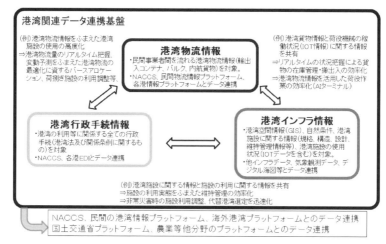

図 14.1　港湾関連データ連携基盤の基本構造イメージ

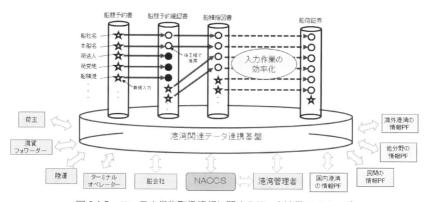

図 14.2　コンテナ貨物取扱情報に関するデータ連携のイメージ

　たとえば、荷主の引き取りのタイミングに合わせてヤードに保管中のコンテナの荷繰りを行えば、コンテナ引き渡し作業の効率が高まり、費用も削減される。コンテナの搬出入が迅速に行える時間帯をあらかじめ荷主やトラックにリアルタイムで配信すれば、コンテナターミナルゲートやその周辺における渋滞緩和に役立つ。

　このような業務情報のデジタル化によるビッグデータの生成・蓄積と、ビッグデータを活用した港湾の効率化はまた、港湾におけるさまざまな新しいビジネス創出の糧となる可能性を有する。阪神港では、ガントリークレーンの稼働

データのビッグデータ化や AI の活用を通じて、これらの荷役機械類の予防保全管理等のファシリティ・マネジメントサービスの提供を目指している。

　情報化を梃子とした港湾におけるビジネスイノベーションの創出は、すべての港湾の発展と成長の機会を左右しかねないものとして、今や看過できないものとなっている。

(3) ターミナルの遠隔操作化・自動化[6)]

　世界初の自動化コンテナターミナルは、AGV や ASC（自動化ヤードクレーン）を導入し 1993 年に運用が開始されたロッテルダム港 ECT デルタターミナルである。その後、2005 年頃から前述の TCB コンテナターミナルをはじめとして世界各地で自動化コンテナターミナルが整備されるようになり、2010 年以降急速にその数を増していった。2018 年までに世界中の 68 のターミナルが自動化されたと考えられている。

　コンテナターミナルでは、ヤード内におけるコンテナの横持ち輸送や蔵置のように完全な機械化、自動化が可能な作業のほかに、本船内におけるコンテナのラッシングやツイストロックの取り外しなど人力に寄らざるを得ない作業、外来トレーラーへのコンテナの積み込み、積み降ろしなど安全面から人による遠隔操作が欠かせない作業がある。したがって、コンピューター制御により自動化された AGV 等とオペレーションルームから遠隔操作を行うヤードクレーン、有人運転のガントリークレーンが行う荷役作業の同期化が荷役効率を決定づける。

　このようなことから、ターミナルオペレーションシステム（TOS）と荷役機械の制御システムや現場作業員等との連絡通信システムの的確な連携を促し、ターミナル全体の動きを最適化するミドルウェア―と呼ばれるソフトウェア―の働きが自動化ターミナルの効率性のカギとなる（図 14.3）。

　また、荷役機械等の位置情報や映像情報の取得・伝達・分析技術や高密度・高速伝送技術などの要素技術は日進月歩であることから、これらのセンサー技術、通信技術の的確な応用と将来拡張性の確保も重要である。[7)]

(4) スマート・ポートの構築に向けた AI 活用の考え方

　GPS（汎地球測位システム）を用いると、岸壁でのコンテナの積み降ろしや保管エリアでの蔵置、ターミナルからの搬出、搬入などターミナルの中で作業

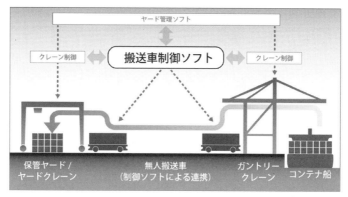

資料提供：トヨタ L ＆ F カンパニー

図 14.3　AGV とクレーンの統合制御のイメージ（TCB の事例）

を行うクレーンやトラクターヘッド、シャーシなどの荷役機械の現在位置や移動経路、速度などのデータをリアルタイムで取得することができる。

　ガントリークレーンやコンテナヤード内に設置されたモニタリングカメラからは、リアルタイムで画像情報が取得される。また、AIS（自動船舶識別装置）は港湾に接近する船舶の名称、諸元、入港予定などの情報を中継局経由でターミナルにもたらす。

　これらのセンサー技術を人工知能（AI）と組み合わせることによって、ターミナル運営に新たな可能性がもたらされる。たとえば、画像解析技術の進歩によって、コンテナの外観や個人の顔を瞬時に判別することができるようになったため、ターミナル内に持ち込まれるコンテナ番号やダメージなどの読み取り、不審者侵入の常時モニタリングが可能である。また、作業員の異常な行動やターミナル機器の誤作動、危険運転などを画像データから検出することも不可能なことではない。これらの技術の発展によって、ターミナル運営に係わる現下の様々な課題の解決が見えてくる（表 14.2）。

　AI は、ディープラーニング（深層学習）と呼ばれる近年のプログラミング技術によって格段の発展をみた。AI は人の能力をはるかに超える量の情報を瞬時に処理することができ、長時間稼働しても効率性が変わらない（疲れない）ことから、本船荷役やターミナルの一体的な管理と運営の最適化（最適なベイプラン、ヤードプランの作成、荷繰り回数最小化等）を 24 時間、365 日

表 14.2　最先端 ICT が与えるターミナル運営課題のソリューション

最新ICT		ターミナルオペレーションの イノベーション	コンテナターミナルにおける 活用の狙いと可能性	現下の課題解決ターゲット
センサー 技術	画像 解析	ターミナル内外のあらゆるヒト、モノの動きの感知・検出、デジタルデータ化。	・コンテナやシャーシ情報の読み込み。 ・ヤードオペレーションにおける危険事象の検出、不審人物・行動の検知。 ・ゲート前渋滞の把握。	・ゲート前渋滞状況の配信 ・コンテナ、車両情報の自動識別、ゲート通過の迅速化。 ・コンテナダメージチェック自動化。
	GPS /AIS		・本船やコンテナ、ヤード機械の位置・移動管理。	・バース・ウィンドウ最適化。 ・ヤード機械運転最適化。
	その他		・生物種の発見等。　（熱センサー等）	・外来種の侵入防止。
IOT		入力された又は取得・生成された情報が、ヒトを介さずターミナルのあらゆる部門で自動的に共有。	・船社システムやNACCSデータの自動取り込み。 ・ターミナル内センサーデータの自動収集・蓄積。 ・港湾手続きの自律的な実行、結果の確認、情報配信、手続き文書の伝達等。	・コンテナ搬出入情報の事前取得・荷繰り、引き渡しの効率化。 ・荷役機械の遠隔操作・自動化。
AI		ターミナルオペレーションのビッグデータに基づく、人知を超えた分析、自律的な判断と指示の発出、等。	・ガントリークレンの操縦支援。 ・バースウィンドウの最適管理。 ・コンテナヤードの運営最適化、ヤードクレーンの自律的・自動運行、安全管理。 ・コンテナリリースやゲート待ち時間の予測等。	・本船荷役とターミナル運営の最適化・一体的管理（最適ベイプラン、ヤードプラン、荷繰り回数最小化等）
その他	自動運転技術	無人走行トラックによるコンテナ配送。	・トラックドライバー不足の緩和。	

休みなく行うことが可能である。人に代わってターミナルの運営を常時担う AI のこのような機能は、今後ますます多様化し複雑化する港湾利用ニーズに的確かつ迅速に対応していくうえで、ターミナルオペレーターの頼もしいパートナーとなることが期待される。

14.4　課題と展望

IoT やビッグデータを駆使し AI を司令塔とするスマートな港湾ターミナルの出現は、国や地域による違いはあるとはいえ、今後、世界における港湾運営の主流となることは間違いない。その一方で、日本の経済、社会システムに AI や IoT を組み込み、有効に機能させるうえで、以下のような問いかけを避けては通れない。

① ICT によって日本の港湾は「儲かる」ビジネスの場（Profit center）となりうるか

② ICT は港湾の自然災害や人為的災害に対する脆弱性を高めると考えられるが、どう対処すべきか、誰が責任を持つのか

③ 港湾の運営の判断、意思決定において、ヒトと AI はどのような役割分

担をすべきか、AIが行った判断に対するクレーム対応や損害賠償が生じ
た場合の責任のあり方をどう考えるべきか
④　港湾におけるビッグデータは、誰のもので、だれが管理し、どのように
　共有化し、活用すべきか、AIは知的財産権上、どう扱われるべきか
⑤　港湾運営へのICTのさらなる導入・活用に伴い、労働再配分はどのよ
　うに進められるべきか

上記のような課題は、港湾ビジネスの現場でAIをはじめとするICTが自在
に駆使されるようになるまでの間のさまざまな「作動環境」整備の必要性を示
唆する。また、伝統的に船社主体の中規模ターミナルをビジネスモデルとして
発展してきたわが国の港湾ターミナルでは、従来からの商習慣や労働慣行と調
整しつつ、ICTをテコとした効率的な港湾運営を実現するための人的、資金的
余力が十分とは言えない。国や港湾管理者等の公的主体のリーダーシップの発
揮が必要不可欠であると考えられる所以である。

【参考文献】
1) EC (2017)、Digital Transmission monitor, Germany: Industrie 4.0, Directorate-General
   Internal Market, Industry, Entrepreneurship and SMEs. European Commission. January
   2017.
2) https://www.hamburg-port-authority.de/en/hpa-360/smartport/
3) 一般社団法人日本海運集会所、『海運』No. 1081,pp.17-21, 2017 年 10 月号
4) 小野憲司 (2019)、「海上物流分野における情報化の動向」『港湾』第 96 巻 1 月号，pp.20-
   21
5) サイバーポート検討 WG（港湾・貿易手続）検討内容報告、第 2 回港湾の電子化推進委員
   会資料 2、国土交通省、2019 年 5 月 10 日
6) 高橋浩二 (2018)、「世界の自動化コンテナターミナルの動向分析」、港湾空港技術研究所
   報告、56（4）
7) Ono, K., Tanemura, M., Akakura, Y. (2018), AI Port Initiatives - Possible Modernization of
   Port operation and Management through Cutting Edge ICTs -, 34th PIANC World Congress,
   Panama

第 15 章　自働化・AI 化による効率性向上の課題と可能性

15.1　なぜ港湾の自働化なのか

　わが国の 6 大港[1]の常用港湾労働者は、年々高齢化が進んでおり[1)]、この傾向は今後とも続くと考えられる。そのため、近い将来、生産年齢人口減少による港湾労働者不足が懸念されており、「PORT 2030」ではより効率的で生産性の高い輸送体系の構築が求められている。一方、IoT[2]や AI[3]などの情報通信技術が、近年急激に発展しつつある。物流分野でもサプライチェーン全体での効率性の飛躍的な向上が期待されるとともに、ドローン、自動運転技術などの活用により労働者不足を補う生産性の向上等も期待されている。

　このような背景の下、政府（国土交通省）は、AI や IoT などの最新技術を用いた港湾の生産性向上や労働環境の改善を図るという、AI ターミナル政策を進めようとしている。では、こうした AI ターミナルの整備促進は、労働者不足の解消や生産性の向上にどの程度寄与することになるのであろうか。本章は、港湾への自働化設備導入の課題を明らかにするとともに、主に外貿コンテナ港湾を対象に港湾の効率性の分析を試みることによって今後の可能性を検討することを目的とする。

15.2　港湾をとりまく現状と課題

　AI ターミナル政策とは、AI、IoT、自働化[4]などの各技術を組み合わせ、コンテナ蔵置計画の最適化や搬出入の迅速化を図ることにより、世界最高水準の生産性を有するコンテナターミナルを形成する施策である。具体的には、

①　暗黙知の定式化（熟練技能者の世界最高の荷役ノウハウを AI により分析し、その暗黙知を定式化して若手技能者に継承）

---

[1] 取扱貨物量の多い東京、横浜、名古屋、大阪、神戸、関門港を指す。
[2] Internet of Things（モノのインターネット）の略。さまざまなモノがインターネットに接続され、情報交換がなされることによって、モノが効率的に制御される。
[3] Artificial Intelligence（人工知能）の略。人間が持っている認識や推論などの能力をコンピューターでも可能にするための技術の総称。
[4] 国土交通省は、「自動化」ではなく「自働化」という用語を使用していることから本稿でもそれに倣う。

② RTG[5] の遠隔操作化・自動化（RTG を遠隔操作化・自動化し、クレーン能力を最大化しつつ、オペレーターの労働環境を改善）

③ コンテナ蔵置場所の最適化（品名、荷主名、過去の搬入・搬出日時等を AI で分析し、コンテナの蔵置場所を最適化）

などといったものである（図 15.1）。

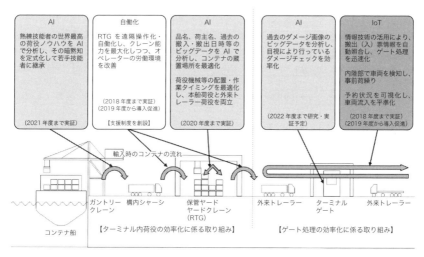

図 15.1　AI ターミナルの模式図

　当該技術は、実証試験段階のものとすでに実用化されているものとに分類できる。AGV[6] によるコンテナの自動搬送や、RTG のような荷役機械の遠隔操作化・自動化といった技術は、名古屋港飛島地区の TCB ターミナルで導入済みである。ただし、世界のコンテナ取扱上位 20 港のうち、75％にあたる 15 港で自動化設備が導入済みもしくは導入予定（表 15.1）となっているのに対し、わが国では名古屋港以外に導入事例がない[2]。

　世界の大港湾の多くが自動化を進めるなか、わが国の港湾で自動化が進んでいないのには、大きく 3 つの理由があると考えられる。

---

[5] Rubber Tired Gantry Crane（タイヤ式門型クレーン）。コンテナターミナルの荷役機械のひとつで、コンテナヤード内のコンテナを運搬するときに使われる巨大な門型クレーン。

[6] Automated Guided Vehicle（自働搬送台車）。自動運転車の一種で、人間が直接運転せずに搬送が可能な車両。

表 15.1　世界の港湾の自働化設備導入状況

順位 (2017 年 速報値)	港名	コンテナ 取扱量 (万 TEU)	自働化 導入状況 (2018 年時点)
1	上海（中国）	4,023	○
2	シンガポール	3,367	○
3	深圳（中国）	2,521	×
4	寧波・舟山（中国）	2,461	×
5	香港（中国）	2,076	○
6	釜山（韓国）	2,047	○
7	広州（中国）	2,037	×
8	青島（中国）	1,830	○
9	ロサンゼルス／ロングビーチ（米国）	1,689	○
10	ドバイ（アラブ首長国連邦）	1,537	○
11	天津（中国）	1,507	○
12	ロッテルダム（オランダ）	1,373	○
13	ポートケラン（マレーシア）	1,198	×
14	アントワープ（ベルギー）	1,045	○
15	廈門（中国）	1,038	○
16	高雄（中国）	1,027	○
17	大連（中国）	970	×
18	ハンブルグ（ドイツ）	866	○
19	タンジュンペレパス（マレーシア）	816	○
20	レムチャバン（タイ）	719	○

① 　わが国のコンテナターミナルの多くが、海外のものほど大規模なスペースを有していないことである。規模が小さいことから、自働化設備の導入は過剰投資となる。

② 　自働化設備導入のために運営中のターミナルを閉鎖できないことである。AGV の導入には、誘導線を埋め込むための工事が必要となるが、その間ターミナルの閉鎖が余儀なくされる。

③ 　ターミナルレイアウトの違いが挙げられる[2]。海外港湾の多くでは、広いターミナルスペースを取ることができることから、コンテナレーンが岸壁とは垂直に配置される。レーン内のコンテナ移動は ASC（Automatic Stacking Crane：自走式大型門形クレーン）により扱われ、外来トレーラーはターミナルのゲート付近、構内シャーシは岸壁付近を行き来するのみである。これに対してわが国のコンテナターミナルは、ターミナルスペースの都合上、多くはコンテナレーンが岸壁と並行配置となっている。

つまり、海外のターミナルでは、ASC と外来トレーラー、構内シャーシの動線が錯綜しないので、自働化設備を導入しても安全確保が比較的容易である一方で、わが国のターミナルでは、外来トレーラー、構内シャーシの両方が共通の導線を使うことが多く、自働化設備を導入するにあたっては安全確保が課題になる。

15.3　コンテナターミナル間の効率性比較

以上のような理由があるにせよ、わが国のコンテナターミナルは、他国と比べて自働化設備導入が極端に遅れているように思われる。なぜこれほど導入が遅れているのであろうか。実は、自働化設備導入が港湾の効率性向上に寄与していないからかもしれない。

そこで、わが国で唯一自働化設備の導入されている TCB ターミナルと、同じ飛島地区にある NCB、飛島ふ頭北、飛島ふ頭南の 3 ターミナルとを対象に、ターミナルの「使われ方」という観点から、相対的な効率性比較を試みた（位置は図 15.2 参照）。

既往文献[3]によれば、寄港する船舶の大きさと年間計画コンテナ取扱量、年間回転数などが与えられれば、一定の計算式により「ターミナルエリアの規模」を推計することが可能とされる。そこで本節では、この方法を援用し、ターミナル規模から年間計画コンテナ取扱量を逆推定することにする。推定された計画取扱量はキャパシティと見なせることから、それと観測されるコンテナ取扱量とを比較することにより、ターミナルの効率性を評価することが可能となる。

表 15.2　飛島地区 4 ターミナルの効率性比較

港湾名	施設名		バース水深(m)	荷役方式	バース長(m)	ターミナル(面積 m2)	年間回転数 e=60 としたときの推計計画コンテナ取扱量	2017 年実績	実績/推計
名古屋港	名古屋コンテナふ頭 (NCB)	R1	12	SC	350	289,000	572,344	537,372	94%
		R2	12	SC	300				
		R3	12	SC	250				
	飛島ふ頭北	90 号	10	SC	185	170,000	277,031	92,423	33%
		91 号	12	SC	185				
		92 号	12	SC	250				
	飛島ふ頭南	93 号	15	SC	350	246,000	314,397	344,284	110%
		94 号	15	SC	350				
	飛島ふ頭南側 (TCB)	TS1	16	TC	400	362,000	720,536	489,831	68%
		TS2	16	TC	350				

　各ターミナルのデータをもとに効率性を推定した結果、表15.2に示す結果
が得られた。これより、TCBターミナルの効率性は、飛島ふ頭南やNCBより
も低いということが読み取れる。自働化設備の導入は、期待されているほど効

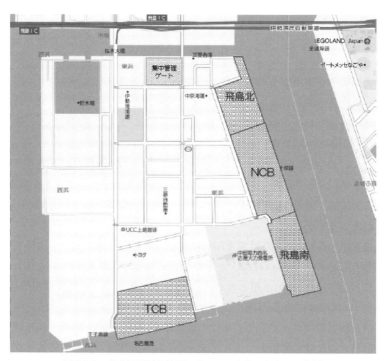

図15.2　名古屋港飛島地区の各コンテナターミナルの位置

率性の向上に寄与していないよう
にも思われる。

　では、なぜ自働化ターミナルの
効率性はそれほど高くないのであ
ろうか。次に、その理由を明らか
にするため、自働化ターミナルの
実態について、港運事業者に対し
て独自のヒアリング調査を行っ
た。その結果より、日本のターミ

図15.3　飛島ふ頭南側（TCB）

ナルで自動化設備があまり活用されないのは、以下のような理由が考えられることが判明した。

①　自動化 RTG の動作は熟練オペレーターの扱う手動 RTG と比べて遅い。熟練オペレーターは、コンテナを下につり下げた状態のまま RTG を動かしても、目的の位置でコンテナを揺らさずピタリと停めることができるが、自動化 RTG で同じことをすると停止時にコンテナが左右に大きく揺れて危険な状態となる。したがって、自動化 RTG が移動するときには、いったんコンテナを一番上まで上げて揺れないようにした後、移動してからまたコンテナを下ろす、という動作をしなければならない。そのため自働化 RTG は手動 RTG と比べて 3 倍ほど時間がかかると言われている（図

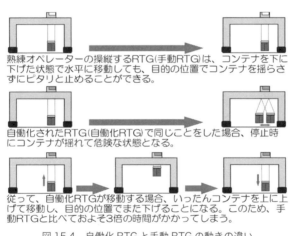

図 15.4　自働化 RTG と手動 RTG の動きの違い

15.4）。

②　本船着船時に重点的に RTG を配備することができない。迅速な物流体系を構築するため、船舶側はなるべく港に停泊する時間を短くしたいと考えている。そのため、寄港後なるべく早く荷揚げ・荷下ろしをしたいが、自働化 RTG は基本的に 1 レーンを 1 基が受け持つ形をとっており、フレキシブルな対応がとれない。手動 RTG であれば着船時に船側に重点的に配備することができ、素早く本船荷役に対応することができる（図 15.5）。

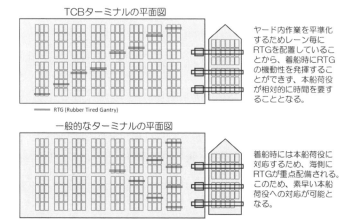

図 15.5　自働化 RTG と手動 RTG の着船時の配置

③　AGV 用の動線を確保するとヤードを広く使うことができない。電磁誘導線を埋め込んだ動線は AGV 専用となるため、その分レーンが狭くなり、コンテナの蔵置スペースが少なくなる（図 15.6）。また導入には誘導線埋込の工事が必要となり、その間ターミナルを閉鎖しなければならなくなるため、さらに導入を困難なものとしている。

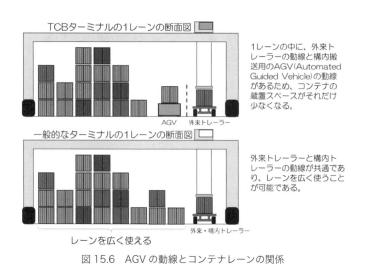

図 15.6　AGV の動線とコンテナレーンの関係

　上に挙げた自動化設備の課題については、解決に向けての取り組みが現在進みつつある。たとえば、国土交通省は、AIを活用した「熟練技能者の荷役ノウハウ継承・最大化実証事業」を進めており、熟練オペレーターの暗黙知をAIによって定式化することで荷役機械の運転支援・荷役ノウハウの継承を図ろうとしている。また、電磁誘導式AGVに代わり、自動運転技術をコンテナヤードの構内トレーラーに応用することで、AGV専用の動線も不要となりヤードが広く使え、工事によるヤード閉鎖も必要なくなる。現状での自動化設備には普及を阻害する課題があるものの、近い将来には技術的な解消が見込まれることから、今後積極的に導入を検討する必要があると思われる。

15.4　わが国の港湾コンテナターミナルの効率性の推定

　仮に自動化設備がいまよりも進展し、熟練技能者が活躍するコンテナターミナルと比べて遜色のない状況になったとき、どのような港湾であればその効力を発揮するのであろうか。さまざま条件が考えられるが、少なくとも現時点で効率性の低い港湾であれば、自動化設備導入により効率性向上の余地が大きいと期待できる。そこで、わが国の港湾を対象に、コンテナターミナルの効率性を包括的に評価することとした。

　すでに、名古屋港飛島地区の4ターミナルを対象に効率性比較を行ったが、これは地理的共通項が多いことを前提とした単純な物理スペックによる比較にすぎない。将来的な労働者不足も考慮するのであれば、効率性を評価する要素として労働者数も含めるべきだと考えられる。またそれ以外にも、就航航路数、ガントリークレーン設置数、ターミナル面積といった要素も考慮する必要があると思われる。そこで、コンテナターミナルにおける年間取扱コンテナ量が、外貿コンテナ船の就航航路数、ガントリークレーン設置数、ターミナル面積、ターミナル労働者数などで決まるものと考え、以下のようなコブ・ダグラス型の関数を仮定し、生産関数の推計を行うこととした。

$$V_i = A \cdot B_i^{a_1} \cdot C_i^{a_2} \cdot T_i^{a_3} \cdot W_i^{a_4}$$

　ここで、V_i：港の年間取扱コンテナ量（TEU）；A：その他技術的要素、B_i：港iの就航航路数、C_i：クレーン数（基）、T_i：ターミナル面積（m²）、W_i：ターミナル労働者数（人）である。

　各ターミナルの就航航路数、クレーン数、ターミナル面積については、既存の文献やインターネットなどを通じてデータを収集できるものの、ターミナル労働者数についてはデータが存在しない。そこで、まずは港湾毎の荷役労働者数を算出したうえで、それをもとにターミナル労働者数を推計するという二段階の計算を行った。港湾毎の荷役労働者数については、数値が公表されている港湾と、地方運輸局単位でまとめて示されている港湾とがあるため、公表されていない港湾については、取扱貨物量に比例するものとして地方運輸局の数値を按分することで推定した。また、ターミナル労働者数は、取扱貨物量をバルク貨物、コンテナ貨物、完成自動車の 3 種類に分け、コンテナ荷役に携わる労働者数はバルク貨物と比べてトンあたり 2 倍、完成自動車荷役に携わる労働者数はバルク貨物と比べてトンあたり 3 倍と仮定して算出した港湾毎の荷役労働者数を按分した。これらのデータを用いて生産関数のパラメータを推定した結果が表 15.3 である。

　これより、ターミナル労働者数の推定弾性値は、就航航路数のそれに次いで大きいことが読み取れる。つまり、将来予想される港湾労働者の減少は、クレーン数やターミナル面積と比べて、コンテナターミナルの生産性に大きな影響を及ぼす可能性がある。また、推定結果をもとに各港湾のコンテナ取扱量を算定し、それと実際のコンテナ取扱量実績との差を計算してみたところ、実際のコンテナ取扱量が 200 万 TEU を超える大港湾のいくつかにおいて、その差が大きくマイナス側に振れているケースが見られた。

15.5　自働化に向けた示唆とさらなる課題

　以上の単純な分析より、自働化設備導入港湾の効率性は、現時点においてはそれほど高いとは言えないものの、今後の現実的な技術進展に伴って効率性は上がるものと考えられることが明らかとなった。また、わが国の外貿コンテナ港湾においては、取扱量が 200 万

表 15.3　わが国港湾ターミナルの生産関数の推定結果

説明変数	係数	t 値
その他技術的要素（A）	7.841***	22.1
就航航路数（B）	0.607***	5.34
クレーン数（C）	0.273*	1.88
ターミナル面積（T）	0.216**	2.01
ターミナル労働者数（W）	0.324***	3.02
補正済み R^2	0.917	
観測数	61	

注：*** は 99% 有意水準、* は 90% 有意水準を満たす。

TEU を超える大港湾のいくつかにおいて相対的に効率性が低いと思われる結果が得られた。これより、こうした大港湾にこそ、自働化・AI 化を含め、効率性向上のためのさまざまな取り組みを進めるべきことが示唆される。

ただし、以上の単純な分析では、港湾の効率性を比較・検討するための要素として、時間やコストが考慮されていないという限界がある。また、熟練就労者比率のデータが得られれば、将来的に退職等によってその比率が大幅に下がったときの効率性についても検討できるので、こちらについても分析が必要であろう。さらに、AI ターミナルの有用性立証のためは、個々のターミナルにおいてケーススタディを実施し、定量的な評価を行うことや、海外の自働化ターミナル事例についても調査が必要だと思われる。これらについては、今後さらなる検討が行われることが期待される。

【参考文献】
1) 厚生労働省職業安定局雇用開発部建設・港湾対策室資料
   (https://www.mhlw.go.jp/stf/seisakunitsuite/bunya/koyou_roudou/koyou/kensetsu-kouwan/index.html)
2) 日本港湾協会、「港湾」、2019 年 3 月号
3) 日本港湾協会、「港湾の施設の技術上の基準・同解説」、2018 年 5 月

第16章　農産品輸出と地方港湾の役割

16.1　農産品輸出における地方港湾の役割とは

　本章は、地域の基幹産業のひとつである農林水産業・食品産業のなかでも、とりわけ農産品を取り上げて、その輸出をささえる地方部の港湾のあり方や今後期待される役割を検討する。

　農産品の海外販路拡大にあわせて、産地から消費地まで一貫して低温・冷蔵・冷凍の状態を保ったまま流通させる仕組み、すなわちコールドチェーン整備の必要性が求められているが、現在の日本では、港湾でコールドチェーンがきれてしまうという問題点が指摘されている。また、港湾での検査時間・検疫費用が非常にかかることなどから、検疫のために港湾で待たされる場合に、腐りやすいものは商品価値がなくなってしまうことがある。

　このように、農産品輸出に関して地方港湾の役割を検討することは、今後の港湾のあり方を考えるうえで有用であると思われる。そこで本章では、農産品輸出の先進事例のひとつである博多港の取り組みを紹介して、農産品輸出における地方部の港湾の役割を検討する[1]。

16.2　農産品輸出に関する港湾政策の現状

（1）農水産物輸出促進政策の背景と現状

　2018年時点で、日本政府は「2019年に日本産農水産物輸出額1兆円」を目指すための輸出促進策に取り組んでいる。日本産農水産物輸出額1兆円という政府目標が最初に掲げられたのは2006年であった。このときは世界的に自由貿易協定締結の動きが広がるなかで、日本政府がオーストラリアなどと農業を含めた経済連携協定締結を目指しており、農産物輸入拡大に対する生産者などの懸念や不満を払しょくしようという政策的意図が働いていたとされる[2]。

　現在は、国内での農産物需要が伸び悩む一方で、中東はじめアジア諸国・地

---

[1] 本章の16.1および16.2は、後藤（2020）および後藤他（2020）の内容を加筆修正したものである。
[2] 栩木他（2011）を参照。

域の急激な経済発展と世界的な食の安心・安全、健康志向の高まりを背景に、海外での日本国産農水産物への需要は継続的に増加する傾向が認められる。

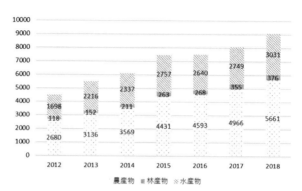

出所：農林水産省資料より作成。

図 16.1　農林水産物・食品の輸出額の推移（2012 年〜 2017 年、単位：億円）

図 16.1 は 2012 年から 2017 年までの農林水産物・食品の輸出額の推移を表したものである。これをみると、2017 年の輸出実績は約 8,000 億円であり、順調に農林水産物・食品の輸出額は伸びてきているものの、2019 年までの政府目標まであと約 2,000 億円の輸出増が必要であることがわかる。

農林水産物のなかでも、農産物の輸出額は順調に伸びてきている。この増加要因を考えるために、表 16.1 では 2016 年の農林水産物の品目別輸出額、対前年比増減率およびその増減要因を示した。従来農林水産物輸出の主力は水産物であった[3]。しかし、2016 年には円高などの影響で日本の輸出総額が前年比 7.4% の減少となったが、農林水産物の輸出額は、米、牛肉、ぶどう、いちごなどで 2 割以上増加したことがわかる。とくに、輸出額自体はまだ少ないものの、輸出額が順調に増加している農産物のなかでも、ぶどう、いちごといった青果物の増加率が高い。

一方、日本政府は農林水産物・食品の輸出額 1 兆円目標を達成するため、「農林水産業の輸出力強化戦略」等に基づき、下記のような取り組みを実施している。

① 「日本食品海外プロモーションセンター」（略称：JFOODO）の創設

② 輸出拠点整備の推進

③ 輸入規制の撤廃・緩和における取り組み

---

[3] 福田（2013）を参照。

表 16.1　農林水産物の品目別輸出額、対前年比増減率およびその増減要因（2016 年）

品目		輸出額（億円）	対前年増減率（%）	増減要因
農産物	合計	4,595	3.7	
	米	27	21.2	海外マーケットにおける日本食人気の高まりの中での PR の効果発揮、玄米を輸出して現地精米するなど工夫した取組が好評
	牛肉	136	23.1	輸出団体等によるプロモーション効果の着実な広がり
	ぶどう	23	50.4	品目団体の PR 効果発揮により、特に種なしで皮ごと食べられる品種「シャインマスカット」等の評判の高まり
	いちご	11	35.3	海外見本誌等を通じ、品質や食味が評判となり、需要増
	緑茶	116	14.3	健康志向の高まりや日本食ブームに加え、輸出団体等によるプロモーションやセミナー等を通じた日本茶の普及・啓発により、特に高単価の茶産品等の需要拡大
林産物	合計	268	1.9	
	合板	46	112.8	フィリピンにおいて海外に輸出される住宅建材用に仕上げるための合板等の需要増
水産物	合計	2,640	△4.2	
	ホタテ貝	548	△7.2	2014 年末から 2015 年 2 月の北海道での悪天候による稚貝等の死滅等を受けた水揚量の減少、価格高騰に伴う米国等における買い控えを受けた需要減
	真珠	304	△4.7	外貨建てで取引されるところ、為替の円高による輸出額の減り
	乾燥なまこ	87	△15.8	現地での販売価格上昇等に伴う需要域

出所：農林水産省資料より作成。

　このうち、農産物の産地を後背地にもつ地方港湾を考えると、「②輸出拠点整備の推進」に関する施策をみることが重要である。農林水産省によると、農林水産物・食品の輸出拡大にあたっては、輸出先により移動距離や衛生基準が異なることも踏まえ、必要な施設等の整備では、とりわけ下記の 4 つの機能を重視するとしている。その際、生産地から海外市場までとぎれることなく効率的に産品を届けられるよう、全国的な視点で有効と考えられる地点に重点化・集約化を図るとも述べている。

① 　輸出先の植物検疫・食品規制・衛生基準に適合する生産・加工・集荷を行う機能

② 　品質や鮮度を保ち、必要な時期にタイミング良く送り出す保管・梱包・積出し機能

③ 　産品の積替えや再梱包の手間・コストを抑えて輸送するための集約化機

能

④　より短時間に輸出関連手続を進めるためにワンストップ化・迅速化する
機能

農林水産省は、「輸出潜在性の高い農産物の産地を中心に、輸出用の農産物
を選別する設備、輸出向けの農産物加工施設、収穫した農産物を適温で輸出先
ごとに保管するための低温貯蔵庫や CA（空気組成調整）貯蔵庫等を備えた施
設、輸出先の植物検疫条件に対応ができる施設、高水準な衛生管理体制を備え
た施設等の整備」を推進するとしている。

(2) 農林水産物輸出における港湾の位置づけ

前述したように、政府も農林水産物の輸出を促進していることが明らかと
なった。それでは、日本の港湾における農林水産物輸出の位置づけはどのよう
なものだろうか。そもそも農林水産物を輸出する際の輸送手段は、航空輸送と
海上輸送に分類できる。福田（2013）によれば、農林水産物を輸出する際の航
空輸送と海上輸送のそれぞれのメリット・デメリットは表 16.2 のように整理
できる。表 16.2 をみると、料金の安さ、積載量の多さ、そして厳密な温度管
理が可能であるところが、農林水産物を輸出する際の海上輸送の相対的な強み
になっていることがわかる。

表 16.2　各輸送手段の特徴

		航空輸送	海上輸送
メリット		輸送時間が短く、リードタイムが短縮できる	海上輸送料金が安い
		商品鮮度が保持しやすい	積載量が多い
		輸送時間が短いため、代金回収時間の短縮につながる可能性がある	リーファーコンテナを利用すれば厳密な温度管理が実現できる
			振動による荷傷みが少ない
デメリット		航空輸送料金が高い	輸送時間が長く、リードタイムが長い
		積載量が少ない	商品鮮度を保持しにくい
		厳密な温度管理ができない	コンテナごとで輸送するため、輸送量が求められる
		保冷剤の使用により輸送料金がさらに増加する	
		離着陸などによる振動が荷崩れや荷傷みを起こすことがある	

出所：福田（2013）、p.816 より作成。

　2015年の農林水産物・食品輸出の運送
形態別割合を表した図16.2をみると、上
記の強みから、農林水産物輸出はその多
く（約80％弱）がコンテナ貨物であり、
農林水産物を輸出する際に海上輸送の強
みがあることが改めてわかる。しかしな
がら、農林水産物輸出への対策は、港湾
政策上、比較的新しい課題として位置づ
けられている。また、港湾整備あるいは

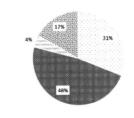

リーファーコンテナ　ドライコンテナ　海上バルク　航空貨物
出所：国土交通省港湾局資料より作成。

図16.2　農林水産物・食品輸出の運送形
　　　　態別割合（2015年）

港湾政策に関する先行研究は大別すると以下の5つに分類されるが[4]、農林水
産物輸出に資する港湾のあり方について検討したものは、筆者が見る限り非常
に数少ない。

① これまで策定された構想（中枢・中核国際港湾構想、スーパー中枢港湾
　 構想、国際戦略港湾構想）に関する研究
② 利用港湾の選択要因に関する研究
③ 港湾の競争に関する研究
④ 港湾のネットワーク分析に関する研究
⑤ 港湾運営のガバナンスに関する研究

　そこで、次節では、今後輸出増加が期待される農産品を対象として、その産
地を後背地にもつ地方港湾の今後のあり方について、博多港の事例をもとに検
討する。

16.3　農産品生産拠点九州と輸出拠点博多港

　九州は面積、人口、域内総生産がそれぞれ日本全体の約1割を占め、「1割
経済」と呼称される。そのなかで、農業産出額の全国シェアは約2割であり、
農産品の生産拠点となっている[5]。九州で生産された農産品は全国に出荷され
るほか、海外にも輸出されている。図16.3に農産品（野菜・果物）について、
九州の生産量、九州各港からの輸出量、うち博多港からの輸出量の経年変化を

[4] 赤井（2010）、男澤（2017）、川﨑・寺田・手塚編著（2015）、黒田編著（2014）、津守（2017）およ
び宮下（2011）をもとに分類した。
[5] 農林水産省九州農政局（2019）を参照。

示す。輸出量自体は増加傾向にあるものの、依然として生産量に占める輸出量の割合はかなり小さく、鮮度が重要な農産品でありながら、陸送のうえ九州域外港湾から輸出されているものもある。2018年の九州各港（空港含む）からの農産品（野菜・果物）の輸出は、金額ベースで34億円、重量ベースで0.6万トンであり、博多港が最大の輸出拠点となっている（20億円、0.4トン）。全国輸出入コンテナ貨物流動実態調査によれば、博多港からの農産品輸出背後圏は、九州域内が95%であり、そのうち福岡県内が12.5%、熊本県内75%、佐賀県内7.5%と九州全体の輸出拠点となっている。

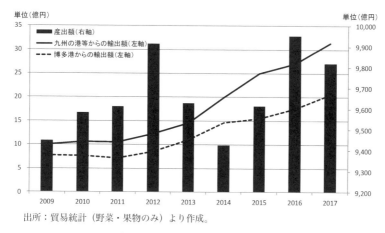

出所：貿易統計（野菜・果物のみ）より作成。

図16.3　九州の農産品生産額、九州各港からの輸出量

2012年に策定された博多港長期構想[6]で「アジアの富裕層向けの農産品など、博多港の背後圏の産業の特色等を活かした戦略性に富む取り組みが不可欠である」とされているとおり、農産品の輸出拠点づくりは博多港の物流戦略のひとつとなっている。以後、博多港の農産品輸出促進に向けた取り組みを紹介する。

---

[6] 博多港長期構想検討委員会（2012）を参照。

（1）博多港における農産品の輸出

①　輸出品目の制限

　九州からの農産品の輸出については、福岡・長崎・熊本県産みかんの対カナダ、大分・熊本・宮崎県産甘藷の対香港・シンガポール、福岡・佐賀県産いちごの対香港・台湾が量的に多くなっている。しかしながら、輸出可能な品目が国毎に制限されるほか、原発事故に伴う諸外国の輸入規制も存在しており、ビジネスベースでは解決し得ない、二国間の関係に基づく輸出障壁がある。

　外国に農産物を輸出する場合、相手国が定める輸入に関する植物検疫制度に従う必要があり、たとえばアジアでは、香港、シンガポール、マレーシアはほとんどが植物検疫証明書なしで輸出可能である。しかし、台湾やタイ向け輸出では証明書の添付や相手国の輸入許可証の取得が必要となり、中国、フィリピン、ベトナムのようにそもそも大部分の品目が輸出不可となっている国もある[7]。たとえば、博多港の最大の仕向先である中国に対して輸出可能な農産品は、梨とリンゴのみとなっている。

　こうした輸出品目の制限に関しては、政府レベルの取り組みのなかで解禁が期待されるとともに、各地域・各港湾としては、解禁後の速やかな対応が可能となるような、情報収集や交流関係を構築しておく必要がある。

②　物流実態

　輸出に際しては、生産地から消費地までの国内輸送、保管、国際輸送といった物理的な物流に加え、検疫、通関といった貿易に関する手続きが必要となる。図16.4に香港に輸出される場合を例に、納品までのプロセスと平均的なリードタイムを示す。博多港からの農産品輸出の荷姿は主にコンテナとなっており、温度管理が必要な場合、生産地から冷蔵トラックにより港頭地区の保税倉庫に輸送され、輸出検査・植物検疫証明書の発行、通関を経て、リーファーコンテナにバンニングされる。その後、コンテナターミナルに輸送され、船積み、輸出となる。到着後は倉庫に輸送、デバンニングされ、納品される。産地から納品先まで一貫して温度管理を行う場合、物流全体のマネジメントが必要となる。

---

[7] 農林水産省（2019）を参照。

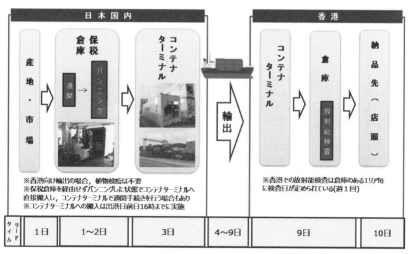

出所：福岡市港湾空港局資料

図 16.4　博多港からの農産品輸出フロー（香港への輸出の例）

（2）博多港における農産品輸出促進の取り組み

① フードハブ形成とベジフルスタジアム

　博多港は、農産品等輸出拠点（フード・ハブ）の形成を目指している。九州が食料供給拠点であり、アジアとの地理的な近接性というポテンシャルをもっていることに加え、世界的な日本食ブーム、世界の食貿易の成長、さらには日本政府による農産品の輸出促進政策の策定といったことが背景となっている。

　フードハブ形成に不可欠な施設として、コンテナターミナルに近接する新青果市場「ベジフルスタジアム」が 2016 年 2 月に開場している。これは、卸売場の 84.4% が定温卸売場となるコールドチェーン対応施設である。この施設の特徴は、全国トップレベルの残留農薬検査にも対応可能であることに加え、港湾機能に直結しているため、対アジア貿易における優位性をもつことである。さらに、国内の卸売市場は、卸売市場法により生鮮食料品の国民への安定供給を目的としていることから輸出が規制されていたが、2016 年の施行規則改正によりベジフルスタジアムを活用した輸出が特例措置として認められている。ベジフルスタジアムとコンテナターミナルの位置関係を図 16.5 に示す。

図16.5　ベジフルスタジアムと博多港コンテナターミナル

　ベジフルスタジアムを核とした輸出の促進に向け、ターゲットや品目を絞って戦略的に取り組む必要があることから、2018年3月には福岡市は「国際農産物等市場推進計画」を策定している。本計画において、商談会や海外バイヤーへのアンケート調査、海外でのマーケット調査を通じ、ターゲットとなる主要品目は、いちご（あまおう）、さつまいも、りんごであり、有望品目としてシャインマスカット、みかん、メロン、梨、桃、柿、地場産青果物が例示されている。

　輸出相手国としては、香港、シンガポール、台湾を当面のターゲットとし、今後成長の見込まれるターゲットとして、マレーシアとタイがあげられている。輸出体制としては、海外バイヤーは、取引の障害として、価格（70%）とそれに直結する輸送方法（70%）、安全性（50%）、安定供給（40%）などをあげており[8]、輸出の拡大に向けてはコスト、特に輸送コストの低減が課題となる。すでに、リーファーコンテナで鮮度を維持しつつ、相対的に低廉な海上輸送に切り替えるなど、品目にあわせた輸送体制を確立することで輸送コストの低減を図っており、今後は積載率の向上や国内輸送費の低減についても検討する必要がある。さらに、ベジフルスタジアムの物流拠点・集荷機能により、全国の産地から季節の青果物を集荷し、産地および

---

[8] 福岡市（2018）を参照。

品目をリレーしながら供給量を確保するという、多品目周年供給体制の確立
が望まれる。

② 産官学一体となった取り組み

　農林水産省は、世界第二位の農業輸出額を誇るオランダの先進的な取り組
みである「フードバレー」をモデルとした日本版フードバレー構想を推進し
ている[9]。九州において経済界を中心に当該構想に関連する取り組みが進め
られ、2015 年には、JA、地場企業、物流企業などが出資する九州農水産品
直販株式会社が設立、2016 年には、当該会社に加え、九州経済連合会、九
州地域の 5 大学、農業団体、福岡市港湾空港局など産学官が会員となる「農
林水産物の輸出促進研究開発プラットフォーム@九州・沖縄」が設立され
た。博多港港湾管理者である福岡市も、これらの組織と連携し、九州・沖縄
地区から博多港を活用した農産品等の輸出モデルの確立と生産者の所得向上
を目指している。

　博多港を活用した農産品輸出モデルの形成には、生産面、販売面、輸送面
の各側面での取り組みが必要となる。具体的には、生産面では産地間連携に
よる国内統一ブランドの通年供給、販売面では販路拡大のためのプロモー
ションといったことがあげられるが、輸送面では輸出手続きの迅速化、速達
性の高い航路の誘致等に加え、高鮮度保持技術を伴う国内外流通網の整備が
必要となる。

　そのため、こうした取り組みの一環として、2016 年には、博多港を活用
した、新たな高鮮度保持技術によるグローバルコールドチェーン確立に向け
た研究開発が農水省補助事業として採択された。リーファーコンテナをベー
スとした高鮮度保持輸送コンテナの技術開発、戦略的輸出品目の産地間連携
による集荷・輸出モデルの検討が行われ、2017 年 12 月より海上輸送実証実
験が実施されている。具体的には、博多港でバンニングした果物を、電場シ
ステムを搭載したリーファーコンテナで香港及びシンガポールに輸送し、デ
バンニング後に鮮度を評価するものであり、高鮮度保持輸送の有効性が確認
されている。

---

[9]「知」の集積と活用の場の構築に向けた検討会（2018）を参照。

（4）今後の課題と展望

　本章では農産品輸出の先進事例のひとつである博多港の取り組みを取り上げたが、今後農産品輸出を拡大するためには、地方部の港湾にも課題がある。

　博多港の場合、国際コンテナ戦略港湾政策が進められるなか、他の貨物と同様、促進すべき農産品の輸出相手国はアジアが基本となる。アジアへの輸出では、本来であれば博多港は他地域よりも短距離であるという優位性を持つ。しかし、香港やシンガポールへの直行便はなく、直行便で早く目的地に到着する神戸港まで陸送するケースも見受けられ、その優位性を活かしきれていない。

　また、たとえば香港では放射能検査が必要となっているなか、週 1 回の検査日を逃すと、最長 7 日間納品できないなど、航路サービスの充実や定時性が課題となるケースもある。

　このように、高い定時性と短いリードタイムを可能とする船社・航路の誘致が港湾側での重要な課題である。また高精度保持輸送のためには、リーファーコンテナ電源供給設備の増設や小口積替え円滑化支援設備の民間整備支援が期待される。

　さらに、物流システムとしては、産地から消費地までのコールドチェーン全体をマネジメントする主体の欠如も課題となっている。農産品輸出促進には、求められる量を、安定的に、迅速に、品質を確保しながら消費地に届けることが重要である。特に高鮮度保持輸送の実現には、サプライチェーン構成要素の各主体間の連携、それを実現するための全体マネジメント主体の役割が大きい。産地証明など必要書類の多さやその電子化の未整備が輸出促進の課題であるとの意見もある。

　さらに、関係者へのヒアリングによれば、釜山港のように背後地での荷姿の変更や加工業務が可能となれば博多港の利用価値が上がるとの意見もあり、ロジステイクスハブ機能を有した海外拠点港に対する競争力についても留意する必要がある。

　一方で、陸（鉄道貨物駅、高速道路）海（博多港）空（福岡空港）のインフラが互いに近接する福岡市は、国内集荷、海外への輸送の両面で、さまざまな輸送モードの選択が可能となる。たとえば、小ロットの段階では航空便を活用しながら、海外市場への浸透が進めば大ロット海上輸送へと転換し、輸送費用の低減により、更なる市場への浸透が進むことも考えられる。

　このように、農産品輸出を拡大する際の地方部の港湾のあり方の 1 つとし

て、コールドチェーンなど物流の一貫性を保つ直後背地を考慮した港湾整備とともに、他の機関との連携に基づく効率的な港湾運営が今後一層求められるだろう。

【参考文献】

1) 赤井伸郎 (2010)、『交通インフラとガバナンスの経済学』、有斐閣

2)「知」の集積と活用の場の構築に向けた検討会 (2018)、「平成 28 年度からの「知」の集積と活用の場の構築に向けた展開方向」、http://www.affrc.maff.go.jp/docs/press/pdf/160415_2-02.pdf (2019 年 7 月 31 日最終アクセス)

3) 福岡市 (2018)、「国際農産物等市場推進計画」

4) 福田晋 (2013)、「日本産農産物輸出拡大に向けた展開条件」『農業および園芸』88 (8)、pp.807-821

5) 後藤孝夫 (2020)、「農水産物輸出における港湾の役割と課題」『經濟學論纂』、60 (3)、pp.73-84

6) 後藤孝夫・森高正博・松本守 (2020)、「中部圏の農林水産品・食品輸出における名古屋港の今後の役割と中部国際空港との連携のあり方」『港湾研究』41、pp.1-27

7) 博多港長期構想検討委員会 (2012)、「博多港長期構想～アジアの中で輝きを放つオンリーワンのみなとづくり～」、http://port-of-hakata.city.fukuoka.lg.jp/profile/kousou/pdf/kousou01.pdf (2019 年 7 月 31 日最終アクセス)

8) 川﨑芳一・寺田一薫・手塚広一郎 (編著) (2013)、『コンテナ港湾の運営と競争』、成山堂書店

9) 黒田勝彦編著、奥田剛章・木俣順 (2014)、『日本の港湾政策-歴史と背景-』、成山堂書店

10) 宮下國生 (2011)、『日本経済のロジスティクス革新力』、千倉書房

11) 農林水産省 (2019)、「輸出条件早見表 (貨物編)」、http://www.maff.go.jp/pps/j/search/e_hayami_kamotu.pdf (2019 年 7 月 31 日最終アクセス)

12) 農林水産省九州農政局 (2019)、「見たい！知りたい！九州農業 2019」、http://www.maff.go.jp/kyusyu/kikaku/mirusiru_2019.html (2019 年 7 月 31 日最終アクセス)

13) 男澤智治 (2017)、『港湾ロジスティクス論』、晃洋書房

14) 栩木誠・森高正博・福田晋 (2011)、「国産農水産物輸出拡大目標の策定と問題点」『九州大学大学院農学研究院学芸雑誌』、65 (2)、pp.107 111.

15) 津守貴之 (2017)、『日本のコンテナ港湾政策 - 市場変化と制度改革、主体間関係』、成山堂書店

第 17 章　PORT 2030 と九州の地方港湾

「PORT 2030」において政府の方針が打ち出されたものの、各港湾では、それぞれが有する地域特性を加味した港湾整備のあり方が問われている。そこで、本章では九州の港湾を事例として、現状を説明し、各港湾がそれぞれの地域特性をどのように活かして港湾の整備と活性化を図っていくべきかという方向性を示す。

17.1　九州の地政学的特徴と港湾配置

（1）わが国の 1 割経済圏を形成する九州

　九州は、わが国の 1 割経済圏を形成している。九州 7 県に沖縄を含む九州・沖縄の人口、域内総生産（名目）の全国シェアは、それぞれ 11.3％（1,431 万人（2018 年））、9.0％（49 兆円（2016 年））である。地方ブロック別にみると、関東、近畿、東海の三大都市圏に次ぐ規模である。比較可能な 2015 年度の九州の域内総生産を世界の国々と比較すると、タイやノルウェー、ベルギーとほぼ同規模の経済規模を有している。

　主要産業の立地をみると、第一次産業は鹿児島、宮崎、熊本といった九州南部が畜産の一大産地を形成し、リアス式海岸の発達した長崎はわが国を代表する水産県である。農業産出額、林業素材生産量、海面漁業・養殖業漁獲量は、それぞれ全国シェア 2 割を超える。また、一次産品を活用した食品産業も盛んであり、福岡の辛子明太子や宮崎・鹿児島・大分の焼酎など、各地に多種多様な特産品を有している。

　第二次産業については、北九州と大分の鉄鋼や化学をはじめ、長崎や佐世保の造船、北部九州各地に立地する自動車や半導体などの基盤産業（移輸出型産業）を有する。全国シェアは、鋼船が 3 割超、集積回路が 2 割超、粗鋼生産量や自動車生産台数が約 15％程度と、いずれも高水準にあり、九州経済の屋台骨を支えている。これらの産品は、九州域外ならびに海外との取引も多く、調達物流や製品物流の両面で港湾と密接不可分な関係にある。

　また、第三次産業に関して言えば、九州は観光産業も盛んである。特に、入り込み客数がハワイに迫る年間 1,000 万人規模（国内外客の合計）の沖縄に加えて、阿蘇や桜島などの活発な活動が身近に垣間見られる火山、わが国源泉の

4割を占める温泉などを有する九州各地にも内外から多くの集客がある。特に、新型コロナウイルス前の近年はインバウンドの伸びが大きく、2019年には九州・沖縄で670万人を超えており、全国の2割を超えるまで高まっている。

(2) 国土の末端・アジアの先端に位置する九州

　九州は、わが国の西南端に位置する「国土の末端」であるが、広い視野でみるとわが国と近隣諸国を繋ぐ「アジアの先端」に位置する。福岡から同心円を描くと、大阪まで約500km、東京まで約1,000km、札幌まで1,500kmである（図17.1）。それに対して、ソウルが500km、上海が1,000km、北京・台北が1,500kmであり、東アジア各国の主要都市と日帰り・一泊二日の交流圏が形成できる位置にある。

　このため、九州とアジアとの経済的な結びつきはきわめて強い。九州の輸出

出所：「図説九州経済2020」（九州経済調査協会）

図17.1　九州から各都市への距離

総額では約 6 割、地場企業の海外進出では約 8 割がアジアであり、全国よりも
高いアジア比率となっている。入国外国人数では 95％、在留外国人では約 9
割がアジアである。アジア発着のカジュアルクルーズ船の寄港回数も博多港を
筆頭に九州が全国の 5 割を超えている。

　九州は、成長著しい東アジアとわが国を繋ぐゲートウエイとして機能すると
ともに、アジアの成長の取り込むことで地域の成長戦略を描いている。

（3）バランスよく配置される九州の主要港湾

　九州をとりまく海域をみると、北西方向には対馬海峡を挟んで日本海と東シ
ナ海・黄海、南東方向には太平洋が大きく広がるとともに、瀬戸内海や有明
海・八代海などの穏やかな内海を有するなど、多様性を持っている。また、壱
岐対馬や五島列島、天草、南西諸島などの多くの島嶼部を有している。このた
め、九州・沖縄の海岸線延長は全国の約 35％であり、そのうち天然海岸延長
は全国の約 55％に達する。有人離島数も 152 島で全国の約 50％に達している。
さらに、豊かな漁場となり資源・エネルギーなどの開発が容易な浅海域も全国
の 36.0％が、干潟や造礁サンゴもそれぞれ 72.0％、97.7％が九州・沖縄の海域
にある。世界第 6 位の領海および排他的経済水域を有する海洋国家であるわが
国のなかにあって、九州の位置づけはきわめて大きい。

　このため、外界と繋がる港湾や漁港の数についても、九州の全国シェアは高
く、それぞれ 35.7％、29.5％となっている。人口 150 万人（10％通勤圏でみた
都市圏人口は約 250 万人）の福岡市を中心に、九州各地に 12 の中核都市（人
口 30 万人以上）、32 の地方拠点都市（人口 10 万人以上）を有しており、これ
らの各都市を中心にバランスよく港湾が配置されている。

（4）九州の主要港湾の特徴

　九州・沖縄には、30 を超える「重要港湾」及び北九州港と博多港の 2 港の
「国際拠点港湾」がある（図 17.2）。また、食糧等の安定供給に資する「国際バ
ルク戦略港湾」に志布志港（連携港：鹿児島港・八代港）が選定され、畜産基
地の飼料輸入を支える拠点港となっている。

　港湾統計で九州の港湾貨物取扱量ランキングをみると、大分港の 6,227 万ト
ンが最も多く、これに北九州港（5,637 万トン）、苅田港（3,721 万トン）、博
多港（3,324 万トン）、津久見港（2,212 万トン）が続いている。第 1 位の大分

港は、輸入が全体の 51.6% となっており、鉄鋼業や石油化学工業に必要な鉄鉱石や石炭、石油などの重要な輸入拠点となっている。第 2 位の北九州港も石炭や鉄鉱石、LNG の輸入と、鋼材や完成自動車の移輸出が大宗貨物となっている。第 3 位の苅田港は移輸出が 63.4% と高く、自動車部品や完成自動車、セメ

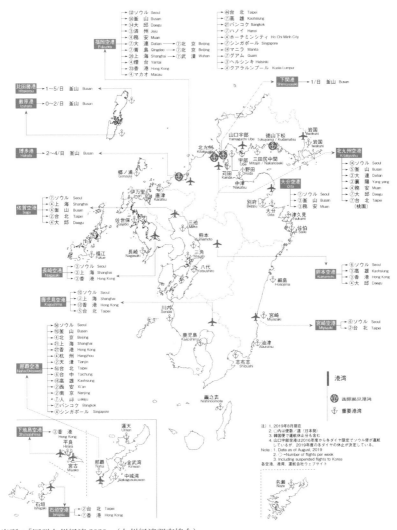

出所:「図説九州経済 2020」(九州経済調査協会)

図 17.2　九州 8 県の主要港湾・空港と国際路線ネットワーク

ントなどを各地に供給している。第 4 位の博多港は、苅田港とは対照的に移輸入が 66.5％を占める消費地型の港となるなど、後背地の都市構造や産業構造とリンクした貨物取扱状況となっている。

　そのうえで、九州の主要港湾の特徴をみると、内航海運では、関西や関東向けに多数の内航フェリーや RORO 船が就航している。近年はトラックドライバー不足や運行管理厳格化などの影響で、自動車輸送から船舶輸送へのモーダルシフトが進んでおり、RORO／フェリー船の新規就航や新造船の動きが活発である。

　外航海運では、その主力となるコンテナ航路はアジア航路がほとんどである。九州最大の外貿コンテナ取扱港の博多港（88 万 TEU：2018 年）、第 2 位の北九州港（48 万 TEU：2018 年）は、国際コンテナ定期航路サービスをそれぞれ約 40 航路・200 便を有しているが、博多港が有する 2 航路・月間 6 便の北米西岸航路を除いてそのすべてがアジア航路である。そのうえ、東アジア航路が博多港で約 7 割、北九州港で約 8 割と、近距離航路がその中心である。

　これは、年間約 2,000 万 TEU のコンテナ取扱量で世界ランキング 6 位の釜山港が近接しているためであり、両港とも釜山港のフィーダー航路が多い。な

表 17.1　釜山港における対日コンテナ取扱実績（2018 年）

順位	港湾名	総取扱量 （TEU）	輸出入 （TEU）	TS （TEU）	TS 比率
1	博多	294,279	119,381	174,898	59.4％
2	東京	239,026	158,556	80,470	33.7％
3	横浜	234,282	127,644	106,638	45.5％
4	大阪	218,551	129,207	89,344	40.9％
5	苫小牧	170,308	52,047	118,261	69.4％
6	名古屋	169,655	85,936	83,719	49.3％
7	神戸	150,474	70,034	80,440	53.5％
8	門司	128,857	55,050	73,807	57.3％
9	新潟	106,892	31,054	75,838	70.9％
10	清水	94,620	44,502	50,118	53.0％
	その他	1,312,533	490,656	821,877	62.6％
	合計	3,119,477	1,364,067	1,755,410	56.3％

　資料：マリタイムデーリーニュース社「マリタイムデーリーニュース 2019 年 1 月 30 日付
　出所：福山秀夫「北部九州港の現状と展望」
　　　　『九州経済調査月報 2019 年 8 月』九州経済調査協会

かでも、博多港は釜山港の日本で最大のお得意先である。2018 年の釜山港の対日コンテナ取扱量を港別にみると、博多港が 29 万 TEU で第 1 位であり、東京港や横浜港、大阪港といった三大港湾を上回っている（表 17.1）。北九州港（門司）も 13 万 TEU で第 8 位となるなど、九州の多くのコンテナ航路が釜山港をハブ港湾として活用している。

17.2　KYUSHU コネクトポート構想

（1）地方で唯一の中長期政策を策定する九州

　政府が策定した PORT 2030 を受けて、九州地方整備局は、2019 年 7 月に九州管内港湾の中長期ビジョンを示した「KYUSHU コネクトポート構想」を策定した。地方ブロック単位でこのようなビジョンを策定した地域は他になく、九州が地域経済・産業の発展に対して如何に港湾を重要視しているかということがわかる。

　KYUSYU コネクトポート構想では、地域のポテンシャルや強みを最大限に発揮させるため、「アジアと交わり、産業とくらしを支え・発展し、力強い九州を生み出す港湾」を将来像として、「交流・交易活性化」「地域活力の創造」「くらしの質と防災性の向上」の 3 つの基本理念（振興発展の方向性）を示している（図 17.3）。その具体的な方策としては、

- ①　九州の交易拡大を支えるグローバルサプライチェーンの構築
- ②　持続可能な産業発展と新たな価値を創造する国内物流体系の構築
- ③　バルク・完成自動車の物流拠点形成による地域産業の活性化
- ④　ロジスティクス機能の強化による産業・港湾物流の高度化・効率化
- ⑤　人・まち・島・自然の活用による豊かな生活環境の創出と交流の活性化
- ⑥　九州における港湾の強靱化と防災・危機管理対応力の強化

の 6 項目である。これまで述べてきた九州の地域特性を反映した包括的な構想となっている。

（2）東南アジア・東アジアシャトルコンテナ強化

　先述したとおり、外貿コンテナ航路に関しては、現状では韓国や中国を中心としたフィーダー航路が中心である。今後は、コンテナ船のカスケード現象に伴って、フィーダー航路への大型船の配船が予想される。したがって、地方港においても航路・岸壁の水深や係留機能、コンテナヤードの大型化への対応が

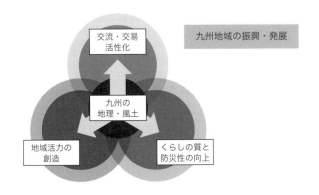

目指すべき将来像

アジアと交わり、産業とくらしを支え・発展し、
力強い九州を生み出す港湾

九州地域の振興・発展

交流・交易
活性化

九州の
地理・風土

地域活力の
創造

くらしの質と
防災性の向上

基本的な理念

交流・交易活性化	地域活力の創造	くらしの質と防災性の向上
アジア地域の活力を取り込み、諸外国との交易・交流を活性化させる我が国におけるアジアのゲートウェイ	持続可能な経済成長と九州各地に集積するものづくり・次世代産業の高度化・発展を支えると共に、地域活力の創造に貢献する港湾	風光明媚な景観や産業遺産、離島等のくらしを守り活かし、環境と調和し、かつ防災力の高い港湾

資料：九州地方整備局
出所：工藤寛之「KYUSHU コネクトポート構想を策定」
　　　『九州経済調査月報 2019 年 8 月』九州経済調査協会

図 17.3　KYUSHU コネクトポート構想の将来像と基本理念

不可欠である。さらに、取扱量が少ない航路での抜港も予測されることから、複数の港湾同士を繋ぐ集荷体制や港湾運営での連携、Sea & Rail などによる広域集荷・配送体制の強化も模索していく必要がある。博多港などでは、釜山トランジットを多用している日本海側港湾、すなわち新潟港、富山港、秋田港、酒田港、敦賀港、境港などを結ぶ内航フィーダー航路の充実という「現代版北前船構想」の実現に向けた取り組みを進めており、2019 年 4 月には、敦賀港と博多港を結ぶ RORO 船が新たに就航している。そのうえで、経済成長の著

しい広東・香港・マカオのグレーターベイエリア（大湾区：珠江デルタ地域）や、国際分業先・市場としての存在感を高めている東南アジア（シンガポール、ベトナム、マレーシア、タイ、インドネシアなど）への直行航路サービスの開拓が求められる。ここでは、農畜産品の輸出拡大を視野に入れたスピーディーなコールドチェーンネットワーク（低温物流）の構築が進められている。

（3）国内外のフェリー・RORO の強化

国内外のフェリー・RORO 船は、アジアのゲートウエイとしての特徴的なサービスとなる可能性がある。

内航フェリー・RORO 船については、主に東九州の各港湾と関東・関西を結ぶ航路が中心であり、フェリーは関西航路、RORO 船は関東航路を中心に構成されている。フェリーの拠点港は、北九州港、大分港、別府港、宮崎港、志布志港である。北九州港〜徳島港〜東京港を結ぶオーシャントランスの航路以外は、関西航路（神戸港、大阪港、泉大津港）であり、九州〜関西・関東航路には 20 隻のフェリーが投入されている。これはわが国の長距離フェリー 35 隻の約 6 割に達する水準である。特に、12 隻が投入されている九州〜関西の瀬戸内海航路のフェリーは、夜発・朝着のデイリースケジュールであり、旅客・貨物双方にとって利便性が高い。人手不足が叫ばれる長距離トラック輸送からのモーダルシフトが進んでおり、近年各社とも新造船によって輸送量を強化し、すでに下りは満船状態の船社も多い。

また、内航 RORO 船の九州側の拠点港は、博多港、北九州港、苅田港、大分港、細島港、宮崎港、油津港であり、関東側の拠点港は、横須賀港、東京港、常陸那珂港などである。直近の動きとして、川崎近海汽船が 2018 年に九州と関東を繋ぐ目的で大分港〜清水港の RORO 船デイリーサービスをスタートした。片道 20 時間、荷役 4 時間の 24 時間ローテーションで 2 隻でのデイリーサービスを展開している。大分港は、2017 年に東九州自動車道が北九州市から宮崎市まで繋がり、東九州での広域的な集荷利便性・拠点性が高まったことが航路開設の大きな誘因となっている。また、2019 年に近海郵船が博多港〜敦賀港を新たに開設し、同年 7 月からはデイリーサービス化している。敦賀港は、関西・中部と近接する要衝で、満船状態にある瀬戸内フェリーの代替と中部・北陸との大動脈になる可能性を秘めている。さらに、敦賀港では、同社の

苫小牧便と接続しており、内航 RORO の接続で、博多港〜敦賀港〜苫小牧港を太平洋航路よりも 1 日短い 4 日で繋ぐ高速輸送サービスも実現しており、「令和時代の北前船」として今後の利活用が期待されている。

　一方、国際 RORO・フェリーに関しては、下関港〜釜山港で関釜フェリーが、博多港〜釜山港でカメリアラインがそれぞれデイリーで運行されている。博多港は、釜山港との間に高速船（ビートル等）があることもあり、外国航路乗降員数は 200 万人を超えており、25 年連続日本一（2017 年）である。ちなみに横浜港のそれは 20 万人程度であり、博多港の船舶での交流規模の大きさがわかる。

(4) クルーズ・まちづくり強化

　港湾別にみた 2019 年のクルーズ船寄港数ランキングでは、上位 10 位中 7 つが九州・沖縄の港湾である。特に、上位 3 つの博多港（279 回）、那覇港（243 回）、長崎港（220 回）とそれぞれの 200 回を超えており、オンシーズンにはほぼ毎日寄港がみられるような状況に近づきつつある。

　これまでの港湾整備は、主に物流に重きが置かれてきたが、今回策定された港湾の PORT 2030 では「新たな価値を創造する空間（Premium Port)」という視点のなかで「列島のクルーズアイランド化」も示されており、九州各地の港湾はその中心的な役割を担っている。2017 年 7 月に、「官民連携による国際クルーズ拠点」を形成する港湾（国際旅客船拠点形成港湾）として、全国で 6 港湾が選定されたが、そのうち 4 港湾は九州・沖縄であった（佐世保港、八代港、本部港、平良港）。加えて、2018 年 6 月には鹿児島港、2019 年 4 月には下関港や那覇港も追加指定され、全国 9 港のうち 7 港が九州・沖縄（九州管内の下関港含む）の港湾となっている。佐世保港と平良港はカーニバル社、八代港と鹿児島港はロイヤルカリビアン社、本部港はゲンティン香港社、下関港と那覇港は MSC クルーズ社と協定を結び、官民連携によるクルーズターミナル整備を進めている。

　世界的な観光需要の拡大のなかで、この九州・沖縄・中国・台湾・韓国を中心とする東シナ海圏域に、カリブ海や地中海に次ぐクルーズマーケットを創出していくことが目指されている。その際、港湾にはクルーズ船社の配船に対応した適切な港湾施設の整備（ターミナルや岸壁など）が求められる。加えて、入管等のインバウンドのスムーズな受け入れ環境やクルーズターミナルと都心

を繋ぐモーダルコネクト（公共交通機関の接続強化）、そしてなによりも寄港地観光商品の充実とクルーズ船社と連携したクルーズ客への提供が必要である。アフターコロナを見据えた将来的には、ターミナルの母港化とフライ＆クルーズの拠点化を進めるとともに、九州を中心に東シナ海と瀬戸内海や日本海西部、太平洋沿岸までを楽しめるクルーズ商品の開拓が期待される。

17.3　東アジアとわが国のシームレス化に向けて

（1）貿易額 3.8 倍となる平成時代の九州

　九州がアジアとともに成長していることを示す数字として、貿易額の伸びがある。1989 年から 2018 年の平成時代の 30 年間の貿易額をみると、1989 年に 3 兆 4,000 億円だったものが、2018 年には 13 兆円にまで拡大し、その規模は 3.8 倍になっている（図 17.4）。1995 年の WTO 発足による自由貿易の拡大と、2001 年の中国の WTO 加盟などもあり、同期間の世界ならびにわが国の貿易額も同様に伸びているものの、わが国の伸びは 2.5 倍に留まっており、九州の伸びの大きさがわかる。特に、輸出額の伸びが全国の 2.2 倍に対して、九州は 4.8 倍になっており、自動車や半導体、鉄鋼、化学、造船、食品などの製造業の国際競争力の強化がなされたことがわかる。

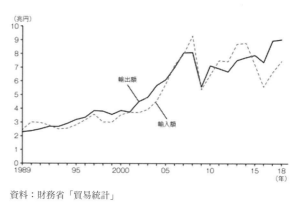

資料：財務省「貿易統計」

図 17.4　九州からの輸出額・輸入額

（2）関門から博多・大分へ

　この平成時代 30 年間の貿易額の伸びを牽引した港湾をみると、博多港と大分港が突出している（図 17.5）。

　九州管内港湾（空港含む）の税関別貿易ランキングをみると、平成初頭の 1989 年には北九州港（門司）と下関港が上位 2 港を占めており、輸出額のトップは苅田港であった。これに対して、平成末期の 2018 年では、博多港と大分港が上位 2 港となり、北九州港（門司）は 3 位、下関港は 7 位となっている。

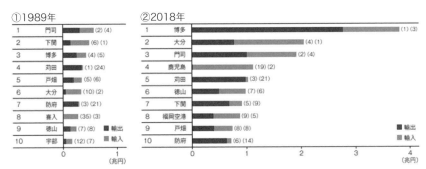

注：カッコ内の数字は税関別輸出額順位（左）、同輸入額順位（右）
資料：財務省「貿易統計」
出所：渡辺準矢「平成 30 年間における九州地域の貿易構造の変化」
　　『九州経済調査月報 2019 年 8 月』九州経済調査協会

図 17.5　九州管内港湾の税関別貿易額ランキング（1989 年・2018 年）

2018 年の博多港は 4 兆円となり、1989 年時点の 8 倍以上に急成長している。
大分港も同様で 5 倍以上の伸びを示している。平成時代の初頭に上位であった
北九州港（門司）も約 3 倍、下関港も約 2 倍と決して停滞していたわけではな
いが、自動車や半導体等電子部品、半導体製造装置などといった機械および輸
送用器具に加えて、鉄鋼（自動車用薄板などのフラットロール製品）や化学製
品等の高付加価値な素材産業が輸出主導型の基盤産業に成長していくなかで、
その積出港として博多港と大分港が急成長してきている。

（3）東アジアとわが国を繋ぐ九州のゲートウエイに

　PORT 2030 の 8 つの基本的な方向性はすべて重要な視点であるが、地方港
湾は、地域の地政学的なポジションや後背地の産業構造、産業配置、都市配
置、消費市場特性を考慮して、特徴を明確にした港づくりをしていく必要があ
る。その上で、地方創生に繋げるために、具体的な将来像を構想しつつ、施策
や取り組みの重点化を図っていくことが求められる。技術動向にも目を配り、
その有効活用というソフト施策にも同時並行で取り組んでいくことが重要であ
る。

　その上で、九州の港湾における最大の特徴でありキーワード足りえるものは
「アジアのゲートウエイ」と「国際物流・国際交流のシームレス化」だろう。

　わが国の経済成長と地方創生を成しえるためには、貿易や直接投資、インバ
ウンドの増大など、海外の成長を取り込むことが不可欠である。世界の経済成

長と所得拡大が続くなかで、世界の貿易や国際的な人の移動は拡大している。同時に、産業立地や分業に関しては、国内回帰とグローバル連携が同時に加速している。Industry4.0 の進展により、グローバルバリューチェーンを ICT で連携させた、シームレスな国際分業のカタチが見えてきている。そのようななか、国際物流がそのシームレスな国際分業を妨げる障壁になってはいないか検証し、その改善を進めていくことが必要である。

　例えば、円滑な物流や人流を実現するためには、港湾や空港、鉄道駅、高速道をなどのネットワークインフラのモーダルコネクトは不可欠である。さらに、船舶やトラック等の国際国内シームレス利用、すなわち船舶のストップオーバー（国際航路と国内航路の一気通貫での運用）、トラックのダブルナンバー・トリプルナンバーの促進と RORO/ フェリー船の活用、国際貨物と国内貨物の混乗のしくみ（海上保税輸送の拡充）など、国境のシームレス化に向けた施策の展開が不可欠である。

　幸い、九州では、下関港〜釜山港を結ぶ関釜フェリーで韓国とのダブルナンバートラックが日産系の自動車部品輸送などで活躍し、琉球海運の RORO 船が博多港〜鹿児島港〜那覇港〜石垣港〜台湾高雄港の航路で国際貨物と国内貨物の混乗化を実現し、博多港〜釜山港のビートルが対馬比田勝港寄港で旅客の混乗も実現するといった「国際物流・国際交流のシームレス化」の萌芽もみられている。これらの取り組みに加えて、港湾荷役・通関・情報管理の自動化・IT 化による車上通関・事前通関のしくみ、人手不足解消に向けたコンテナオペレーションの自動化のしくみ、臨海部の港湾から内陸の物流拠点を繋ぐ道路インフラ（高速道路・臨港道路と両者の接続道路）の自動運転技術対応のしくみなど、進歩し続ける最新の技術を活かした 30 年先を睨んだシームレス化対応を継続的に行っていく必要があるだろう。それには、港湾管理者の枠組みを超えた複数港湾の一体的経営、すなわち自治体・港湾管理者の枠組みを超えた連携と機能分担や、省庁の枠組みを超えたしくみの構築といった広い視野での構想と実現に向けた取り組みが必要になってくるだろう。未来を見据えた地域特性を活かした港湾づくり対して、地域の総合力が問われている。

【参考文献】
1) 九州経済調査協会（2019）、『図説九州経済 2020』
2) 九州経済調査協会動向分析班（2018）、「インバウンド 1,000 万人時代に向けた九州の戦略」

『九州経済調査月報』72（7）、九州経済調査協会

3) 工藤寛之（2019）、「「KYUSHU コネクトポート構想」を策定〜 2030 年に向けた九州管内
の港湾施策」『九州経済調査月報』73（8）、九州経済調査協会

4) 小柳真二（2016）、「復権する九州の海港」『九州経済調査月報』70（4）、九州経済調査協
会

5) 田代雅彦（2013）、「海〜その無限の可能性」『九州経済調査月報』67（7）、九州経済調査
協会

6) 福山秀夫（2019）、「北部九州港の現状と展望－国際物流の視点から－」『九州経済調査月
報』73（8）、九州経済調査協会

7) 松田琢磨（2019）、「九州の港湾と内航 RORO/ フェリーへのモーダルシフト」『九州経済
調査月報』73（8）、九州経済調査協会

8) 宮本祥平、佐藤康平（2019）、「訪日クルーズ 500 万人時代に向けたクルーズ船の受入環境
の整備」『港湾』96、日本港湾協会

9) 八木杏奈（2019）、「港湾が繋ぐ九州経済」『九州経済調査月報』73（8）、九州経済調査協
会

10) 山縣宣彦（2018）、「港湾の新たな空間的価値を創造する取組み」『運輸と経済』78（11）

11) 渡辺準矢（2019）、「平成 30 年間における九州地域の貿易構造の変化」『九州経済調査月
報』73（8）、九州経済調査協会

第18章　秋田港の新たな動きとPORT 2030の適用可能性

18.1　秋田港の概観

　本章では、地方港湾の事例として秋田港の現状を紹介し、「PORT 2030」の適用可能性を探ってみたい。

　秋田港は、市内を流れる雄物川の河口部に位置し、古くは室町時代の三津七湊のひとつである土崎湊として知られ、江戸時代には北前船の寄港地でもあった。また、東北地方に13ある重要港湾のひとつで、港湾統計（2016）によると、総貨物取扱量は520万トンであり、東北では仙台塩釜港（3,847万トン）、小名浜港（1,630万トン）、八戸港（1,564万トン）、相馬港（551万トン）に次ぐ5番目となっている。1996年よりコンテナ貨物の取り扱いも始まった。背後地に立地する亜鉛製錬所、火力発電所、製紙工場、木材関連工場に関連した外貿貨物とともに、石油製品、セメント等の内貿貨物が取り扱われている。なお、近年では紙・パルプ（段ボール原紙）、木製品（住宅用合板）の伸びが大きい。

　2019年現在、中国・韓国との国際定期航路が週3便設定されており、コンテナ貨物取扱量は79,467TEUとなっている。東北では仙台塩釜港（246,616TEU）に次いで第2位、かつ日本海沿岸では新潟港（222,573TEU）に次ぐ規模をもつ（表18.1）。しかし、コンテナ貨物を外貿／内貿別にみると、秋田港の内貿（移出／移入）の量は、他港と比べて非常に少ない。これは、外貿コンテナが秋田圏域への流通を目的とすること、あるいは秋田港が中継拠点ではないことを示唆している。この点からは、秋田港が「地域の港湾」として純化していると言ってよい。

　このことを別のデータから裏付けてみたい。秋田をはじめとする東北6県の外貿コンテナ貨物流動について、各県を目的地とするコンテナ貨物が利用する港湾を示したものが図18.1である。秋田県に輸入されるコンテナ貨物は秋田港を利用する割合が高く、そのシェアは74.4％になる。他県のシェアは、青森県（47.7％）、宮城県（49.4％）、山形県（23.3％）、福島県（7.4％）であり、秋田県の値は他県と比べても際だって高い。

　輸出をみても秋田県内貨物の58.7％が秋田港の利用であるが、同時に、京浜

表 18.1　港湾の取扱貨物量一覧　左：貨物量（トン）、右：コンテナ（TEU）

	外貿				内貿				総貨物量	コンテナ
	輸出		輸入		移出		移入			
仙台塩釜	2,385,209	77,829	13,114,402	78,223	9,961,496	44,176	13,006,669	46,388	38,467,776	246,616
小名浜	1,031,230	15,275	8,047,619	13,941	4,192,267	3,009	3,029,456	5,780	16,300,572	38,005
八戸	370,653	13,402	6,918,129	11,190	4,397,036	15,960	3,950,423	18,420	15,636,241	58,972
相馬	17,914	—	4,560,106	—	395,890	—	533,913	—	5,507,823	—
秋田	474,481	40,480	1,691,593	36,677	365,472	404	2,671,955	1,900	5,203,501	79,461
能代	93,135	—	3,222,945	—	188,983	—	219,211	—	3,724,274	—
酒田	359,119	17,704	2,025,095	14,344	497,568	959	609,517	3,924	3,491,299	36,931
新潟	1,019,960	74,811	14,049,211	80,805	738,071	36,795	3,578,798	30,162	19,386,040	222,573
敦賀	348,665	21,044	3,351,512	21,203	1,493,716	9,505	2,066,388	28,108	7,260,281	79,860
直江津	205,515	14,166	5,362,957	14,802	262,917	483	769,483	476	6,600,872	29,927
伏木富山	937,272	34,888	3,483,174	35,148	113,882	439	1,857,473	404	6,391,801	70,879

港など主要港湾からの陸送のシェアも 28.4％を占める。そのほかにも、陸送の
シェアは港湾の特性を示唆している。山形県や福島県の国際貨物が京浜港を利
用する理由は、荷主が移送距離の短さを考慮するからであろう。また、宮城県
でそのシェアが小さいのは、移送距離以上に航路の多様性といった仙台塩釜港
の機能に依存するからだろう。秋田港のコンテナ貨物取扱量は増加傾向にあ
り、これは、他の拠点となる港湾から陸送されてきた貨物が、地域の港（秋田
港）からの輸出入へと転換している可能性がある。さらに、後述するように、
秋田港に接続する高速道路の整備が、港湾選択に影響与える可能性もある。

　秋田港は東日本大震災の際にも大きな役割を果たした。太平洋側の港湾は、
大地震や津波によってその機能が停止し、使用できるまで長期の期間を要し
た。秋田港は大地震 2 日後から自衛隊等の救援活動の上陸拠点や、燃料供給の
ための燃料輸送船の入港地、被災地の復旧・復興のための建設資材等を搬送す
る支援拠点、さらに、従来は太平洋側の港湾から移出入された貨物の代替港と
しての機能を受け持った。非常時における港湾の代替性を物語る情景であっ
た。

　しかし、港湾機能という点からは、広く貨物を集荷／配送できる道路ネット
ワークの重要性は論を俟たない。秋田港に近接する高速道路のインターチェン
ジ（IC）として秋田北 IC がある。秋田港からおよそ 7km の秋田北 IC までは
4 車線道路を使う必要がある。しかし、この区間の交通量が多く、信号や交差

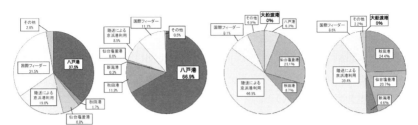

青森県（左：輸出、右：輸入）　　　　　岩手県（左：輸出、右：輸入）

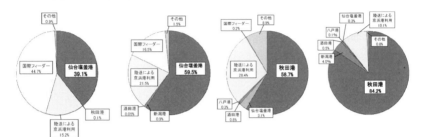

宮城県（左：輸出、右：輸入）　　　　　秋田県（左：輸出、右：輸入）

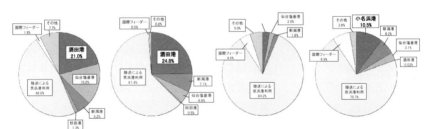

山形県（左：輸出、右：輸入）　　　　　福島県（左：輸出、右：輸入）

出所：「平成25年度全国輸出入コンテナ貨物調査」

図18.1　東北各県における自地域港湾利用率

道路への出入り交通も多い市街地内を通過するため、アクセス性に問題なしとは言えなかった。また、秋田港と高速道路の接続には、以前より都市計画道路の計画があったが、30年以上未着手のため、整備計画が白紙に戻っていた。そのようななか、2018年、秋田北ICへのアクセス道路の新規整備が決定した。近年の秋田港の利用拡大と重要物流道路との関係から、整備が決定されたのである。この道路により、広域輸送網と秋田港が接続されることになり、秋田港を利用するコンテナ貨物が近隣の県へと流れる可能性が注目され、リダンダン

シーの面からも強靱なネットワークを構築できる。

　このように、地元特化型の秋田港では、産業利用の点から高速道路網との接続を強化する動きがある。同時に、秋田港には PORT 2030 で論じられた2つの新しい動きがある。以下ではそれを紹介し、他地域における PORT 2030 の実現可能性を高めるための一助としたい。

18.2　クルーズ船の寄港

　わが国へのクルーズ船の寄港は急増している。2013年に1,204回だった寄港回数が、2018年には2,930回と2倍以上になった。日本海沿岸北部にある秋田港は、アジアに近い九州の港湾と比べ、国際クルーズにはアクセス面から不利ではあるが、全国的な追い風のなか、秋田の観光資源をもとにクルーズ船の寄港が増えている（図18.2）。2018年にはクルーズターミナルが新設された。クルーズ船による観光において、乗客は到着後、ただちにオプショナルツアーのバスに乗車し、港湾を離れて観光地へと向かう。また観光地から戻った後、逐次クルーズ船に乗船するため、クルーズターミナルは必須の港湾施設とは言えないかもしれない。しかし、ここは貴重な外国との接点であり、タラップから乗降するだけの景観に何らかの工夫ができないものだろうか（図18.3）。クルーズターミナルは、いわば地元の情報発信源（インフォメーションセンター）あるいは国際教育の場としての役割も兼ねるのではないだろうか。観光客にとっても、初めて目にする秋田となるわけで、たとえば、地元の人からの説明を受けて、地域を知ることができる。国内クルーズの場合、地元言葉による説明が、地域の温かさや魅力の発信となる。国際クルーズであれば、高校生や大学生の英語教育の実践の場とすることはできないか。観光客にも地域の人と会話（交流）を楽しみとする者もいるはずである。地方港におけるクルーズは地元消費だけではなく、こうした資源の育成という側面を積極的にもたせることが自治体の役割であるように思うのである。

　クルーズ船関連のいまひとつの

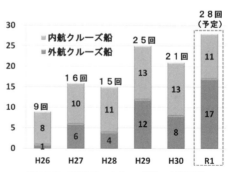

図18.2　秋田県のクルーズ船の寄港回数

図18.3 新設のクルーズターミナルと停泊するダイヤモンドプリンセス

図18.4 クルーズ列車運行開始記念の式典とクルーズ列車内の様子

話題は、新たな視点でのアクセス整備である。クルーズ船は、午前の寄港後にオプショナルツアーで圏域を観光した後、夕刻には次の寄港地に向かうパターンが多い。秋田港圏域には、男鹿、角館、田沢湖、乳頭温泉といった魅力的な観光資源があるが、広く自然の中に位置するため、鉄道駅からの二次アクセスの確保が課題である。

　そこで、2017年よりクルーズ列車の運行が始まった。秋田港には、鉄道貨物線としての秋田臨港線があり、クルーズ列車は、これを旅客利用するものである。新たに大工事が必要でなかったことも、この試みを後押しした。クルーズ列車は好評で、2019年からは定期運行となった。JR東日本は、クルーズ列車専用の駅とともにクルーズ専用列車「あきたクルーズ号」も整備するなど、利便性向上策を実施している。列車の運行により、秋田港から秋田駅までは20分弱で移動可能となり、そこから鉄道による男鹿、角館、田沢湖方面への誘客が期待できることになった（図18.4）。

18.3　洋上風力発電

　秋田港のもうひとつの新たな動きとして、洋上風力発電がある。日本海地域における冬期の強い季節風は想像に難くないが、秋田港では 1 年を通じて適度な風がある（上空 75m の地点で平均 6.5m 以上）。そのため、陸上の風力発電施設が多数建設され、新たな整備計画もある。秋田の風力発電は、原子力発電施設 1 基分に相当するとも言われている。

　港湾区域内の発電施設として全国に先駆け、秋田港と能代港で検討が始まっている。両港の港湾区域内に発電能力が 5MW の大型風車を 29 基（秋田港に 13 基、能代港に 16 基）設置する計画で、発電能力の合計は 145MW にもなる。建設工事の準備も進んでおり、2022 年には港湾区域内の発電が開始される予定である。

　洋上風力発電では、建設時やメンテナンス時のサービスステーションの確保も重要になる。建設時においては、風車のモノパイルを組み立てるための基礎として、通常より大きい重量にも耐えられる港湾施設が必要となる。また、メンテナンスにおいては、関連部品を揃え、いつでも出荷できるような体制づくりが必要となるが、すべての港湾に整備するのは非効率である。そのため、今後、適地が選定されると思われる（図 18.5）。また、秋田港という港湾区域内のみならず、一般海域での洋上風力発電も検討されている（図 18.6）。

秋田港内洋上風力発電
【事業概要】
❑**出力規模**　**54.6MW**（4.2MW×13基）
❑**対象水域**　**350ヘクタール**
❑**事業スケジュール**
　平成27年度（2015）〜　風況調査、環境影響評価
　令和 2 年度（2020）〜　着工
　令和 4 年度（2022）〜　稼働を目指す

図 18.5　秋田港内の洋上風力発電

　こうした洋上風力発電によって得られた電力は、秋田県内に限らず、日本各地で利用されることになる。もし、余剰電力があれば、関連の産業開発も期待できる。スタートアップ補助などの公的補助が必要かもしれないが、電力を必要とする企業を誘致することも考えられる。それでも余剰があれば、まちづくりに使用することも検討してはどうか。冬季における融雪に使用すれば、都市環境は確実に改善する。また、様々な建物のライトアップを演出すれば観光資

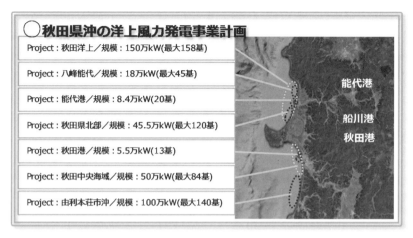

図18.6 洋上風力発電の検討地域（一般海域）

源ともなり、観光の季節による閑忙の差を縮小する一助となる。

18.4 これからの秋田港

　本章で説明したように、秋田港の取扱貨物量は増加し、船舶の輸送費やサービス等にメリットが生じ、また、それがもとになって更に秋田港の利用が増加するという良いループが構築されている。今後、秋田圏域の人口が増加すれば、取扱貨物量も増加するが、厳しい人口予測のもと、秋田港の貨物取扱量にはピークが訪れるかもしれない。現在のように秋田県内向けの貨物が多ければ、その傾向はなおさらである。

　しかし、東北地方の拠点港である仙台港と秋田港を比較すれば、特徴的な点は京浜港や仙台港からの距離にあり、それゆえ、一定規模の貨物が維持されているという皮肉な現実がある。したがって、今後もこの図式は大きくは変わらないかもしれないが、少なくとも秋田港の条件を改善するファクターは何だろうか。

　コンテナ貨物の輸出においては製品の出荷であるため、同一製品を一度に配送する必要があり、地元港湾を利用する可能性がある。他方、輸入貨物は運航頻度などの一定のサービス水準が満たされれば地元港湾を利用できるが、究極的には当該地域におけるコンテナの物量の確保にかかっている。

　コンテナ輸送における港湾と道路の連携を考えるとき、経済合理性にもとづ

いた港湾や経路が選択されることを前提とすれば、荷物の取扱量が増えると輸送費は低減し、サービス水準も改善する（多頻度の輸送；船便の増加）。その意味で、横浜港の利用が最も安価となるが、トラック輸送のコストは上昇しており、京浜地区から秋田までの陸送は合理的ではないことも考えられる。結局のところ、秋田港のような首都圏からの遠隔地の港湾の選択肢は、表 18.2 ように整理できる。この組み合わせから、トータルコストの最も安い輸送方法が最適値として選択されている。

表 18.2　各港を利用した場合のコスト構造

	海上輸送	サービス	陸上輸送	トータルコスト
横浜	安価	良い	高価	?
仙台	中庸	やや良い	中庸	?
秋田	効果	普通	安価	?

　このうち、秋田港にとって操作可能なものは何か。カギは陸送を担う道路にある。まず、定時性の確保が不十分であり、それは荷主の懸念材料となる。加えて、道路の貧弱さは他の一般車両にも影響を及ぼし、交通安全上の課題も生じる。トラックの走行中の運動エネルギーは、その大きさ／重さから普通車と比べて 1 ケタも異なる。ゆえに、道路ネットワークにおける適正な利用を図るためにも、トラックの走行空間を整備する必要がある。

　また、近年、自動運転の研究が進展しており、一部の高速道路での自動運転も実用化が間近に迫っている。技術革新も秋田港の条件を変えるファクターである。しかし、全ての高速道路が自動運転化されるには、まだ解決すべき課題が残されており、年月を要する。

　これとは反対に、CO_2 など環境要因からの陸送から鉄道あるいは水運へのモーダルシフトである。物流を支えるフェリーとトラック、そして貨物鉄道。これらの連携を密接にすることが重要である。これらの連携関係は、首都圏港湾だけではなく、地方港湾にとっても重要であり、この補完こそが重要なのである。各地域の需要に対応した物量を、いずれの拠点からどのような交通機関の組み合わせで輸送するのが望ましいか、秋田港はその事例であることを物語るのである。

第19章　港湾政策における地方港の位置づけと戦略

19.1　苫小牧港開発の経緯

　わが国最初の大規模な堀込式港湾である苫小牧港は、苫小牧臨海工業地帯（苫小牧港西港区）と苫小牧東部工業基地（苫小牧港東港区）の2つの工業集積地にわけられる。だが、外部から受けている評価は西港区と東港区の間で大きく異なるものといえる。特に、苫小牧東部工業基地は立地企業の伸び悩みから過去に「苫小牧東部開発株式会社」が清算された。

　一方、苫小牧港西港区も過去には数多くの批判にさらされた。たとえば、人工雪の研究で名高い中谷宇吉郎博士は1957年の『文藝春秋』4月号に、「北海道開発に消えた800億円、われらの税金をドブにすてた事業の全貌」と題する論説を発表し、大きな話題となった（佐藤（2000））。

　苫小牧に港湾を建設する構想は古くから存在していたが、1924年、林千秋氏による「勇払築港論」が最初の本格的な築港計画といえる。この計画は現在の苫小牧港と港湾の形態は異なっているが、漂砂に関する問題などはその後の苫小牧港築港に活用されている。その後もいくつかの計画案が提案されたが、実現にまでは至らなかった。

　1951年、北海道開発局が設置されるとともに、第1期北海道総合開発計画第1次5か年計画が策定され、苫小牧港の建設が重要施策として採択された。翌年、（社）日本港湾協会が「苫小牧工業港修築計画」を発表した。これは前年に起工された苫小牧港の実現可能性を初めて示した計画である。この計画の内容は後に幾度か変更されることとなるが、苫小牧港西港区の基本計画といえる。漂砂による港湾の埋没を克服するため、大規模な堀込式港湾とすることがこの計画では提案された。1957年、北海道開発庁から「苫小牧臨海工業地帯造成計画」が発表された。このなかで、苫小牧は鉄鋼や石炭関連工

図19.1　苫小牧港

業、化学工業などの企業が立地する北海道における工業の中心地として位置づけられることとなった。また、国の事業として外港区・商港区の築設をなし、工業港区・水路・工業地帯の造成を民間企業体で施工することとし、翌年には苫小牧港開発会社が設立された。1951 年に起工された苫小牧港西港区は 1963 年に重要港湾の指定を受け、東埠頭石炭岸壁の完成により第 1 船が入港した。1981 年 5 月、苫小牧港は特定重要港湾に昇格し、翌年には堀込水路延長約 10km の苫小牧港西港区が完成した。

　苫小牧東港区及び苫小牧東部工業基地構想が提案されたのは昭和 40 年代前半のことである。1969 年に発表された「新全国総合開発計画」を受け、翌年に「第 3 期北海道総合開発計画」が提示された。苫小牧東部地区に新たな工業基地を建設することで巨大な基幹産業コンビナートを建設するものであり、この計画において苫小牧東部工業基地の構想が初めて具体化された。

　1966 年、「苫東大規模工業基地開発計画案」が発表され、1971 年には苫小牧東部工業基地の基本計画となる「苫小牧東部工業基地開発方針」が発表された。この計画で開発対象とされた区域の面積は 12,650ha であり、苫小牧臨海工業地帯の規模をはるかに上回るものであった。また、当時は工業地帯造成に伴う地価高騰が大きな問題となっていたため、用地の先行取得が行われていた点が特徴である。

　1976 年、苫小牧港東港区が着工、1980 年に一部の供用が開始された。工業基地の用地造成も進められたが、企業立地は停滞した。その結果、1995 年の「苫小牧東部開発新計画」で見直しが図られ、大規模工業港湾から流通港湾へと位置づけが変更されることとなった。1998 年 12 月、第三セクターである「苫小牧東部開発株式会社」の清算が閣議了解され、その後、1999 年 7 月に事業を継承する新会社である「株式会社苫東」が設立された。同年には秋田・新潟・敦賀を結ぶフェリー航路が東港区に開設され、2001 年から多目的国際ターミナルの建設に着手するなど、流通港としての整備が図られた。

　2011 年 4 月には特定重要港湾から国際拠点港湾に名称変更され、北海道の港湾の中心的役割を果たしている。

19.2　苫小牧港開発の事後評価

　筆者らはこの苫小牧港開発に対して、新聞記事やインタビュー等をもとに事後評価を行った（日野ら（2004））。評価対象は苫小牧港西港区開発の基本計画

となる苫小牧臨海工業地帯造成計画（1957年・1964年）である。

　計画地と実績値を比較すると、岸壁数は目標年度である1970年度までに目標値である石炭用岸壁2バース、雑貨用岸壁3バース、バラ荷用岸壁2バースの整備が達成された。また、工業用地の造成は計画値1,264万m²に対し、昭和43年度には造成用地が1,170万m²、そのうち、分譲済が590万m²であった。このように、基本計画は達成されていたものといえる。しかし、立地企業の業種は基本計画と一致せず、基幹産業と位置づけられていた鉄鋼業や鉄鋼関連工業に関連する企業の立地は進まなかった。

　この計画では、1963年ごろに当時の主要な石炭積出港であった室蘭港の石炭積出能力が限界に達するとの予想が立てられた。1960年4月の「特定港湾施設整備特別措置法」適用や石炭大手7社の後押しがあり、苫小牧港西港区は工業港と同時に石炭積出港としても位置づけられていた。1970年度の苫小牧港からの石炭積出量は約430万トンであり、基本計画における目標値を超えるものであった。だが、石炭積出量は同年度をピークに減少していった。室蘭港からの石炭積出量も1960年ごろがピークであり、北海道全体からの石炭積出量も昭和40年代に大きく減少している。

　苫小牧港西港区の基本計画では、日本の鉄鋼需要量や北海道の石炭移出量が増大することが仮定されていた。しかし、これらの「外部要因」が変化した結果、工業用地や港湾施設が計画の実現へと結びつかないこととなった。すなわち、計画策定時の仮定が実現しなかったという点で苫小牧港西港区の基本計画については方向転換を迫られていたといえる。

　1963年の供用開始後、苫小牧港西港区の取扱い貨物量は室蘭港や小樽港などの北海道の主要港湾に匹敵する規模となった。前述の通り当初は石炭積出港として発展したが、採炭量の減少から石炭の積み出し量は減少し、雑貨や石油類などの取扱量が増加した。

　その後、フェリーの就航とコンテナ輸送の本格化が主要な事業となる。1966年の関税法上の開港指定後、苫小牧港の関係主体は積極的に外航船誘致を働きかけた。しかし、当時は貨物のコンテナ化が世界的に進んでいたため、コンテナ荷役への対応が外航船寄港地として必要不可欠な条件であった。そこで、昭和40年代前半にはコンテナ専用の岸壁を確保し、コンテナヤード、ガントリークレーンなどの施設が整備された。その後も施設整備が進められ、1997年には国際コンテナターミナルが供用を開始している。

　フェリーについても、苫小牧の位置条件や当時の北海道観光への関心の高まりから、各船会社が早くからフェリー航路の開設に向けた活動をしていた。苫小牧港側も当時の岸壁不足と石炭積出量の減少から、石炭積出岸壁を暫定フェリーターミナルへと変更した。この積極的な港側の対応によってフェリー会社の航路開設が進み、1973 年には 4 社 4 航路が就航することになる。その後、本格的にフェリー専用岸壁、フェリーターミナルが整備されることとなった。当初、地元は観光客の増加に主に期待していたが、フェリー航路は北海道～本州間の主要な物流経路として利用されている。

　その後、苫小牧港東港区にもフェリー航路就航の要望が挙げられたが、速やかには実現しなかった。これは東港区の用途を工業専用港としており、その位置づけが固定化されていたためと考えられる。また、既にフェリーが就航していた室蘭港側からの反発もあった。しかし、計画見直しもあり、1999 年、東港区にフェリーターミナルが完成し、フェリーが就航することとなった。

　このように苫小牧港の港湾機能に関する計画は、柔軟に変更されてきたということができる。このような修正は企業立地計画においてもみられる。当初、鉄鋼が基幹産業として位置づけられていたが誘致が難しい状況となったため、鉄鋼業を誘致する予定であった用地に木工団地の進出を許可し、当時、急激に成長していたアルミニウム精錬産業の誘致へと転換した。その結果、1968 年、日本軽金属の苫小牧進出が決定した（操業開始は 1969 年）。この計画の変更により、臨海工業地帯はアルミ精錬産業を核として工業地帯を形成することとなった。また、増加する物流施設の需要に対しても、土地利用計画において柔軟な対応をしていたことがわかった。

　状況の変化に合わせて、コンテナ・フェリーターミナル等を整備し、北海道における流通拠点の地位を確立した点や工業用地の用途を変更し、企業の誘致を実現させた点は評価されるべきである。当初の基本計画は成立しなかったが、北海道開発の拠点を形成し、北海道発展に貢献するという成果を生み出したものが苫小牧港西港区の開発であったといえる。

　苫小牧港東港区に関しても、基本計画は高度経済成長が継続するという前提条件があったが、その前提条件が実現しなかった。そして、計画の修正等によって明確な成果を生み出せなかった点が西港区と東港区の差異であったと考えられる。しかし、東港区においても 2005 年、中央埠頭多目的国際ターミナルが供用開始され、さらに 2008 年、国際コンテナターミナルが移転、2012 年

には国際コンテナターミナル2連続バース・ガントリークレーン3基体制による荷役開始がなされるなど、成長を続けている。北極海航路のわが国の将来的な拠点となる可能性もあり、社会情勢の変化に今後も柔軟に対応しながら港湾が発展していくことが期待される。

19.3　わが国の港湾政策と地方港湾のあり方

「港湾の開発、利用及び保全並びに開発保全航路の開発に関する基本方針」（以下「基本方針」）が、わが国の港湾の上位計画に位置づけられる。この基本方針が、関連する法律の改正やインフラの長寿命化の必要性を受けて2014年12月に変更された。

　本章の対象とする北海道の地方港湾の位置づけに関連してこの基本方針を見ると、バルク貨物等の輸送網の拠点として、国際バルク戦略港湾において釧路港の記述とともに、「各地域における港湾相互間の連携」において北海道地域は以下のように記述されている。

　「北海道地域は、広大な地域に人口や企業が分散しており、港湾から生産・消費地までの陸上輸送距離が長い等の特性を有している。北海道と本州を結ぶ複合一貫輸送は、農水産品等の国内輸送上、重要な役割を果たしているため、太平洋側の国際拠点港湾及び重要港湾と日本海側の重要港湾が連携して海上輸送網の拠点としての機能を担う。特に、道内で人口や産業が集積している道央圏の国際拠点港湾及び重要港湾は、それぞれの立地特性を活かし、産業立地の基盤として、また、経済成長の著しい東アジア地域や開発が本格化すると見込まれるロシア極東地域とを結ぶ海上輸送網の拠点としての機能を担い、総体として北海道の発展を支える。また、豊かな自然環境等の観光資源を活用して、国内はもとより、東アジア地域をはじめ海外との観光交流を促進するため、国内外のクルーズ船の就航に向けて各港湾が連携して取り組む。さらに、サハリンからの大規模油流出事故に備えて、北海道沿岸海域における海洋汚染の拡大防止のため、関係機関と連携し、道内港湾において港湾間の相互連携を進めつつ、広域的な油防除等の取組を進める。加えて、基幹航路のコンテナ貨物の輸送の利便性を確保するため、国際戦略港湾である京浜港と連携し、国際フィーダー航路による輸送を強化する」

　京浜港との連携といった国レベル、道内港湾の連携といった地方レベルでのあり方について記載されているが、すでに各港湾が取り組んでいる項目が記載

されていて、基本方針との整合性をとることについては難しくない。しかし、北海道の交通ネットワークを考えたときに、物流に関しては苫小牧に港湾の役割が集中しているのが現状である。それに対して石狩湾新港はエネルギー供給拠点として整備を進めるなど、他の港湾もそれぞれの港湾計画、戦略を展開している。

　苫小牧港の開発は、基本方針に則って進められてきたというよりも、長い時間をかけて、わが国の情勢の変化に対応し、自身の計画を修正しながら、現在の港湾の機能と役割を確立してきている。同様にそれぞれの港湾が生き残りをかけて独自の戦略を展開しているなかで、北海道は人口減少と道央圏の集中が進んでおり、北海道の港湾がすべて活性化、あるいは最低でも現状維持というのは難しく、選択と集中の議論は避けられないと考える。

　将来的にわが国全体のなかで、三大都市圏と連携あるいは補完する地方港湾がどのように位置づけられるのかを示すこと、それに伴って、苫小牧が中心となっている北海道内の港湾の役割分担や連携について議論することが必要であると考える。

19.4　持続可能な北海道の物流ネットワークの検討

(1) 危機的な状況の北海道の物流

　港湾のみならず、北海道の物流全体に目を向けると、危機的な状況を迎えている。本州への限定された輸送手段、広域分散型の地域構造、第二次産業の弱い産業構造、農水産品による季節変動など、北海道の物流は従来から多くの問題を抱えてきた。しかし近年、人口減少・モータリゼーションの進展による鉄道存廃問題や、在来線貨物列車と新幹線による青函トンネル共用走行問題と並行在来線問題、さらに超少子高齢社会に突入したことによるトラックドライバー不足の問題など、新たに深刻な問題が発生しつつある。北海道の物流がこれらの問題によって立ち行かなくなり、日本の食糧供給に大きな貢献を果たしてきた北海道の農水産品の価格上昇、ひいては運びたくても運ぶことができない事態に陥った場合、北海道のみならず日本全体に大きな影響が及ぶことも考えられる。2030年度末の北海道新幹線札幌延伸開業時を契機として、持続可能な物流体系を構築していくことが急務となっている。

　ここでは、持続可能性に着目し、長期的な視点から見た北海道の物流があるべき姿について検討する（Shimizu ら（2019））。

(2)　検討対象物流ネットワーク

　検討対象の北海道の物流ネットワークは図 19.2 のように設定する。北海道は都市間距離が長大であるにも関わらず、依然として高規格幹線道路の 35%が未整備のままとなっている（2020 年 3 月時点）。

　一方、北海道新幹線においては、貨物列車の利便性を損なうことなく、青函トンネル内の新幹線の走行速度向上をはかるため、貨物新幹線を導入することが検討されている。これを踏まえ、貨物新幹線が導入されたケースを含め、将来の最適な輸送ネットワークを明らかにする。具体的には、鉄道・航路・道路の 3 つのモードに着目し、以下の点を明らかにする。

① 北海道新幹線での貨物新幹線導入の是非
② 在来線鉄道貨物の存続すべき区間
③ 整備すべき高規格幹線道路
④ 輸送力を増強すべき港湾

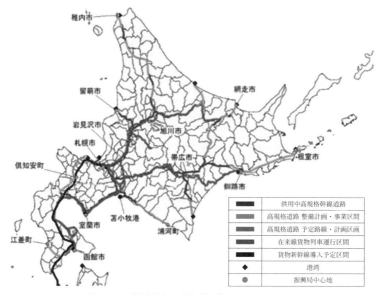

図 19.2　検討対象の北海道の物流ネットワーク

（3）　分析手法

①　分析の概要

　図 19.3 のフローで分析を行う。本研究では、複雑な意思決定問題と不確
実性対処するための計画手法である SCA（Strategic Choice Approach）
（Friend&Hickling（1991））に含まれる、AIDA（Analysis of Interconnected
Decision Areas）を用いて計画代替案を作成する。

　AIDA の手法に基づいて作成した、意思決定領域とそれらに対応するオプ
ションを表 19.1 に示す。各意思決定領域からオプションを 1 つずつ選択し、
それらを組み合わせることで 1 つのスキームが完成する。また、貨物新幹線
導入時に並行在来線での貨物列車運行は存続されない。このような両立し得
ないオプションの組み合わせを、AIDA の手法によって除外している。これ
によって完成した 36 スキームを比較し、最適な物流体系を明らかにする。

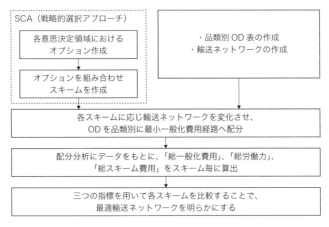

図 19.3　本研究の分析の流れ

表 19.1　AIDA における意思決定領域とオプション

意思決定領域	対応するオプション
貨物新幹線導入は？	1. 導入する
	2. 導入しない
石北本線貨物列車は？	1. 存続する
	2. 廃止する
帯広・釧路方面貨物列車は？	1. 存続する
	2. 廃止する
並行在来線貨物列車は？	1. 存続する
	2. 廃止する
高規格幹線道路は？	1. 全路線を整備する
	2. 主要路線のみを整備する
道内港湾は？	1. 現状と変更なし
	2. 釧路港発着航路の輸送力増強
	3. 苫小牧港発着航路の輸送力増強

② 品類別貨物 OD 表の作成

OD 表作成の対象地域は、北海道 14 振興局に東北、関東、中部の本州 3 地域を加えた計 17 地域とする。対象輸送機関は、鉄道、不定期船を除くフェリーや RORO 船などの船舶、トラックとする。これらの条件のもと、農水産品の道内向け・本州向け移出貨物以外は、平成 27 年度全国貨物純流動調査をベースとして、他の統計データを活用し OD 表を作成した。しかしながら、全国貨物純流動調査には非補足貨物があることが指摘されている。したがって本研究では、その影響を最小限に抑えるため、農水産品の道内向け貨物・本州への移出貨物の OD 表作成に当たっては、齋藤ら（2016）によって作成された食料 OD 表を利用している。

③ 輸送ネットワークへの貨物 OD の配分

本研究では、対象の輸送機関の実際の所要時間や料金、輸送容量を反映した、ノードとリンクで構成される輸送ネットワークを作成した。トラックによる輸送は、高規格幹線道路と主要国道を対象に道路ネットワークを作成することで再現している。各リンクの長さは、以下の計算式で算出される一般化費用で表現されている。

$$\mathrm{GC}_{i,n} = \mathrm{T}_n \times \omega_i + \mathrm{C}_n \tag{1}$$

$\mathrm{GC}_{i,n}$：品類 i 、リンク n の一般化費用（円 / トン）

T_n：リンク n の所要時間（分）

ω_i：品類 i の時間価値（円 / 分・トン）

C_n：リンク n のコスト（円 / トン）

　この作成した輸送ネットワークを用い、品類ごとに時間価値を変え貨物 OD を最小一般化費用経路に配分した。

(4)　持続可能な北海道の物流ネットワークのあり方

　本研究では、持続可能性を評価する項目として、輸送ネットワークの「輸送効率性」、「労働力」、「経済性」に着目し、全 36 スキームの評価を行った。その結果を表 19.2 に示す。さらに「輸送効率性」、「労働力」について以下に説明する。

　①　輸送効率性評価

　　総一般化費用を評価指標として、各スキームの輸送効率性評価を行った結果、スキーム 2 が最適であることが明らかとなった。また、貨物新幹線導入のスキームが上位を占めており、貨物新幹線導入が総一般化費用の低減に対し強力な効果を有していることが確認された。加えて、釧路港の輸送力増強も効果的であることが明らかとなった。総一般化費用を低減させることで、北海道の荷主は、より短時間、低コストで荷物を輸送することが可能となる。

　②　労働力評価

　　総労働力を評価指標として、各スキームの労働力評価を行った結果、スキーム 32 が最適であることが明らかとなった。さらに、釧路港発着航路の輸送力増強のスキームが上位を占めていることから、釧路港航路の輸送力増強が総労働力の減少に寄与することが明らかとなった。一方、貨物新幹線の導入は、労働力の観点から有効とはならなかった。これは、室蘭地域において鉄道貨物の利便性が低下することに伴い、室蘭地域から貨物新幹線駅である新函館北斗駅へのトラック利用が増加するためである。

19.5　港湾政策における個の議論と全体の議論

　本稿ではわが国の地方港湾のあり方について、北海道を事例に考えた。19.4 においては、持続可能な北海道の物流ネットワークのあり方について、港湾だけでなく鉄道や道路も含めて検討した。港湾は物流において重要な結節点では

あるが、地方港湾の活性化は単に港湾自体の議論ではなく、他の交通手段も含めた全体のネットワークにおいて考えなければならないのは言うまでもない。しかし、例えば国土交通省において港湾局、鉄道局、道路局が一体となって取り組んでいくことについては、まだまだその余地はあるようにも思える。

表 19.2 全スキームの評価結果

スキーム番号	貨物新幹線導入?	石北本線存続?	帯広釧路鉄道貨物?	並行在来線?	高規格道路全路線整備?	釧路港輸送力増強?	苫小牧港輸送力増強?	輸送効率性順位	労働力順位	経済性順位
1	あり	あり	あり					7	30	22
2	あり	あり	あり			あり		1	27	23
3	あり	あり	あり				あり	5	34	23
4	あり	あり						11	32	16
5	あり	あり				あり		4	28	17
6	あり	あり					あり	11	36	17
7	あり		あり					8	29	19
8	あり		あり			あり		2	25	20
9	あり		あり				あり	6	33	20
10	あり							9	31	13
11	あり					あり		3	26	14
12	あり						あり	9	35	14
13		あり	あり	あり	あり			21	9	34
14		あり	あり	あり	あり	あり		13	2	35
15		あり	あり	あり	あり		あり	21	14	35
16		あり	あり	あり				29	13	10
17		あり	あり	あり		あり		17	6	11
18		あり	あり	あり			あり	29	21	11
19		あり		あり	あり			26	11	28
20		あり		あり	あり	あり		16	4	29
21		あり		あり	あり		あり	25	19	29
22		あり		あり				34	17	4
23		あり		あり		あり		20	8	5
24		あり		あり			あり	33	23	5
25			あり	あり	あり			23	10	31
26			あり	あり	あり	あり		14	3	32
27			あり	あり	あり		あり	23	16	32
28			あり	あり				31	15	7
29			あり	あり		あり		18	7	8
30			あり	あり			あり	31	22	8
31				あり	あり			28	12	25
32				あり	あり	あり		15	1	26
33				あり	あり		あり	27	20	26
34				あり				36	18	1
35				あり		あり		19	5	2
36				あり			あり	35	24	2

　北海道庁は 2018 年 3 月に北海道交通政策総合指針を策定した。JR 北海道の経営危機による路線存廃問題が喫緊の課題となっており、指針においては JR 北海道が単独では維持困難な線区のあり方が注目されているが、人流だけでなく、物流のあり方についても今後の方向性がまとめられている。地方が持続可能であることが、国全体が持続可能となることを北海道が示しながら、わが国全体の政策と連携して進めていく必要がある。

　しかし、現状の港湾政策は、各港湾管理者が港湾計画を策定し、北海道のように複数の重要港湾がある場合は、競争相手になっている状況と言うこともできる。そこに国や北海道が、物流ネットワークに重要な特定の港湾を指定して、重点的に整備を進めることは、表だってできないのが現状である。物流事業者が効率的な輸送体系を構築した結果として、北海道では苫小牧港が中心となっているが、トラックも含めた持続可能な物流ネットワークを構築する上で、釧路港など他の港湾を重点的に活用することが求められるときに、政策として意思決定を国や北海道がした場合、他の港湾管理者の合意が得られるかは難しい。全体では最適でも、事業者や荷主には必ずしも最適にはならない。

　しかし、このままでは物流全体が成立しない事態に陥る可能性もある。公共交通は、鉄道やバス、タクシーなどが役割分担をしながら、地域が一体となって維持に取り組んでいる。物流も同様に、鉄道やトラック、フェリーといった交通手段、港湾、道路のインフラの役割分担の下で、国が責任と権限を持ち、整備を進め、維持していくことも必要な時期に来ているのではないだろうか。

【参考文献】
1) 佐藤馨一 (2000)「交流性豊かな北海道に向けて ～ 三つの論争の行方から」、『開発こうほう』、No.449, pp.1-4
2) 日野智・原口征人・岸邦宏・佐藤馨一 (2004)「開発プロセスに着目した大規模社会基盤施設の事後評価手法に関する研究～苫小牧港開発を例として ～」、『土木史研究』、Vol.23, pp.5-12
3) Shimizu, S. and Kishi, K. (2019) "Sustainability of Hokkaido Logistics Network by the Strategic Choice Approach", Journal of the Eastern Asia Society for Transportation Studies, Vol.13, pp.1014-1033
4) J. Friend, A Hickling (1991) 古池弘隆、中川大、『社会計画のための戦略的選択アプローチ』、技報堂出版
5) 齋藤眞秀・岸邦宏、木村洋平、高田寛 (2016)、「道路の食料給機能による地方都市の維持効果に関する研究」、『土木学会北海道支部論文報告集』、Vol. 73, CD-ROM

おわりに

　この本が、世に出るきっかけは、4年前に立ち上げた「港湾・空港領域の政策課題検討の官学交流のプラットフォーム」というプロジェクトです。当時、私が勤務していた、ある民間企業の事務所に、この本の共同編者である慶應義塾大学の加藤一誠先生が訪問され、港湾や空港の分野で、若手の学者と行政官が政策形成について議論する仕組みができないだろうかとの相談を受けました。私自身、公務員生活を終えた直後で、以前から若手の行政官が学者の方々と意見交換し、議論を進める機会が少ないと感じていたことから、すぐさまこの提案を受けることにしました。行政サイドでは、大学等の先生方とのコミュニケーションは、東京等の大都市圏では、政策等に係る委員会等の活動で面識があるというケースはそれなりにあるものの、地方部の課題や全国を俯瞰して政策を考えるという場合に、地方の話題に精通した先生方とのコミュニケーションがしっかりととれているのだろうかとの疑問が常に頭に残っていました。一方、大学等の「学」のサイドでも、行政官との直接的な接触が少なく、政策提言をするうえでも、情報を得るうえでも、行政とのコミュニケーションをもっと良くしたいとの希望があり、特に、それは若い研究家に強いとのことでした。

　こうした経緯から、官学のプラットフォームを創り、そのなかで政策等について情報交換や議論をすることになったわけです。その際には、一般財団法人港湾空港総合技術センターには、資金的な支援をしていただき、またプラットフォームの運営は特定非営利活動法人リサイクルソリューションにも支援していただきました。この場を借りて、感謝の意を表します。

　役所OBも含めた学識経験者のメンバーは、223頁の表のとおりで、全国すべての地域がカバーされるように地方の先生にも参加を呼びかけ、また交通経済、交通計画、地域開発等港湾・空港の分野の政策を多面的に検討できるような構成となりました。

　3年に亘り、港湾や空港に関するさまざまなテーマについて話題提供や議論を進めてきたわけですが、個別の政策課題についての意見交換のみならず、どういう論理構成で政策をアピールすればよいのか等非常に実践的な議論の場になりました。

　そうした中、2018 年 7 月に国土交通省港湾局から港湾の中長期政策「PORT 2030」が発表されました。それ以後はこの中で打ち出された政策を、今後どう実現していくのかというテーマを中心に喧々諤々の議論がなされました。こうした意見交換が若手行政官の今後の実務実践に何らかの形で活かされ、また若手の先生方にも研究や政策提案活動に結び付くことを期待したいと思います。

　このたび、この時の議論を踏まえ、各執筆者に関連する論文を書いていただきましたので、今後の処方箋となることを期待しつつ、本書を上梓しました。各執筆者の港湾に対する強い想いがこもった話題豊富な論文集で、一般の読者にもわかりやすく事例を入れて書かれています。読者の方々がこの想いを共有しつつ、新たな実践に結び付けていただくことを祈念して、筆を置きます。

　2020 年 6 月

（一財）みなと総合研究財団

山縣　宣彦

「港湾・空港領域の政策課題検討の官学交流プラットフォーム」研究会メンバー

新井　洋一	特定非営利活動法人リサイクルソリューション　前会長	
岡野　秀之	（公財）九州経済調査協会　調査研究部　部長	
小熊　仁	高崎経済大学 地域政策学部　准教授	
小野　憲司	阪神国際港湾株式会社　取締役副社長	
加藤　浩徳	東京大学大学院 工学系研究科　教授	
加藤　一誠	慶應義塾大学 商学部　教授	
岸　邦宏	北海道大学大学院 工学研究院　准教授	
後藤　孝夫	中央大学経済学部　教授	
西藤　真一	島根県立大学 総合政策学部　准教授	
柴崎　隆一	東京大学大学院 工学系　研究科システム創成学専攻　准教授	
瀬木　俊輔	京都大学大学院 工学研究科 都市社会工学専攻　助教	
竹林　幹雄	神戸大学大学院　海事科学研究科　教授	
手塚　広一郎	日本大学 経済学部　教授	
中村　知識	慶應義塾大学　商学研究科　後期博士課程	
西内　裕晶	高知工科大学　システム工学群 地域連携機構　連携研究センター講師	
浜岡　秀勝	秋田大学理工学部　システムデザイン工学科　教授	
秀島　栄三	名古屋工業大学大学院　工学研究科　教授	
古市　正彦	国際港湾協会　事務総長	
松田　琢磨	拓殖大学 商学部　教授	
宮本　卓次郎	日立造船株式会社　顧問	
山縣　宣彦	一般財団法人　みなと総合研究財団　理事長	
山本　涼平	関西外国語大学外国語学部　助教	
執筆メンバー		
坂井　啓一	国土交通省関東地方整備局港湾空港部　港湾計画課　課長補佐	
田村　幸士	三菱商事株式会社　食品流通・物流本部長	
渡邊　壽大	石巻専修大学　経営学部　助教	
杉村　佳寿	九州大学大学院工学研究院 海域港湾環境防災共同研究部門　教授	
瀬賀　康浩	九州地方整備局 北九州港湾・空港整備事務所　所長	

2020 年 4 月 1 日現在

索　　引

執筆者略歴

（執筆順・敬称略　2021 年 6 月現在）

新井　洋一（あらい　よういち）　序章

NPO 法人リサイクルソリューション理事・研究総監

日本大学理工学部客員教授、工学博士

1964 年日本大学理工学部土木工学科卒業、同年 運輸省に入省。港湾局で港湾の計画調査・設計・建設に携わる。1992 年運輸省第五港湾建設局長、その後、東京臨海副都心建設（株）常務取締役、（株）マイカル常務取締役、2001 年日本大学総合科学研究所教授などを経て現職。主な著書：『港からの発想』（1996 年、新潮社）、『世界の空港』『パサージュ』（1996 年、商店建築社）

坂井　啓一（さかい　けいいち）　第 1 章

一般財団法人運輸総合研究所 アセアン・インド地域事務所（AIRO）研究員

1987 年生まれ。2010 年東京大学工学部社会基盤学科卒業、2012 年同大学院工学系研究科社会基盤学専攻修士課程修了。2012 年国土交通省に入省。航空局、国土技術政策総合研究所等を経て、2016 年〜2018 年、港湾局計画課企画室において『港湾の中長期政策「PORT 2030」』の策定に携わる。その後、関東地方整備局港湾空港部港湾計画課課長補佐等を経て現職。

古市　正彦（ふるいち　まさひこ）　第 2 章

国際港湾協会（IAPH: International Association of Ports and Harbors）事務総長

1958 年生まれ。81 年 北海道大学工学部卒業、92 年 Northwestern University 大学院修了、94 年博士（工学）。運輸省・国土交通省で港湾・空港の計画・運営・管理などの業務に従事し、（独）国際協力機構（JICA）、京都大学経営管理大学院を経て 2019 年 9 月より現職。『港湾の競争戦略』（運輸政策研究機構、2005 年）、『グローバルロジスティクスと貿易』（ウェイツ、2017 年）、『Economic Integration and Regional Development』（Routledge, 2017 年）ほか著書多数。

加藤　一誠（かとう　かずせい）　第 3 章、第 11 章

慶應義塾大学商学部教授

1964 年生まれ。87 年 同志社大学経済学部卒業、博士 (経済学)（同志社大学）。関西外国語大学、日本大学経済学部等を経て現職。『空港経営と地域』、『交通インフラ・ファイナンス』ともに成山堂書店（共編著）ほか多数。

田村　幸士（たむら　こうじ）　第 3 章

三菱商事株式会社 食品流通・物流本部長

国士舘大学政経学部客員教授

1965 年生まれ。88 年 慶応義塾大学法学部卒業、同年三菱商事入社。国土交通省航空物流室長、三菱商事ロジスティクス社長などを経て、2020 年より現職。論文に「我が国における品目別の国際航空貨物動態」（『運輸政策研究』52 号）ほか。

柴崎　隆一（しばさき　りゅういち）　第 4 章

東京大学大学院工学系研究科准教授

1974 年生まれ。99 年 東京大学大学院工学系研究科修士課程修了、博士（工学）（東京大学）。東京大学助手、国土交通省国土技術政策総合研究所、（一財）国際臨海開発研究センター勤務等を経て現職。編著に『グローバル・ロジスティクス・ネットワーク』（成山堂書店）。

小熊　仁（おぐま　ひとし）　第 5 章

高崎経済大学地域政策学部准教授

1978 年生まれ。2002 年 中央大学商学部卒業、博士（経済学）（中央大学）。（財)運輸調査局（現(一財)交通経済研究所）、金沢大学人間社会研究域等を経て現職。『空港経営と地域』（分担執、筆成山堂書店）、『自由化時代のネットワーク産業と社会資本』（共編著、八千代出版）など。

手塚　広一郎（てづか　こういちろう）　第6章、第12章

日本大学経済学部教授

1971年生まれ。95年　一橋大学商学部卒業、博士（商学）（一橋大学）。福井大学教育地域科学部准教授を経て、2012年4月より現職。近著として『交通インフラの多様性』（共編著、日本評論社）、論文としてA game theoretical analysis of port competition（共著）などがある。

山本　涼平（やまもと　りょうへい）　第6章

関西外国語大学外国語学部助教

1989年生まれ。2018年、博士（経営学）（神戸大学）。日本学術振興会特別研究員DC1、神戸大学大学院経営学研究科研究員、（一財）みなと総合研究財団研究員を経て、20年より現職および（一財）みなと総合研究財団客員研究員。

松田　琢磨（まつだ　たくま）　第7章、第8章

拓殖大学商学部教授

1973年生まれ。97年　筑波大学第三学群社会工学類卒業、東京工業大学大学院理工学研究科博士課程単位取得退学、博士（学術）（東京工業大学）。（公財）日本海事センターを経て現職。"Cost Analysis of Bulk Cargo Containerization"（共著、Maritime Policy & Management）、「国際物流の変貌と港湾」（『コンテナ港湾の運営と競争』（成山堂書店）所収）などの論文／寄稿がある。

渡邊　壽大（わたなべ　としひろ）　第8章

石巻専修大学経営学部助教

1982年生まれ。2005年　麗澤大学国際学部卒業、法政大学大学院政策創造研究科博士課程除籍、経済学修士（麗澤大学）。（一財）統計研究会、（公財）日本海事センターを経て現職。「統合港湾の複数主体間関係に着目した港湾運営手法の分析」『日本海運経済研究』、「内航RORO/フェリー　モーダルシフトの可能性と課題」『海事交通研究』、「港湾運営へのPPPの適用」（『コンテナ港湾の運営と競争』（成山堂書店）所収）などの論文／寄稿がある。

山縣 宣彦（やまがた　のりひこ）　第 9 章

一般財団法人みなと総合研究財団理事長

1954 年生まれ。77 年京都大学工学部土木工学科卒業後、運輸省（当時）入省。北九州市港湾空港局長、国土交通省大臣官房技術参事官、港湾局長、三井住友海上火災保険株式会社顧問等を経て、2018 年より現職。日本大学理工学部非常勤講師等歴任。

クルーズ総合研究所　第 9 章

2017 年 4 月、（一財）みなと総合研究財団内に設立されたクルーズに関する調査研究を行う組織。執筆者は、山本三夫、田中三郎、石原洋、沖田一弘、藤田萬世。

西藤　真一（さいとう　しんいち）　第 10 章

島根県立大学総合政策学部准教授

1977 年生まれ。2005 年 関西学院大学大学院経済学研究科博士課程後期課程満期退学。財団法人運輸調査局（現・一般財団法人交通経済研究所）を経て現職。『交通インフラの運営と地域政策』（単著、成山堂書店）など。

中村　知誠（なかむら　ともあき）　第 11 章、用語集

慶應義塾大学大学院商学研究科　後期博士課程 在学中

1994 年生まれ。2018 年 筑波大学社会学類卒業、修士（商学）（慶應義塾大学）。20 年 後期博士課程進学。

竹林　幹雄（たけばやし　みきお）　第 13 章

神戸大学大学院教授（高等研究院海共生研究アライアンス海上交通研究ユニット　ユニット長 / 海事科学研究科）

1965 年生まれ。89 年 京都大学工学部土木工学科卒業。91 年 同大学院工学研究科土木工学専攻修了。98 年 京都大学博士（工学）。京都大学助手、神戸大学助教授などを経て 2010 年 現職。専門は国土計画。Managing airport charges under the multiple hub network with high speed rail: considering capacity and gateway function（Transportation Research Part A, 2018）など学術論文、著書多数。

小野　憲司（おの　けんじ）　第 14 章

阪神国際港湾株式会社 取締役副社長

京都大学経営管理大学院 客員教授

1954 年生まれ。80 年京都大学大学院工学研究科修了。80 年運輸省（現国土交通省）入省。アジア開発銀行、京都大学防災研究所等を経て 2017 年より現職。London 大学 MsC、神戸大学博士（学術）。編著：『大規模災害時の港湾機能継続マネジメント』（公益法人日本港湾協会）及び『事業継続のためのマネジメント』（成山堂書店）

加藤　浩徳（かとう　ひろのり）　第 15 章

東京大学大学院工学系研究科教授

1970 年生まれ。93 年 東京大学工学部土木工学科卒業、博士（工学）（東京大学）。（財）運輸政策研究機構、東京大学講師、准教授を経て現職。『交通の時間価値の理論と実際』(技法堂出版)、『メガシティとサステイナビリティ』（東京大学出版会）ほか。

瀬賀　康浩（せが　やすひろ）　第 15 章

九州地方整備局 北九州港湾・空港整備事務所 所長

1962 年生まれ。88 年 京都大学工学部交通土木工学科卒業、90 年 同大学院工学研究科交通土木工学専攻修士課程修了。90 年 運輸省（現国土交通省）入省。2019 年 7 月より現職。

杉村　佳寿（すぎむら　よしひさ）　第 16 章

九州大学大学院工学研究院 海域港湾環境防災共同研究部門 教授

1974 年生まれ。99 年 東京大学大学院工学系研究科修了、同年運輸省（現国土交通省）入省。港湾局、航空局、河川局、環境省、福岡市等を経て現職。博士（工学）（東京大学）、技術士（建設部門）、金沢工業大学客員教授。

後藤　孝夫（ごとう　たかお）　第 16 章

中央大学経済学部教授

1975 年生まれ。2000 年 慶應義塾大学商学部卒業、博士（商学）（慶應義塾大学）。九州産業大学商学部、近畿大学経営学部等を経て現職。『道路政策の経済分析』（同文舘出版）、『現代交通問題考』（共編著、成山堂書店）ほか多数。

岡野　秀之（おかの　ひでゆき）　第 17 章

公益財団法人九州経済調査協会事業開発部長兼 BIZCOLI 館長

1973 年生まれ。97 年 九州大学大学院比較社会文化研究科修了。主任研究員、調査研究部長などを経て現職。2014 年〜 2016 年に『九州経済白書』の総論を担当。『地域創生のデザイン』、『半導体クラスターのイノベーション』（ともに中央経済社）ほか共編著多数。

浜岡　秀勝（はまおか　ひでかつ）　第 18 章

秋田大学大学院理工学研究科教授

1968 年生まれ。91 年 東京工業大学工学部卒業、博士（工学）（東京大学）。東京工業大学工学部、東京大学大学院工学系研究科を経て現職。

岸　邦宏（きし　くにひろ）　第 19 章

北海道大学公共政策大学院教授

1970 年生まれ。99 年 北海道大学大学院工学研究科博士後期課程修了、博士（工学）（北海道大学）。北海道大学助手、助教、准教授を経て現職。『参加型社会の決め方－公共事業における集団意思決定－』（分担執筆、近代科学社）など

「みなと」のインフラ学
PORT 2030の実現に向けた処方箋

定価はカバーに
表示してあります

2020 年 8 月 28 日　初版発行
2021 年 7 月 18 日　再版発行

編著者　山縣　宣彦・加藤　一誠

発行者　小川　典子

印　刷　倉敷印刷株式会社

製　本　東京美術紙工協業組合

発行所　株式会社 成山堂書店

〒160-0012　東京都新宿区南元町 4 番 51　成山堂ビル
TEL：03（3357）5861　FAX：03（3357）5867
URL http://www.seizando.co.jp
落丁・乱丁本はお取り換えいたしますので，小社営業チーム宛にお送りください。